아프다면서

병원에도 가지

않으시고

아프다면서
병원에도
가지
않으시고

노인정신의학 전문의가

알려 주는

돌봄 심리학

차이자펀 지음

우디 옮김

갈라파고스

일러두기

- 주석은 모두 옮긴이주이다.
- 본문에 인용된 해외 도서 중 국내 출간 도서는 국내 출간 제목으로, 국내 미출간 도서는 원어 제목을 번역해 쓰고, 주석에 원어로 출처를 표시했다. 단, 타이완에서 출간된 해외 도서명을 본문에 사용한 경우는 주석에 해당 내용을 적었다.

들어가며

편집자가 제게 물어본 적이 있습니다. "선생님은 왜 노인정신의학과 의사가 되셨나요?" 기자들이나 젊은 실습생, 인턴들까지 정말 많은 사람이 한 번씩은 이런 질문을 던지더군요.

여러분께 솔직하게 말씀드릴까 합니다. 기본적인 수련을 마치고 자격시험을 통과한 어느 날 오후, 사소한 용무가 있어 당시 타이완노년정신의학회 이사장이셨던 황정핑 선생님을 만나 뵙게 되었습니다. 이런저런 한담을 나누는데, 황 선생님이 제게 앞으로의 인생 계획을 물으시더군요. 사실 막 전문의 자격시험을 치르고 난 뒤여서 앞으로 뭘 할지 자세히 생각해 본 적이 없었습니다. 그런 제게 선배님이 한 마디 던지시더군요. "본인이 꺼리지만 않는다면, 노인정신의학으로 부전공 수련을 받는 건 어떨지 고려해 보시게." 이 말에 고개를 끄덕였는데, 뜻밖에도 이게 노인정신의학과 의사가 된 계기였습니다.

전혀 특별할 게 없는 과정이죠. 기자들의 질문에 여러 번 이렇게 답을 해 주었는데, 참 재미도 없고 동기부여가 되는 대답도 아니라서 그런지 늘 같은 질문을 받고 또 받곤 합니다.

오래전에 인터넷에 올라온 글 한 편을 참 감명 깊게 읽었습니다. 미국에서 널리 읽히며 큰 사랑을 받아 온, 퓰리처상 수상자이자 시인인 로버트 프로스트의 시 「가지 않은 길」에 대한 글이었습니다. 그 글을 쓴 사람은 이 시를 좋아하는 많은 이가 이 시의 의미를 오해하곤 한다고 지적했습니다. 이 시가 자기 선택을 긍정하는 의미를 담은 작품이라고 잘못 생각한다는 거죠. 사실 이 시가 전하려는 의미는 전부 도전해 볼 수는 없는 갈림길에서 내키는 대로 사람들이 덜 가는 길을 택했는데, 이 선택이 변화를 가져왔고 이후의 여정이 시작되었다, 이런 의미라는 해석이었습니다. 이 시의 마지막은 이렇습니다.

숲속에 두 갈래 길이 있었다고, 그리고 나는-

나는 사람들이 덜 지나간 길을 택했고,

그로 인해 모든 것이 달라지고 말았다고.

편집자는 제게 자기소개에 뭘 쓸 거냐는 질문도 했습니다. 저는 '중년으로 접어든 노인정신의학 전문의'라는 문구를 꼭 덧붙이겠다고 대답했습니다. 제가 선택한 노인정신의학 전문의로서의 여정은 지금도 계속되고 있습니다. 처음에는 선생님과 선배 들에게 배우거나 새로 나온 학술논문을 읽으면서 환자들을 치료할 방법들을 알아내려 했고, 환자들과 그 가족을 돕고 싶었습니다. 그러다 나이가 들면서는 더 실질적으로, 상대를 더 이해하면서 환자와 상호작용하기 시작했습니다. 노화안경을 다초점으로 맞출지, 이마 주름에 보톡스를 맞을지 말지, 희끗희끗한 머리칼을 염색할지 말지를 같이 떠들게 되었죠. 그러면서 차차 깨닫게 되었습니다. 임상실험으로 완벽하게 대체할 수 없는 보물과도 같은 경험을 환자와 그 환자를 돌보는 분들을 통해 얻고 있다는 사실을 말입니다.

그 안에는 배움도 있었고, 격려도 있었으며, 깨달음도 있었습니다. 교과서에 쓰여 있지 않은 지혜와 생각을 그 과정에서 얻었습니다. 그렇게 그렇게 기적을 목도하고 경이로운 일들을 겪으면서 제가 미처 알지 못하는 것들이 있다는 사실에 경외심을 갖게 되었고, 더 큰 희망을 품게 되었습니다. 그 과정에서 마주한 탄식과 눈물을 통해 어떻게 하면 늙기 전에 변하기 시작할 수 있을지 스스로 반성하게 되기도 했습니다.

사람은 누구나 중년의 변화를 거쳐 노년에 이릅니다. 지금 이 순간, 저 역시 늙어 가는 연습을 하고 있습니다. 더 큰 용기를 품게 되길 희망하면서 말입니다.

차례

들어가며   5

1부 자녀 편
너무 어려운 '부모님의 보호자' 되기

1장 부모님은 내가 불편해지고 나는 부모님이 힘들어졌다

왜 부모님은 내가 뭘 어떻게 하든 불만이실까?   17
직장으로 계속 전화하시는 부모님, 어떻게 해야 할까?   32
어떻게든 나를 곁에 묶어 두려는 부모님, 괜찮은 걸까?   47
필요 없는데도 수시로 주시는 용돈, 어떻게 거절할까?   57
끝도 없이 이어지는 잔소리, 계속 들어드려야 할까?   67

2장 마음과 몸이 약해진 부모님, 어떻게 대처할까?

허구한 날 "더 살기 싫다"는 부모님, 어떻게 해야 하나?   81
점점 고집이 세지는 부모님, 어떻게 할까?   91
나이가 들면 들수록 더 불안해하신다면?   106
'정신과'에는 가지 않겠다고 고집을 부리시는데, 어째야 할까?   118
의사가 처방한 약을 마다하시니, 어떻게 해야 하나?   127

3장 자녀와 부모가 함께 건강한 관계 맺기

부부 사이 문제를 자녀에게 떠넘기는 부모님 135
"니가 더 잘 하잖니……." 어디까지가 자녀의 몫일까? 143
황혼 이혼을 원하는 어머니? 152
아버지 간병인을 못마땅해하시는 어머니? 162
나이 들면 "나 때는 말이야" 소리를 자주 한다? 175
'어르신 짤' 도대체 왜 보내시는 걸까? 182

2부 부모 편

너무 낯선 '노년의 나'를 직면하기

1장 여기저기 아픈데, 병원에 가도 문제를 알 수 없다?

툭하면 여기저기 아픈데, 병원에 가도 문제가 찾아지지 않는다? 199
온종일 진료 접수하느라 삥삥이? 209
산처럼 쌓인 건강보조제, 괜찮은 걸까? 216
저염식과 소식은 늘 정답일까? 225
만성질환 환자는 어떻게 스스로를 관리하고 돌봐야 할까? 234

2장 사라진 새벽잠, 심해진 건망증과 무기력증,

노화일까 병일까?

새벽부터 깨고 잠도 거의 못 자는데, 불면증일까? 247
걸핏하면 깜빡깜빡, 치매인가? 255
갑자기 만사가 귀찮고 시들시들한데, 우울증일까? 264

3장 노년의 상실감과 외로움에서 벗어나기

은발의 '절친'들은 다 어디에?   277

반려동물 키우면 좀 덜 외로우려나?   287

자원봉사로 '시간 은행'에 '돌봄 자원'을 적립할 수 있다면   298

추천의 말   309

옮긴이의 말   315

1부 자녀 편

너무 어려운 '부모님의 보호자' 되기

1장

부모님은 내가 불편해지고

나는 부모님이 힘들어졌다

왜 부모님은
내가 뭘 어떻게 하든 불만이실까?

"의사 선생 말이 내가 단백질이 부족하다고 하더라……." 쩡 씨 어르신이 불평을 늘어놓기 시작하셨다.

"단백질 보충하시려면 고기를 드셔야죠. 평상시에 단백질을 좀 더 보충하실 수 있도록 고기랑 생선 많이 사드릴게요." 아들인 주썬 씨도 아버지가 부실하게 드신다 싶어 고기 요리를 더 많이 해서 단백질을 보충해드려야겠다고 생각했다.

"고기랑 생선은 비린내가 나서 싫어." 쩡 씨 어르신이 단박에 거절하셨다.

"아니면 우유를 좀 사드릴게요. 우유에도 단백질이 들어 있으니까, 어느 정도는 보충이 될 거예요." 아버지 성격을 아는 주썬 씨는 다른 방법을 찾을 수밖에 없었다.

"우유를 마시면 설사를 한단 말이야." 또다시 쩡 씨 어르신의 반박이 이어졌다.

"그럼 제가 유명 브랜드 고단백 영양제 사드릴게요. 그 영양제 한 병이면 밥을 몇 끼는 드셔야 보충할 수 있는 단백질이 다 보충된대요." 주썬 씨가 영양사에게서 받아 온 식이요법 책자에 상세하고 명확한 설명이 있었다. "듣자니까 그런 건 마시기가 엄청 거북스럽다던데. 코에 호스 꼽은 사람들이나 먹는다며. 나는 됐다." 찡 씨 어르신은 이것도 저것도 다 마다하셨다. 주썬 씨는 한숨을 쉬었다. 어째서 내가 뭘 어떻게 하든, 아버지는 늘 불만이실까?

> "불안불안하게 걷다가 넘어지실까 봐 얼른 달려가서 손을 잡아
> 드렸더니, 오히려 저보고 행동거지가 우악스러워서 본인 팔만
> 아파 죽겠다고 하시는 거 있죠."

> "툭하면 한밤중에 일어나서 화장실에 가려고 하셔서, 간병인을
> 들여 화장실 가실 때 같이 가게 했더니, 글쎄 본인한테 감시를
> 붙였다고, 자유를 뺏어 가려 한다고 하시더라니까요."

혹시 이런 말을 들어 본 적 있는지? 부모님을 더 잘 돌봐드리고 싶어서 노심초사해가며, 심지어 돈까지 엄청나게 쓰면서 노력했는데, 돌아온 건 비난과 불평이라니?

1부 자녀 편

듣는 입장에서는 속이 이만저만 쓰리고 억울한 게 아니다. 분노가 치밀기도 한다. 도대체 어디에 문제가 생긴 건지, 어째서 부모님이 불만족스러워하시는지 알 수가 없다. 설마 괴롭히려고 일부러 트집이라도 잡으시는 걸까? 이 문제를 좀 더 살펴보도록 하자.

가능성 1: '필요로 하는 것'이 '원하는 것'은 아니다

여든이 넘은 샤쯔 할머님은 시력 감퇴 말고도, 퇴행성관절염과 당뇨병을 앓고 계신다. 보행기를 밀면 억지로나마 움직일 수 있지만 그러다 어디에 걸려 넘어질 위험은 있다. 그래서 할머님은 아들 가족과 함께 살고 있다.

그런데 어느 날, 샤쯔 할머님이 집에서 정신을 잃고 쓰러졌다. 마침 집에 찾아온 동네 통장이 할머님을 발견해 급히 병원으로 이송했는데, 의사 말로는 식사가 불규칙적인 탓에 저혈당으로 쓰러진 거라고 했다.

할머님과 함께 사는 아들 부부는 낮이면 출근해서 일하러 가고, 손자도 외지에서 공부한다. 혼자 계시다가 돌발 상황이 생기면 위험하겠다 싶었던 가족들은 데이케어 센터를 찾았다. 가족들은 집에 사람이 없는 낮 동안 할머니가 데이케어 센터에 계시면 매주 월요일부터 금요일까지 닷새 동안은 규칙적으로 활동도 하고 식사도 하실 수 있으리라 기대했고, 밤 시간과 주말에는 가족이 돌봐드리면 되겠다고 생각했다.

하지만 할머님은 데이케어 센터에서 내는 음식에 대해 불평을 늘어놓으셨다. 음식이 마음에 안 든다는 말부터 시작해 본인이 내성적이라서 단체 활동에 익숙해지지 않는다며, 나중에는 아예 가지 않겠다고 하셨다. 데이케어 센터에서는 결국 돌봄 서비스를 중단할 수밖에 없었다.

아들은 이어서 할머님과 함께 집에서 지내며 돌봐 줄 외국인 간병인 서비스를 신청했다. 그런데 뜻밖에도 할머님은 겨우 한 달이 지났을 즈음, 간병인을 부르지 말라며 극렬히 반대하고 나섰다. 외국인 간병인이 중국어와 대만어를 알아듣지 못한다면서, 돈만 낭비하는 거라고, 모르는 사람과 같이 지내는 것도 편치 않다고 덧붙였다. 더군다나 집이 넓은 것도 아닌데 간병인까지 상주하면 손자가 집에 와도 소파에서 잘 수밖에 없지 않으냐고도 했다. 할머님이 매일같이 이것도 싫다 저것도 싫다 하시니, 간병인도 중개 업체에 하소연했고, 어쩔 도리가 없어진 아들은 외국인 간병인 서비스를 중단할 수밖에 없었다.

두 방법 다 통하지 않자, 아들은 장기 요양보호 센터에 가정 돌봄 서비스를 신청해서 도움을 받기로 했다. 그러면 적어도 규칙적으로 식사하고 약 드시는 것 정도는 확실히 챙겨드릴 수 있겠다 싶었다. 전문 직원에게 평가를 받은 뒤, 운 좋게도 타이완 국적의 젊은 요양보호사를 구할 수 있었다.

하지만 샤쯔 할머님은 이번에도 만족하지 않았다. 할머님은 손이 빠른 요양보호사가 일을 빨리 처리하면, 일은 대강 해치우고 얼른 집에 갈 생각만 한다고 했다. 그런데 요양보호사가 좀 오래 머무는 날이면 또 경험이 부족해서 일을 효율적으로 할 줄 모른다고 했다. 심지어 소통이 안 돼서 몇 마디 나누기도 힘들다면서, 요양보호사가 젊다는 것까지 불평거리가 됐다.

이제 곧 예순을 바라보는 샤쯔 할머님의 아들은 도무지 이해가 가지 않는지 이렇게 물었다. "선생님, 저희 어머니가 '걸핏하면 불평을 늘어놓는' 병이라도 걸리신 걸까요? 도대체 제가 뭘 어떻게 하든 다 불만족스러워하시니, 제가 어찌해야 하겠습니까?"

나는 그분을 위로하며 말했다. "제 추측으로는 할머님께서 지난번 쓰러지신 뒤에 언제 또 그런 일이 일어날지 모른다는 두려움 때문에 심하게 불안해하시는 듯합니다. **어쩌면 할머님이 원하시는 건 '정확한' 보살핌이 아닌지도 모릅니다. 가족들이 곁에 없어서 두려워하시는 거라면, 아드님이 자주 곁에 있어 주길 바라시는 건지도 모르죠."** 나는 할머님의 아들과 함께 시도해 볼 만한 방법을 논의해 보았고, 상황은 이런 방법을 통해 서서히 나아졌다.

1. 매일 점심시간에 집으로 전화를 걸어 본다.
2. 집에 영상으로 서로를 지켜볼 수 있는 장치를 설치하고, 비상시에 도움 요청 버튼이나 통화 버튼을 누르도록 알려드린다.
3. 여기에 요양보호사의 방문을 곁들인다.

부모를 돌보는 일은 자식을 돌보는 일과 다를 바가 없다. 아무리 환경이 부유해도, 온갖 값비싼 학원에 보내 줘도 일하느라 바쁘다며 아이 곁에 있어 주지 않으면 아이가 부모에게 불만을 터뜨리게 되는 것과 마찬가지다.

사람들은 직감적으로 자기가 생각하기에 좋은 방식으로 상대방을 돌보고, 자기가 옳다고 생각하는 방식으로 상대방에게 애정을 쏟기 쉽다. **이렇게 겉으로 보기에 중요하고, 필요한 일들에 치중하다 보면 상대방의 욕구와 감정에 소홀해지게 된다.**

가능성 2: 벌컥 화를 내는 건 체면과 부끄러움 때문이다

아흔이 넘은 한린 어르신에게는 결혼해 멀리 외국에서 사는 외동딸이 있다. 정정했던 어르신은 아내가 세상을 떠난 뒤 한동안 혼자 사셨다. 그런데 지난달, 한밤중에 화장실을 가던 중 넘어지는 바람에 대퇴골 골절상을 입었다. 다행히 소리를 들은 이웃이 구급차를 불러 준 덕에 병원으로 이송됐고, 이후 수술을 받은 어르신은 병원에 몇 주 입원하게 되었다.

딸은 아버지가 건강을 회복하고, 좋은 환경에서 평화로운 노년을 보내기를 바라는 마음으로 퇴원한 아버지를 고급 요양원으로 모셨고, 각양각색의 재활 기자재에 온갖 건강보조제까지 빠짐없이 챙겨드렸다.

그런데 뜻밖에도 3주 뒤, 한린 어르신은 부적응과 심각한 불면증으로 병원 진료를 받게 됐다. 요양원에서 내용을 전해 들은 딸이 아버지에게 어떤 문제가 생긴 건지 알고 싶은 마음에 외국에서 급히 돌아와 아버지를 모시고 병원을 찾아왔던 것이다.

한린 할아버님은 밤에도 요양원에서 화장실 불을 완전히 끄지 못하게 하니 빛 공해에 시달리고, 그 바람에 잠을 잘 자지 못한다고 불평을 했다. 사실은 어르신이 한밤중에 혼자서 화장실에 가겠다고 고집을 부리시니 그 불빛이라도 없으면 넘어져서 다치실까 걱정이 된 요양보호사가 불을 켜 둔 것이었다. 또 할아버님은 주방에서 재료를 너무 잘게 다져서 음식을 해 보낸다며, "돼지 먹으라고 주는 거냐"고 불평했다. 알고 보니 이가 좋지 않은 할아버님이 목으로 넘기기 어려운 음식은 먹지 않고 남기곤 했고, 그 바람에 체중까지 줄었다는 사실을 안 요양보호사가 잘게 다진 음식을 준비한 것이었다.

한린 할아버님 이야기를 잘 들어 보면, 끊임없이 본인은 "두루두루 전혀 문제가 없다"고, "본인이 다 할 수 있다"고 강조하신다. 문제는 할아버님이 '본인이 늙었다는 것을 인정하지 않으려는' 것, 본인이 '도움이 필요한 사람이라는 사실을 인정하지 않으려는' 것, 그래서 도움의 손길에 대부분 불평과 투정으로 저항하는 데 있는 것 같았다.

노인들을 진료하다 보면 이런 상황을 심심치 않게 보게 된다. **나는 딸에게 이 문제를 처리하는 과정에서 할아버님의 존엄을 적절히 지켜 드려야 한다고 조언했다.** 당사자에게 본인 몸의 기능 상실과 퇴화 상황은 간략하게 설명하되, 도움을 받을 때의 장점이나 도움을 받아야 하는 지점을 강조하고, 당사자가 받아들일 수 있는 이유를 만들어 내서라도 차차 새로운 일상에 적응할 수 있도록 이끌어 주라고 조언했다. 예를 들면, 할아버님에게 화장실 불은 요양원에서 전체적으로 통제하는데 규정상 다 켜 둬야 하고 모든 방에 다 똑같이 적용된다고, 대신 불빛이 좀 부드러운 전구로 바꿔드릴 수는 있다고 설명하는 식으로 말이다. 그리고 음식은 따님이 특별히 요청한 것으로, 몸보신도 시켜드리고 뼈도 빨리 회복하도록 영양사가 특별히 따로 준비하고 있다는 식으로 설명하는 거다.

이런 불평은 사실 노화와 퇴화를 겪는 노인들의 탄식일 때가 있다. 자녀가 이를 경청하고 지지하면서 어르신들에게 적당한 퇴로를 열어드리면, 당사자들이 심신의 변화를 차차 받아들이는 데 도움이 된다.

가능성 3: 망상의 장난, 이치를 따지는 건 소용없다

핑라오 어르신은 군에서 퇴역한 뒤 쉰이 넘은 나이에 선을 봐서 결혼해 세 아이를 낳았다. 안타깝게도 아내는 젊은 시절 교통사고로 세상을 떠났지만, 다행히 무탈하게 자란 세 딸이 아버지를 지극정성으로 모셨다.

핑라오 어르신은 노년에 중풍에 치매까지 앓게 됐다. 음식물을 넘기기 힘들어지다 보니 특별식을 준비해야 했고, 세 자매가 직접 돌아가며 영양가도 높고 삼키기도 좋은 음식을 해드렸다. 세 자매는 직선적인 성격에 성질이 좀 사나운 편인 핑라오 어르신에게 늘 좋은 말로 음식을 권하곤 했다.

어느 날 어르신을 모시고 진료를 받으러 온 세 자매가 뭔가 하고 싶은 말이 있다는 눈빛으로 신호를 보냈다. 나는 간호사에게 할아버님 주의를 돌려야 하니 혈압 좀 재러 가시자고 해 달라고 부탁했다.

"선생님, 요즘 아버지 돌보는 일이 점점 힘들어져서요. 저희가 뭘 어떻게 해드려도 화를 내세요. 저희 셋이 아버지 돌봐드리려고 하루가 멀다 하고 휴가 내고, 풀타임 직장은 찾을 엄두도 못 내면서 살고 있거든요. 저희로서는 할 수 있는 최선을 다하고 있다고 생각하고 있는데도 저러시니 스트레스가 이만저만이 아니에요. 혹시 저희도 선생님께 외래진료를 받아야 할까요?"

"세 분이 정말 꼼꼼히 아버님을 보살피고 계시는데, 도대체 무슨 일이신가요?"

"저희 아버지가 딱딱한 걸 잘 못 드신다는 건 선생님도 아실 거예요. 그래서 음식을 아주 푹 고아서 흐물흐물하게 해드리고 있어요."

"그런데 요즘 들어서 아버지가 계속 음식에 무슨 찌꺼기 같은 게 있어서 넘어가질 않는다면서, 제가 아버지 해코지하려고 그러는 거라고 말씀하시지 뭐예요. 하지만 젓가락으로 음식을 들춰 살펴봐도 찌꺼기는커녕 아무것도 없어요. 그런데도 화를 내시면서 드시지 않으려고 하세요."

"이렇게는 안 되겠다 싶어서, 어제는 특별히 생선을 넣어 탕을 끓이고는 아무 찌꺼기도 나오지 않을 때까지 거름망으로 몇 번을 거른 다음에야 드시라고 가져다드렸어요. 그런데 세상에, 한 모금 드시더니 욕에 욕을 하시는 거예요. 무슨 찌꺼기가 있다면서 제가 아버지 목 막혀 죽게 하려고 그런다고 하시지 뭐예요."

"저희가 해드린 음식은 문제가 있다고 하시면서, 모시고 밖에 나가서 편의점에서 전자레인지에 넣고 돌려먹는 음식을 사드리면, 그건 또 얼마나 맛있게 드시는지 모른답니다. 이게 제일 이해가 안 가요." 딸들은 말을 하며 울먹였고 너무나 억울해했다.

핑라오 할아버님에게 치매로 인한 피해망상이 나타난 건 아닌가 싶었다. 할아버님은 딸들이 자기를 해치려 한다고, 음식에 독을 탔을지도 모른다고 생각하면서 음식물에 의심을 감추지 못했다. 그러니 딸들이 아무리 애를 써 봐야 아무 소용이 없었다.

그런데 전자레인지에 데워 먹는 음식은 진공포장이 되어 있다. 이런 환자들은 이렇게 포장된 음식이 상대적으로 더 안전하다는 생각에 안심하고 먹는다. 내 설명을 들은 딸들은 순식간에 모든 것을 깨달았다. 아버지가 까다로워서가 아니라, 본인들 음식 솜씨에 문제가 있어서가 아니라, 치매로 인해 이런 상황이 벌어졌다는 사실을 드디어 이해하게 된 것이다. 우리는 이후 약물을 조정해서 할아버님의 망상을 억제했다. 할아버님의 증상이 나아지면서, 가족은 다시 화목해질 수 있었다.

가능성 4: 상대가 그 보살핌을 필요로 하는가

소아마비를 앓은 적이 있는 다둥 씨는 어려서부터 형제들 중에도 부모님의 관심을 가장 많이 받았다. 다둥 씨 역시 결혼도 자식도 마다 하고 부모님과 함께 살기로 마음먹었다. 다둥 씨에게는 형제가 셋이 있는데, 다들 결혼해서 외지에 산다. 부모님이 일흔이 넘어가면서 뚜렷한 노화 현상을 보이기 시작하자, 다둥 씨는 큰 걱정에 휩싸였고, 부모님을 꼭 잘 모시겠다고 속으로 자기 자신과 약속했다.

원래는 어머니가 하루 세끼 식사를 모두 준비했었다. 다둥 씨가 먼저 나서서 도와드리려고 했지만, 어머니는 다둥 씨가 재료를 깨끗이 씻지 않는다고, 국수를 너무 오래 삶는다고 마땅치 않아 하셨다. 다둥 씨의 아버지는 평일이면 여기저기 쏘다니며 친구들과 잡담하기를 좋아했다. 다둥 씨가 걱정스러운 마음에 아버지를 쫓아다녔더니, 아버지는 사람 짜증 나게 한다며 질색했다.

한번은 아버지가 늦게 집에 돌아오셨다. 다둥 씨는 그사이 여기저기 전화를 돌리며 아버지를 찾았고, 하마터면 경찰에 신고까지 할 뻔했다. 그러자 아버지는 별것도 아닌 일로 난리를 피운다며 화를 내셨다. 크게 낙심한 다둥 씨는 형에게 전화를 걸어서 최선을 다하고 있는데도 부모님은 늘 불만을 터뜨리신다고 하소연했다. 이야기를 들은 큰

형이 웃으며 대답했다. "네가 하던 행동 아니냐? 어렸을 때 말이야, 네가 행동이 좀 남다르니까 어머니, 아버지가 너 학교 다니면서 불편할까 봐 매일같이 학교 문 앞까지 가서 너 데려오셨잖아. 그때 넌 부모님한테 아무 문제 없다고, 다른 아이들이랑 같이 통학 버스 타고 집에 올 거라고 막 화냈지. 체육 시간에 아이들이 놀리기라도 할까 봐 어머니, 아버지가 병원 진단서 떼다가 학교 선생님 찾아가서 너 체육 수업 좀 빼달라고 부탁했더니, 부모님 간섭이 너무 심하다고 네가 불평했잖아. 결국 체육 수업 빼먹지 않고 다 들어갔지. 네가 직장까지 구했는데도 어머니, 아버지가 무슨 탐정처럼 고객으로 변장까지 하고 모퉁이에서 지켜보셨잖냐. 그러다 너한테 들켰을 때, 체면 이만저만 구긴 게 아니라고 소리 지르지 않았어?"

다둥 씨는 형의 지적에 본인의 잘못을 깨달았다. 본인이야 선의로, 부모님에게 보답하고 싶어서 그랬다지만, 결국 예전에 부모님이 했던 일과 마찬가지로 관심과 애정이 너무 과해서 쓸데없는 걱정을 하고 말았던 것이다. 잘못된 것을 바로잡으려 한 것이었지만 정도가 너무 지나쳤다. 나는 다둥 씨에게 **부모님의 능력이 닿지 않는 부분을 도와드리라고, 아무것도 못 하게 막았다가는 도리어 부모님의 신체 기능 퇴화 속도가 빨라질 거라고 조언했다.**

자식인 내가 어떤 도움을 드릴 수 있는지 부모님께 알려드려 보자. 부모님이 그 도움이 필요할 때 아낌없이 도와드리면 관계도 산뜻해지고 서로 돕는 과정에서 일상도 더 편해진다.

가능성 5: 누가 잘못하지 않아도 기분이 안 좋을 수 있다

이런 경험을 한 사람들이 적지 않을 것이다. 평소와 다름없이 사무실로 출근해서 평소처럼 일했는데, 사장이 오늘 뭘 잘못 먹었는지 쉬지도 않고 마구잡이로 공격해 댄다. 사람들 셔츠가 땀에 흠뻑 젖어 있기에 리모컨으로 에어컨 온도를 낮췄더니, 사장이 그 몇 도를 못 참느냐고, 전기 낭비하는 거 아니냐고 잔소리를 해 댄다. 그래서 생각을 고쳐 먹고 선풍기를 켜면, 사장은 또 선풍기 소리 때문에 시끄러워 죽겠다고, 선풍기 바람에 서류까지 사방팔방 날아가지 않느냐고 잔소리를 한다. 사무실 전화를 좀 늦게 받기라도 하면 정신을 어디다 팔고 일을 하느냐고, 중요한 전화였으면 어쩔 뻔했느냐는 욕이 날아온다. 전화로 고객을 응대하다 잡담이라도 한두 마디 하면, 사장은 또 일 이야기나 하면 됐지, 일부러 잡담이나 하며 시간 좀 죽이지 말라고 야단이다. 회의 자료를 돌렸더니, 컴퓨터 모니터에 뜬 글자 크기가 너무 작다고, 이런 건 꼭 인쇄를 해 줘야 하는 거라고 잔소리를 퍼붓는다. 그래서 얼른 종이에 인쇄해서 가져가면, 누가 컬러 인쇄를 하랬냐고, 이게 잉크 낭비가 아니면 뭐냐고 떠든다. 회의 중에 보니 사장 목소리가 잠겨 있기에 하는 김에 물을 좀 따라 줬더니, 이런 거 다 가식이라고, 아부 좀 떨지 말라는 소리까지 한다. 뭐만 했다 하면 욕을 해 대니, 책상 한 번 후려

치고 일이고 뭐고 딱 그만두고 싶다. 왜 저러는 걸까? 뭘 하든 다 불만을 터뜨린다면, 사실 그 사람 본인이 '기분이 좋지 않은' 걸 수도 있다.

노년에 접어들면서 우울증을 앓거나 우울한 정서를 경험하는 노인이 적지 않다. 그러면서도 본인이 '기분이 좋지 않다'는 사실을 직접적으로 말하지는 않는다. 오히려 '짜증을 내고, 엇나가고, 온갖 트집을 잡는' 방식으로 그 마음을 드러낸다. 이럴 때는 뭘 해 주든, 얼마나 잘해 주든, 지뢰를 밟아 온몸이 만신창이가 될 수 있다.

임상에서 **노년의 우울증과 관련된 질병을 적잖이 보게 되는데, 중풍**(중풍 환자 중 50퍼센트가 중풍으로 인한 우울증을 경험한 적이 있다), **파킨슨병**(파킨슨병 환자 중 약 40퍼센트가 우울증 합병증을 겪는다), **만성폐쇄성폐질환, 만성통증증후군**(관절염, 요통 등), **암 등에서 흔하다.** 이럴 때는 면역요법 약물이나 스테로이드제 등을 사용한다.

노인이 되면 여기저기 불편한 몸 때문에 정서적으로 우울해지고 기분이 언짢고, 초조하거나 짜증이 날 수 있다. **나는 이런 경우 노인정신의학 전문의를 찾아가 진료를 받아 보라고 조언한다. 약물치료, 심리치료, 생활 습관을 조절하는 작업요법**Occupational Therapy**을 통해 정서 문제를 개선할 수 있다.** 사람이 기분이 좋아지면, 자연스럽게 관계 맺기도 수월해지고 다른 사람들과도 잘 지내게 된다. 그러면서 돌보는 사람도, 돌봄을 받는 사람도 삶의 질이 크게 올라간다.

세상 모든 사람을 다 만족시킬 수는 없다는 말이 있다. 아마 이 말에 동의하는 사람들이 적지 않을 것이다. 하지만 만족하지 못하는 그 사람이 당신의 부모일 수도 친구일 수도 혹은 윗어른일 수도 있다. 뭘 어떻게 해도 부모가 만족스러워하지 않을 때는 가장 중요한 건 초심이라는 사실을 기억하자.

중국 명나라 때 정치가 유기劉基가 한 말을 덧붙이고 싶다. "어떻게 다른 사람의 마음을 다 헤아릴 수 있겠는가, 다만 내 마음에 부끄럽지 않기를 바랄 뿐이다豈能盡如人意, 但求無愧我心."

직장으로 계속 전화하시는 부모님,
어떻게 해야 할까?

꽤 유명한 회사에서 영업부장으로 일하는 40대 남성 싱궈 씨는 고객 방문 업무 외에 새로 입사한 직원들 훈련도 맡고 있다. 여동생은 결혼해서 멀리 외지로 떠났고, 2년 전 아버지가 돌아가신 뒤로 고향 집에는 어머니만 홀로 남아계신다. 어머니에게 본인 집으로 이사 와서 같이 살면 어떻겠냐는 이야기를 해 본 적이 있기는 하지만, 어머니는 아들, 며느리와 한 지붕 아래 사는 걸 익숙지 않아 하셨고, 이웃 친구들 곁을 떠나는 것도 아쉬워하셨다. 퇴행성관절염 탓에 걷는 속도가 좀 느리고 오래 걸으면 아프기는 해도, 그것만 빼면 대부분 일을 다 본인이 알아서 할 수 있을 정도로 건강한 편이셔서 일단 고향 집에서 혼자 지내기로 하셨다. 처음에는 별 문제없이 상황이 안정적이었지만, 최근 싱궈 씨에게 골칫거리가 생기고 말았다.

뛰어난 업무 능력을 인정받은 싱궈 씨는 회사에서 지사 총괄 매니

저로 발탁되면서 본사와 화상회의도 잦아졌고, 생활도 이전보다 더 빡빡해지고 바빠졌다. 그런데 어머니가 툭하면 업무 시간에 전화를 걸어오셨다. 전화 내용이라고 해 봐야 대부분 집에 달린 형광등이 거무튀튀해졌는데 바꿔야 하는지 말아야 하는지, 작은어머니가 전화로 봄에 노인들끼리 가는 단체 여행에 끼어서 같이 놀러 가자고 하는데 그때 날씨가 추울지 어떨지 모르겠다면서 가는 게 좋을지 어떨지, 요즘 명치가 이상하고 답답해서 위내시경 검사를 해 봤는데 큰 문제는 없었다고 하면서도 다른 의사를 찾아가야 하는지 등 딱히 급하지도 않은 일상생활 문제들이었다.

점심시간이 있는데도, 어머니는 걸고 싶은 시간에 전화를 거셨고 하필 화상회의 중에 전화가 걸려 오는 날이면 회의에 방해가 되기도 했다. 싱궈 씨가 어쩔 수 없이 오는 전화를 끊어 버리면 어머니는 신호가 잘 안 잡히는 줄 알고 몇 번이고 전화를 다시 거셨고, 전화를 받은 싱궈 씨는 늘 다급히 "회의 중이에요"라고 한 마디 던져야만 했다. 어머니는 그제야 그때가 전화 걸기 적절한 때가 아니라는 걸 알아차리셨다. 이런 일이 잦아지니, 싱궈 씨로서는 난감하기 그지없었다.

그러다 여러 나라 관계자들과 연결된 다국적 화상회의가 싱궈 씨 때문에 중단되자 싱궈 씨는 상사에게 '애정 섞인 주의'를 받아야 했다. 싱궈 씨는 이 일로 늘 본인 곁을 따라다니는 신입 직원들에게 본인이 좋지 않은 본보기가 되고 있다 여겼고, 본인의 이미지와 위신까지 떨어지고 있다고 생각했다. 이런 일이 계속될수록, 싱궈 씨의 인내심도 점점 바닥을 드러냈다. 어느 날은 마침 회사 회장이 아시아 지역 화상회의를 연 참이었는데, 어머니가 또 전화를 걸어서는 다음 달에 있을 명절에 집에 올 건지 물어보셨다. 싱궈 씨는 화를 참지 못하고 짜증스러운 말투로 대꾸했다. "저 일할 때 전화 좀 걸지 마세요." 어머니는 이 말에 황망하게 전화를 끊으셨다.

화상회의가 끝난 뒤 싱궈 씨는 본인이 너무 심했다는 생각에 기분이 우울해졌다. "제가 어머니랑 전화 통화를 하고 싶지 않은 게 아니에요. 그렇지만 제가 일하는 중이잖아요. 퇴근 후에 통화하면 안 되는 걸까요?"

일단 심호흡을 하면서 마음을 가다듬어 보자. 싱궈 씨를 본인의 절친한 친구로 가정해 보는 것도 좋겠다. 한번 상상해 보자. 당신이라면 어떤 상황에서 절친한 친구가 일하는 시간에 그 친구에게 전화를 걸겠는가?

가능성 1: 지금 당신이 일하고 있다는 사실을 깜빡 잊었다

이렇게 말하면 그건 말도 안 되는 이유라고 생각하는 사람이 적지 않을지 모른다. 오늘이 휴일도 아닌데, 어떻게 이걸 잊는단 말인가? 하지만 냉정을 되찾고 정말로 이런 실수를 저질러 본 적이 없는지 우리 자신을 돌이켜 보자.

한번은 동료 의사에게 다급히 문자를 보내 지금 당장 이런저런 일을 처리해 달라고 부탁한 적이 있다. 그러자 그는 아주 예의 바르게 본인이 지금 휴가 중이라는 답을 보내 왔다. 그 순간, 나는 정말 쥐구멍에라도 숨고 싶었다. 휴가를 보내고 있는 사람에게 그런 문자를 보냈다니, 어떻게 그걸 깜빡했을까? 너무 미안했다. 게다가 바로 전날 그 동료와 교대한 사람이 바로 나였는데. 그때 가슴을 탁탁 치면서 안심하라고, 가서 잘 놀고 오라고 해 놓고 그걸 까맣게 잊어버리다니. 별 생각 없이 보낸 문자로 상대방의 휴가를 방해한 셈이었다.

나이를 먹어 감에 따라 기억력도 퇴화한다. 꼭 치매가 아니더라도 나이가 들면 젊을 때보다 건망증이 심해진다. 우리도 마찬가지다. 그러니 전화 걸기 적절한 시간을 기억하지 못할 수도 있다. 자잘하고 소소한 내용이라면 정확히 기억하기는 더 어렵다.

또 한 가지, **어르신들은 이미 대부분 퇴직을 한 터라 일상이 일할 때처럼 규칙적으로 돌아가지도 않는다. 따라서 시간개념도 약해진다.** 내 경우 평상시에는 일이 바빠도 생활 리듬은 아주 규칙적이다. 이를테면, 무슨 요일에는 진료를 보고, 몇 시에 아이를 데리러 가고, 또 무슨 요일에는 회의를 열고, 이런 게 다 고정적인 일정이다. 그래서 업무 시간에는 거의 생각하고 자시고 할 것도 없이 반사적으로 오늘은 몇 월 며칠 무슨 요일이고, 몇 시에 무슨 회의가 잡혀 있다고 대답할 수 있다. 하지만 긴 휴가가 시작되면, 하루 이틀만 지나도 오늘이 며칠인지 헷갈리기 시작한다.

만일 치매를 앓고 있는 노인이라면, 상황은 어쩌다가 전화를 거는 정도로 그치지 않는다. 질병의 영향으로 기억력이 퇴화해서 당신이 몇 시에 집에 돌아오는지, 밥은 집에 와서 먹는지 기억하지 못해 전화로 묻게 되고, 진지하고 자세하게 답변을 해 줘도 전화를 끊고 돌아서면 또 잊어버린다. 그래서 다시 전화기를 들고 번호를 누른다. 그러면 당신은 또 인내심을 발휘해서 설명한다. 이번에는 명확하게 이야기했으니 됐겠지 이런 생각을 해 보지만, 되감기 버튼을 눌러 영상을 다시 재생하기라도 한 것 같은 상황이 펼쳐진다. 전화를 끊고 돌아서면 노인은 또 잊어버린다.

치매 환자의 '반복 행동repetitive behaviors'은 흔한 증상이다. 그렇기에 치매 환자를 돌보는 사람은 적잖이 고통을 받는다. 행동 자체를 저지하기 어려울 때도 있다. 전화를 받지 않아도 아무 소용이 없다. 치매 환자가 계속 전화를 하는 탓이다. 하지만 전화를 받아서 계속 설명을 하는 것도 소용이 없다. 말을 해도 곧바로 잊어버리니까. 이럴 때 나는 다음의 방법을 권한다.

1. 단답형 답으로 말을 아끼기
휴대폰을 무음이나 진동으로 해 놓고 치매 환자가 전화를 걸어 오면 전화를 받은 뒤 "좋아요", "그럴 거예요" 혹은 "저녁에요"와 같이 짧은 대답으로 통화를 끝낸다.

2. 전화는 받되 대답은 하지 않기

치매 환자가 말을 끝내기를 기다렸다가 가볍게 응대하거나 간단하게 "좋아요"라고 답한 뒤 전화를 끊는다. 이런 상황에서는 이치를 따져가며 설명하는 게 아니라 치매 환자를 달래는 게 통화의 목적이다.

<u>가능성 2: 일하는 중이라도 전화 한 통은 괜찮지 않을까?</u>

사람은 누구나 자기 경험을 바탕으로 생각하게 마련이다. 개중에 업무 시간이 탄력적이어서 중간에 마음대로 전화를 받을 수 있는 일들도 있지 않나. 어르신들이 수시로 전화를 거는 이유는 자식들이 어떤 일을 어떻게 하는지 잘 몰라서, 혹은 자식들이 늘 휴대폰을 갖고 다니면서 일을 할 수 있는 게 아니라는 점을 잘 헤아리지 못해서, 또는 그 일이 중간에 끊기면 안 되는 일이라는 데까지 생각이 미치지 못해서일 수도 있다. 남편이 여러 해 전에 사스 환자를 돌본 적이 있다. 병원에서는 바이러스 전파를 막기 위해 감염원을 엄격히 통제했는데, 격리 병실에서 당직을 서려면 소독은 물론 방호복까지 입어야 했고, 휴대폰도 사물함에 넣어 두고 가야 했다. 전신에 방호복을 입고 방호용 모자에 고글까지 쓴 상태에서 어떻게 휴대폰을 사용하겠는가? 당시 이런 사정을 몰랐던 친척, 친구들이 남편과 여러 날 연락이 닿지 않자 나에게 전화를 했고, 이해하기 쉽게 설명해 주면 그제야 상황을 이해하곤 했다. 마찬가지로, 수술 중인 외과 의사, 청정실clean room에서 기계를 조작 중인 엔지니어, 위험한 임무를 수행 중인 소방대원 등도 전화를 받을 수 없는 상황인 때가 많다. 세대가 달라지면서 직업의 내용도 달라졌지만, 노인들이 그걸 이해하고 있으리란 법은 없는 것이다.

가능성 3: 사소한 근황이라도 알고 싶은 마음

"여보세요, 아신이니?"

"네, 저예요. 무슨 일 있으세요?"

"아니, 별일 없어. 너 출근해서 일하고 있나 보려고 전화해 봤지."

여기까지 읽고서 여러분의 얼굴에 빗금이 쫙 그어질지도 모른다. 아니면 허공에서 까마귀가 몇 마리가 깍깍 울어 대며 날아가고 있을지도 모를 일이다. 아니 내가 당연히 출근해서 일하고 있지 그럼 뭘 하고 있겠나 싶을 테니까. 화부터 내지 말고 입장을 바꿔서 생각해 보자. 혼자 심심하게 집에 있다가 배우자에게 전화해야겠다고 생각했던 적 있으신지? 배우자가 분명히 출근해서 일하고 있을 거라는 걸 알면서도 전화를 걸고 싶어질 때가 있지 않으냐는 말이다.

"여보세요, 무슨 일이야?"

"아니, 딱히 일은 없어. 지금 뭐 해?"

"일하지."

"음, 그럼 됐어. 일 열심히 해. 안녕."

부부나 연인 사이에서 이런 대화가 오가면, 다들 아주 평범한 대화로, 심지어는 좀 낭만적인 대화로 생각한다. 상대가 나에게 관심을 기울이고 있다고 느껴지기 때문이다. 꼭 연인 관계가 아니라도, 우리는 **중요한 사람에게 아무 일이 없다는 사실을 뻔히 알면서도 마음을 놓지 못하고 걱정할 때가 있다. 상대가 잘 지낸다는 걸, 상대가 평상시와 다를 바 없이 지낸다는 걸 알고 싶어 한다.** 출근길에 아이를 어린이집에 데려다줘 놓고 속으로 걱정하는 워킹 맘들이 많다. 전문가들이 돌봐 주고 있다는 걸 알면서도 아이가 낮잠은 잘 자는지, 울고불고 난리를 피우고 있지는 않은지, 어젯밤에 감기 기운이 좀 있었는데 오늘은 생기가 좀 도는지 알고 싶어 한다. 그래서 부모가 언제든 휴대폰으로 아이를 살펴볼 수 있도록 원격 시스템을 갖춘 유아원이나 어린이집도 있다. **세대가 뒤바뀌어도 이런 마음은 다 비슷한 것이다.**

가능성 4: 곤란한 상황에 빠진 부모에게는 바로 당신이 비빌 언덕이다

혼자서 해결할 수 없는 곤란한 일이 생기면 당연히 누군가에게 도움을 청하고 싶어진다. 어르신들은 이럴 때 자식이나 친척, 친구에게 전화를 건다. 몸이 불편하다거나 집 안 수도관이 파열되는 등 '외적인' 문제는 눈에 잘 띈다. 그래서 도움을 청해도 사람들이 쉽게 이해하고 도와준다.

의료인으로서 아마 많은 동료가 공감하며 고개를 끄덕이리라 생각하는데, 나이가 들어 이런저런 병에 시달릴 수밖에 없는 어르신들은 일단 몸이 좀 안 좋으면 전화로 물어본다.

"어제 의사한테 가 봤는데, 의사가 하는 말이 약을 세 포를 먹으라는 거야. 그런데 나는 한 포만 먹고 싶다 이 말이지. 안 될까?"

"오늘 아침에 공원으로 산책하러 나갔다가 발을 삔 것 같아. 얼음찜질을 해야 하나, 아니면 온찜질을 해야 하나?"

"옆집 아성 선생이 하는 말이 타이베이에 가서 ○○ 과장이라는 사람한테 진료를 봤더니 병이 좋아지더란다. 그 의사한테 접수되는지, 너 좀 알아봐라."

"네 이모가 백내장이라 수술해야 한다면서 건강보험 적용된 거로 해야 하는지 아니면 자비로 해야 하는지, 무슨 차이가 있는지, 많이 비싼지 너한테 좀 물어보라고 하더라."

다행히 이런 유형은 대부분 돌발적으로 생기는 문제들이라서, 용건이 해결되면 전화를 하고 또 하는 상황은 사라진다. **하지만 노인들이 끊임없이 전화를 걸어서 도움을 청하는 증상을 보일 때도 있다. 이런 증상을 의학적으로는 '공황장애'로 부르며, 일반적으로 '자율신경기능 장애**autonomic dysfunction'**로 부르기도 한다.** 공황발작이 일어나면, 환자는 뜬금없이 갑작스러운 긴장, 초조감을 경험한다. 보통은 몇 분 안에 극심한 초조감을 느끼는데, 동시에 심장 두근거림, 식은땀, 몸 떨림,

오한, 발열 등이 나타날 때도 있다. 심지어 숨을 쉴 수 없을 것 같고 곧 죽을 것 같은 느낌을 받게 된다.

제일 큰 문제는 공황발작을 예측할 수 없다는 점이다. 1초 전에는 아무 일도 없었던 사람이 1초 뒤에 돌연 안 좋아지기 시작하고 시간이 좀 흐르면 증상이 저절로 사라진다. 귀신처럼 몰래 왔다가 흔적도 없이 사라지는 것이다. 이 병을 앓는 노인 입장에서는 몸에 달린 시한폭탄에서 경보음이 울리는 것만 같은데 이게 가짜 경보인지 진짜로 곧 큰일이 나는 건지 알 수 없으니 고통스러울 수밖에 없다. 불편감과 죽을 것 같은 느낌의 압박 속에 많은 노인이 가족이나 친구에게 허둥지둥 도움을 청한다. 노인이 이런 증상을 보이면 심장병, 폐질환, 저혈당, 전해질 불균형 등은 아닌지 구분하고 진단을 내려야 하므로, 잊지 말고 '노인정신의학 전문의'를 찾아 전문적인 상담을 받도록 하자. 일단 신체질환일 가능성이 사라진 상태에서 공황장애 확진을 받으면, 이때부터는 전문적인 약물치료나 생되먹임biofeedback 요법*, 심리치료 등 비약물적인 치료를 받아야 한다. 환자 다수가 공황장애 치료에 성공했고, 덕분에 부모와 자식 모두 삶의 질이 대폭 개선되었다.

---

* 뇌파를 이용한 정신안정 기법이다. 자발적으로 제어할 수 없는 생리 활동을 공학적으로 측정하여 지각 가능한 정보로 생체에 전달하고 그것을 바탕으로 학습, 훈련을 되풀이하는 것으로 공포증, 심신증, 두통, 본태고혈압 따위의 치료에 쓰인다.

가능성 5: 관심을 위한 '의도적인' 전화일 수도 있다

한번 생각해 보자. 상대방이 출근해서 일하는 중이라는 사실을 뻔히 알면서도 전화를 건다면, 그건 대체 어떤 상황일까? 예를 들어 '평상시에는 전화를 잘 받지 않지만 출근해서 일할 때는 그래도 좀 받아서'일 때가 있다. 일이 고되기로 유명한 병원에서 흔히 일어나는 일이다. 바쁜 외과 레지던트가 수술하면서 전화를 받을 수는 없는 노릇이고, 집에도 별 보며 들어가는 판이니, 피곤에 찌들어 있을 모습을 생각하면 차마 밤에 전화해서 그 휴식 시간을 방해할 수는 없는 일이다. 그러면 도대체 어느 시간대가 그나마 적절할까? 이리저리 머리를 굴리다가 점심시간이나 업무 시작 직전을 골라 전화를 걸었을 수 있다. 가족, 친구에게서 걸려 온 전화도 받을 수 없을 정도로 바삐 살고 있는 것은 아닌지 다들 생각해 봐야 한다.

상황이 더 나빠지면, 심지어 노인이 '일부러' 일하는 중에 전화를 거는 일도 일어난다. 자식에게 일보다 자기가 훨씬 더 중요하다는 걸 증명하고 싶은 일종의 '성숙하지 못한 심리'가 초래하는 현상이다. 부모의 관심을 끌기 위해 반항적인 행동을 일삼는 아이들이 있다는 말을 들어봤을 것이다. 여기에 성숙하지 못한 행위라는 딱지를 붙이느니, 먼저 그 행위의 이면의 의미를, 다른 사람에게 관심을 받고 싶어 하는 그 마음을 헤아려야 할지도 모른다.

첫째, 우선은 긍정적으로, 낙관적으로 생각하자. 늙은 부모가 당신의 휴대폰 번호를 기억하고, 당신의 업무 시간을 정확히 계산해서 꽤 괜찮은 핑계를 들이대며 전화를 걸었다는 건 **적어도 부모님의 인지기 능이 그렇게 떨어진 건 아니라는 좋은 소식이다.**

둘째, 동시에 **이 고의적인 행위는 노인들이 누군가 자신의 말을 들 어 주기를, 누군가 자신에게 관심을 기울여 주기를 바라고 있음을 일 깨워 주기도 한다.** "도대체 왜 이러시는 거야. 아니 내가 뭐 부족하게 해드리는 것 있나? 얼마나 신경을 많이 써드리는데." 정말 너무 바쁘면 이런 말이 나오기도 하겠지만, 서로에 대한 서로의 기대와 해석이 다르 다는 데 문제가 있을 때도 있다. 어떤 사람은 '양'을 기대하고, 또 어떤 사람은 '질'에 집중한다. 수없이 야근해서 번 돈으로 어머니께 새로 나 온 휴대폰을 사드렸는데, 어머니는 다른 걸 바라신다. 자식이 퇴근하면 매일 집에서 저녁밥을 먹기를 바라는 것이다.

나이와 상관없이, 사람은 누구나 관심을 받고 싶어 한다. 게다가 다른 사람이 내가 좋아하는 방식으로 나를 대해 주기를 바라는 욕심도 부린다. 질과 양 어느 쪽이 더 중요한지, 모든 사람이 만족할 만한 답은 영원히 나오지 않을 것이다. 겉으로 드러나는 부분에 치중하지 말고 서 로의 성의를 느껴보라고 조언하고 싶다.

어르신들과 어떻게 지내야 할까? 내가 느낀 몇 가지를 여러분과 나 눠 보려 한다.

방법 1: 시기적절하게 대답하기

노인의 불안감 줄이기는 '적당한' 대답에서 시작된다. 여기서 말하는 적당한 대답이란 '적절한 때'에 '내용과 길이가 적당한 답'을 보내는 것을 뜻한다. 다시 말하면 **이쪽에서 먼저 적합한 연락 시간대와 적합한 연락 방식을 알려 줘야 한다.** 시간이 허락하면 이야기를 더 나누고 상황이 여의치 않을 때는 간단하게 답변하자. 이렇게 하면 서서히 '습관이 형성되고, 텔레파시가 통하게' 된다.

노인에게 관심을 기울이고 그들을 도와주면 우리도 일에 집중할 수 있다. 불필요하게 일이 중단될 일도 없고, 주의를 분산하게 될 일도 없다. 그러다가도 중요한 일이 생기면 그때는 서로 연락을 주고받을 수 있다. 가령, 화장실이나 병실에 긴급 구조 벨을 설치해 두듯, '비상용 암호'를 설정해 두면 노인이 정말 '안심'할 수 있다. 심리적으로 안정감을 느끼면 시시때때로 연결되는 전화선으로 자신과 다른 사람을 붙들어 매 둘 필요가 없어진다.

방법 2: 기술과 기계 활용하기

요즘은 사람들 손에 한 대씩 들려 있는 스마트폰이나 태블릿 PC 덕에 수많은 사람과 사물이 늘 서로 연결되어 있다. 실버족도 예외는 아니니, 이런 기기를 이용해 노인과의 관계를 촉진해 보자. 예를 들어, 페이스북 체크인 기능을 활용하면 당신의 현재 위치와 상황을 알 수 있으므로 어르신들이 더는 큰 걱정을 할 필요가 없어진다. 또한 **노인들이 업무 시간에는 전화 대신 문자 메시지나 이미지를 전송하도록, 아니면 일단 문자 메시지로 지금 전화 통화가 가능한지부터 묻고 그렇다는 확답이 오면 전화를 거는 습관을 들이도록 격려해 보자.** 문자 메시지를 받으면 사정상 곧바로 전화를 해 줄 수는 없더라도 상대가 메시지를 받았다는 사실을 노인이 알 수 있도록 우선 이모티콘이나 간단한 문구로 대답해 주자. 어르신들이 좋아하는 메신저용 이미지인 '어르신 짤' 디자인을 참고해서, 그림 위에 문구가 있어 메시지가 명확히 전달되는 이모티콘을 선택하면 더 효과적이라는 점도 기억하도록 하자.

방법 3: 가족, 친구들을 한데 모아 '공동 핫라인' 만들기

노인 가운데는 시력 감퇴 때문에 인터넷을 능숙하게 활용할 수 없어서, 여전히 전화로 다른 사람과 감정을 나누고 어울리는 이들이 있다. 이런 경우에는 가족, 친구들이 바탕이 된 강력한 '핫라인'을 함께 만들어 서로 돕고 보살펴야 한다. 원하는 상대와 즉시 통화가 되지 않을 때 제2, 제3의 선택지가 있으면 노인들이 불안감을 덜 수 있다.

아이가 학교에 입학하면 학교에서 부모에게 비상시에 연락할 전화번호 여러 개를 우선순위를 정해서 남겨 달라고 하는 것과 같은 이치이다. 한번은 학교에 있던 아이가 열이 나고 몸이 아파서 보건 선생님이 우리 집 비상 연락망 첫 타자였던 내게 전화를 거셨는데 나와 연락이 닿지 않았다. 휴대폰을 실수로 무음으로 설정해 놓고 등에 메는 가방 안에 넣어 놓은 바람에 부재중 전화가 여러 통 왔는데도 전혀 몰랐던 것이다. 이후 보건 선생님은 비상 연락망에 두 번째로 적혀 있던 남편에게 전화를 걸었고, 남편에게 어서 아이를 데려가서 진찰을 받으라는 메시지를 잘 전할 수 있었다.

전화를 했는데 아무도 받지 않을 때 느끼는 초조감은 외야로 멀리 날아간 땅볼과 비슷하다. 성공적으로 공을 잡아 상대를 아웃시키지는 못했다고 하더라도, 이 공이 몇 사람의 손을 거쳐 최종적으로 주자가 베이스에 닿기 전에 태그아웃시킬 수만 있다면, 실점없이 이 이닝의 임무를 완수할 수 있으니까.

어떻게든 나를 곁에 묶어 두려는 부모님, 괜찮은 걸까?

아룽 씨는 외아들이다. 연로하신 어머니가 온갖 만성병을 앓고 계셔서 옆에서 돌봐 줄 사람이 필요하지만, 돈을 벌어서 가족을 부양해야 하는 데다 지금 하는 일이 늘 각지에 출장을 다녀야 하는 일이라서, 이런저런 고민 끝에 요양원에 들어가시면 어떻겠냐며 어머니를 설득했다. 아룽 씨가 어머니에게 말했다. "제가 짬 날 때 뵈러 올게요. 여기 환경도 괜찮고 수시로 돌봐 주시는 분도 계시니까, 갑자기 무슨 일이 생겨도 도와줄 분이 있을 거예요. 그러면 저도 일하면서 마음이 놓일 거고요."

하지만 어머니는 아룽 씨가 매일 요양원으로 본인을 보러 와 주길 바랐다. 애당초 아룽 씨는 처음에는 적응할 시간도 필요하리라는 생각에 일이 아무리 늦게 끝나도 가급적 어머니를 뵈러 요양원으로 발길을 서둘렀다. 아룽 씨가 올 때면 어머니는 신바람이 나서 요양원에 있는 다른 노인들에게 아들이라며 아룽 씨를 소개하곤 하셨다. 몇 개월이 지나고 나니 이렇게 매일같이 요양원을 찾아가는 일이 너무 힘에 부치고 지쳤다. 어느 날 아룽 씨는 회사 결정으로 며칠 일본에 출장을 가게 되었다. 아룽 씨는 요즘 업무량도 많아진 데다 출장까지 가야 해서 이제 매일 요양원으로 찾아뵙기는 힘들 거라고 어머니에게 말씀드렸다. 그러자 어머니는 "괜찮다. 나야 여기 있으니 괜찮아" 하고 말씀하셨다.

하지만 어머니는 막상 아룽 씨가 출장을 떠나자 조바심을 내셨다. 잠도 잘 주무시지 못하셨고, 음식이며 간식까지 죄다 마다하셨다. 어느 날 간식을 가져온 간병인이 타이르듯 몇 마디 했다. "아주머니, 드시는 양이 너무 적어요. 많이 드셔야지요." 그랬더니 아룽 씨의 어머니가 이성을 잃고 머리를 벽에 박아 버리셨다. 요양원에서는 곧장 출장 중인 아룽 씨에게 전화를 걸었고, 아룽 씨는 집에 급한 일이 생겼다며 상사에게 곧바로 보고했다. 다행히 상사가 사정을 봐준 덕에 급히 귀국한 아룽 씨는 비행기에서 내리자마자 다급히 요양원으로 향했다.

어머니는 아룽 씨를 보자마자 평온을 되찾으셨고 식사도 세 끼 다 잘 드셨다. 아룽 씨는 화도 나고 어이도 없어서 어머니에게 말했다. "어머니, 제가 일부러 어머니 뵈러 오지 않은 게 아니에요. 지난번에 며칠 출장 간다고 말씀드렸잖아요. 돌아오기만 하면 뵈러 올 거였어요. 그러니 여기서 잘 지내고 계세요." 어머니는 고개를 끄덕이며 일 바쁜 거 이해한다고, 심지어는 얼른 돌아가라고 등을 다 떠미셨다. 하지만 사실

속으로는 이를 정말로 받아들인 게 아니었다.

부모님은 그저 자식의 관심을 원할 뿐이다

나이가 들면서 많은 부모가 심리 상태에 변화를 보인다. 노화와 기능 손실 등으로 인해 불안이 엄습하면 자녀에게 의존적으로 변하는 것이다. **자신의 존재 가치를 의심하게 되면서** 원하는 걸 얻지 못하거나 즉각적인 만족을 얻을 수 없을 때 **자신이 가족들 마음속에서 얼마나 중요한 사람인지 이런저런 방식으로 시험해 본다.** 심지어 이런 방식으로 자녀들이 본인 뜻에 순종하게 만들기도 한다.

가령, 툭하면 여기저기가 아파서 너무 힘들다고 불평을 늘어놓는 어머니가 있다고 해 보자. 하던 일을 내려놓고 정신없이 어머니 곁으로 달려갔건만, 가서 보니 어머니는 말짱해 보이신다. 병원에 모시고 가서 검사를 해 봤지만 검사 결과도 대부분 정상으로 나온다. 응급실로 모시고 가는 횟수가 늘어나면, 별일도 아닌데 응급실로 달려오는 건 의료 자원 낭비라며 의사한테 한마디 들을지도 모른다. 이런 일이 잦아지고 나서야 자식은 부모님이 실은 별일이 없는데도 무슨 일이 있는 척하신다는 사실을 깨닫는다. **어머니는 그저 자식의 관심을 원할 뿐이다. 더 심하면 자해를 하겠다고 위협하기도 한다.** 별거 아닌 사소한 일도 도화선이 될 수 있다. 그렇다 보니 자식은 걸핏하면 이런 전화를 받는다. "너 지금 안 오면, 나 여기서 뛰어내리련다." 아니면 이런 식의 협박도 있다. "지금 안 오면, 앞으로는 나 볼 생각도 하지 말아라." 하지만 그때마다 부모님 사시는 곳으로 급히 달려가서 보면, 아무 일도 없이 평안하기만 하다.

이런 일이 많아지면, 동화 속 양치기 소년 같은 상황이 펼쳐진다. 전화가 울려서 받아도 내용은 똑같다. 저도 모르게 그냥 신경 쓰지 않고 싶다는 생각이 들다가도 또 한편으로는 늙으신 어머니가 정말 병이 나신 건 아닌가, 꾀병인 줄 알았더니 진짜 일이 터져서 어머니가 돌아가시는 건 아닌가 이런 생각이 든다.

자녀의 억울함과 난처함

아룽 씨는 어머니가 자신을 어려서부터 지금까지 이만큼 키워 주셨다고 말하며 괴로워했다. 일 때문에 본인이 직접 어머니를 돌봐드리지 못하고 있다는 사실에 죄책감을 느끼고 있었다. 하지만 돈을 벌어야 집안을 건사할 수 있고, 그래야 어머니를 돌봐드리는 데 필요한 돈도 벌 수 있다. 비록 매일 찾아뵙지는 못하지만, 대부분 날은 어머니를 뵈러 갔다. 아룽 씨가 말했다. "제 입으로 제가 어머니께 잘한다는 말은 못하겠습니다만, 그래도 나쁜 아들은 아니라고 생각합니다." 아룽 씨는 말을 하면서 점점 더 억울해했다. 그는 열심히 일하는 사람이었다. 휴가를 낼 때면 늘 동료와 상사에게 미안한 생각이 들었고, 안팎으로 적잖은 압박감을 감당해야 했다. 어머니는 이런 그를 이해하고 응원해 주지도 않았을뿐더러 오히려 모든 것을 그의 탓으로 돌리셨다.

　노인 세대는 자식을 자신의 재산으로 여기는 경우가 흔하다. 자녀는 부모님의 뜻에 따라야 한다고 생각하기에 순종하지 않는 자식은 불효자, 불효녀 소리를 듣는다. 그렇지만 아룽 씨는 아이도 아니고 중년이 된 지 오래다. 직업도 있고 가정도 꾸렸다. 독립적인 개인으로서 그에게도 자기 뜻에 따라 스스로 행동할 권리가 있다. 부모 세대가 자녀 세대를 그저 통제하려고만 하면 자녀는 반발할 수 있다. 부모를 거들떠보지 않거나 아예 회피할 수도 있다.

　"아버지가 그렇게 가신 게 제 잘못입니까?"

　전에 '버려진' 노인을 돌본 적이 있다. 그분에게는 원래 아들이 둘 있었는데, 하나는 선천적인 장애인이었고, 다른 아들은 석사 학위를 받은 뒤 꽤 괜찮은 직업에 종사하고 있었다. 노인은 본인의 재산과 퇴직금을 전부 장애가 있는 아들을 위해 썼다. 몇 년 못 가 돈이 다 바닥나자 노인은 다른 아들에게 돈을 대 달라고 요구했다. 아들은 여러 해에 걸쳐 아버지에게 돈을 대다가 본인도 퇴직 연령에 이르게 되었다. 어느 날, 이 아들은 아버지를 요양원에 보내 놓고 감쪽같이 사라져 버렸고, 다시는 연락이 닿지 않았다. 결국 요양원 비용을 감당할 수 없게 된 노인은 관할 복지과에서 맡게 됐고, 거기서 노인이 지낼 곳을 마련해 주었다. 이 가엾어 보이는 노인이 혹시 원망이라도 산 것일까? 불효자처럼 보이는 그 아들이 자식 된 도리를 다하지 못한 것일까?

자살한 노인의 유가족에게서 이런 질문을 들은 적도 있다. "아버지가 그렇게 가신 게 제 잘못입니까?" 이 아들은 아버지와 멀리 떨어져 살았다. 가정이 있었고 자기 일도 있었다. 그곳이 본인의 생활 터전이었다. 하지만 아버지는 간병인을 들이자는 권유도 요양원에 들어가면 어떻겠냐는 제안도 모두 거부한 채, 아들에게 즉시 회사를 그만두고 이사 오라고, 와서 본인과 같이 살자고 고집을 부렸다. 아들은 이런저런 난처한 입장을 설명하며 회사에 전근을 신청해 보겠다고 말했지만, 아버지는 역정을 내며 전화를 끊으셨고, 슬픔과 탄식을 뒤로 한 채 스스로 목숨을 끊으셨다.

그래서 나라면 아룽 씨에게 이렇게 말할 것 같다. "이건 누가 맞고 누가 틀리고의 문제도 아니고, 어떤 게 더 낫다의 문제도 아닙니다. 아주 잘하고 계시니, 자책하지 마세요. 이건 삶의 선택이니까요."

순종하는 것만이 효도는 아니다

나이가 들면 몸도 점점 예전 같지 않고, 행동도 느려진다. 일상적으로 다른 사람의 도움이 필요해지면서 마음속에서도 슬며시 변화가 찾아온다. 자신이 더는 쓸모없는 존재가 되었다고 느끼게 되기도 하고, 존재 가치가 떨어졌다고 느끼게 되기도 하며, 주변부로 밀려났다는 불안을 느낄 수도 있다. 이런 상황에 적응하고 생각을 바꾸는 게 아니라 한창때처럼 본인이 사회나 가정의 중심이 되려고 버티면, 아직도 세상이 본인을 중심으로 돈다는 것을 증명하기 위해 온갖 방법을 동원하게 되기도 한다. 예를 들어, 자녀의 생활에 계속 간섭하며 본인의 주도권을 드러내는 식이다. 이들은 한 가지 방법이 효력을 잃으면 다른 방법을 찾아 나선다. 가면 갈수록 격렬해질 때도 있다. 솔직히 말하면 자녀의 관심을 불러일으키고 싶어서 하는 행동이다. 부모의 시선을 끌기 위해 울고불고 난리를 치는 아이가 그렇듯이.

우리 가정과 사회가 효도를 중시하는 유가 사상의 깊은 영향 아래에 있기는 하지만, 일각에서는 꼭 효도를 해야 하느냐는 질문과 함께 토론도 벌어지기 시작했다. 효도란 무엇일까? 영원히 부모 곁에 머무는 게 효도일까? 부모의 말을 완벽하게 따르는 게 효도일까? 사람은 누구나 자기 인생에 책임을 져야 한다. 부모가 자식에게 도저히 들어드릴 방법이 없는 불합리한 요구를 해서 상황이 더 나빠진다면, 이런 효도는 어디에 의미가 있는 것일까? 그래서 "순종하는 것만이 효도는 아니다"라는 견해를 내세우는 사람도 있다. 나는 이 말이 **부모를 정성껏 돌보고 봉양하려는 마음을 갖되 제한된 방법에 얽매일 필요는 없다는 뜻, 특히 본인이 할 수 없는 일이거나 부모가 요구한 방식이 비합리적일 때는 꼭 그에 얽매일 필요는 없다는 뜻**이라고 생각한다.

주의! 공황장애일 수도 있다

환자가 늘 '양치기 소년' 취급을 당하는 정신질환이 있다. 바로 '공황장애'이다. 공황장애를 앓는 사람들은 평상시에는 멀쩡하다가도 갑자기 어떤 불특정한 시점에 돌연 긴장, 두려움, 공황, 가슴 답답함 등을 느끼고 숨을 쉴 수 없을 것 같은 느낌에 사로잡힌다. 손이 떨리고, 식은땀을 흘리며, 본인이 곧 죽을 것만 같은 느낌이나 곧 미칠 것 같은 느낌에 휩싸이고, 강렬한 죽음의 위협을 느낀다.

환자들은 이를 두고 폐병이나 심장병으로 발작이 일어났다고 착각하기 쉽다. 응급실이나 내과에 가서 진료를 받아도 검사 결과는 대부분 정상으로 나온다. 발작으로 인해 겁에 질린 탓에 두려움이 강해져서 가족들에게 자기 곁을 떠나지 말라고 요구하는 경우도 있다. 이 강렬한 불안감이 꼭 바람처럼 '순식간에 들이닥쳤다가 눈 깜짝할 사이에 사라지다' 보니, 발작이 시작되면 몇 분 안에 증상이 최고점을 찍는다. 그러다 대부분 30분에서 1시간 이내에 서서히 증상이 완화되면서 사라진다. 검사 결과가 정상으로 나와도 환자는 또 언제 발작이 일어날지 몰라 걱정에 휩싸이고, 흔히 말하는 '미리 불안해하는' 현상이 나타난다. 발작을 유발하는 상황이 찾아오면, 관련된 사람과 사물을 '회피'하고 싶어한다. 하지만 걱정을 하면 할수록 발작은 쉽게 일어나고, 발작을 하면 할수록 걱정도 심해져서 마지막에 가면 악순환이 일어나는데, 그래도 다행인 것은 이 질병이 치료 가능한 질병이라는 사실이다.

1부 자녀 편

공황발작이 발생한다고 가정하고, 일상생활에서 적절하게 자기 감정을 해소하는 것 외에 다음 방법으로 증상을 경감시켜 보자.

방법 1: 호흡법

호흡 속도를 통제해야 한다. **너무 빠르게 호흡하지 말고, 천천히 호흡해 보자.** 물을 마시고 기대앉아서 쉬면 증상을 완화할 수 있다.

방법 2: 주의력 돌리기

특정한 상황에서 발작이 일어나면 주의를 돌리는 연습을 하면서 스트레스를 유발하는 그곳을 떠나야 한다. 사지를 늘려 주는 등 몸을 이완할 수 있는 운동을 해 보는 것도 좋다.

방법 3: 부정적인 생각 멈추기

발작을 해도 '심장병이 발병하지는 않는다'고, '호흡이 멈추지는 않는다'고, '죽지는 않는다'고, '통제 불능의 상태가 되는 건 아니'라고, '미치는 건 아니'라고 스스로를 일깨워 주자. 이어서 '곧 다 지나갈 거'라고, '나는 점점 이완되고 있다'고 혹은 '난 괜찮다'고 긍정적인 생각을 주입해 보자.

이런 방법을 써도 증상이 경감되지 않을 때는 정신의학과 진료를 권하고 싶다. 의사가 환자 개인의 상황에 맞춰 적절한 공황장애 치료 약물을 처방해 줄 것이다. 또 갑작스러운 발작이 일어날 경우를 대비해 불편함을 덜어 줄 약도 처방받을 수 있다. 많은 노인이 이런 치료를 받은 뒤 불안감을 덜고, 더는 공황 상태에 빠지는 일 없이 정상적으로 생활하고 있다.

필요 없는데도 수시로 주시는 용돈,
어떻게 거절할까?

　　"그럼 저 먼저 가 볼게요." 야오진 씨는 휴가가 끝나자 일터로 돌아갈 준비를 했다. "밖에 나가 사니 뭐든지 다 조심하고." 아버지의 신신당부가 몇 마디 이어졌다. 어머니는 가져가서 먹으라며 과일을 한 바구니 챙겨 주셨다.

　　"띠리리링." 이제 막 고속열차에 앉은 참인데 휴대폰 벨 소리가 울리기 시작했다. 고개를 숙여 훑어보니, 집에서 온 전화였다.

　　"여보세요. 왜요, 제가 뭐 잊고 안 가져왔어요?" 야오진 씨가 서둘러 전화를 받다.

　　"아니. 너한테 당부해 둘 게 있어서. 과일 그거 누구 주지 말고 네가 먹어야 해." 어머니는 목소리를 낮추며 묘한 말투로 말씀하셨다.

　　"안에 또 뭐 넣어 두셨어요?" 야오진 씨는 전화를 받으면서 과일 바구니 안에 뭐가 있는지 뒤지기 시작했다. 해마다 명절을 쇠러 집에 가면 부모님이 세뱃돈을 그렇게 찔러 주시기 때문이었다. 이제 다 컸으니 이런 돈은 받지 않겠다고 벌써 몇 번이나 말씀드렸지만, 부모님은 돈을 몰래 넣어 두는 쪽으로 아예 방법을 바꿔 버리셨다. 아니나 다를까, 야오진 씨는 사과 몇 알을 헤집다가 바구니 바닥에 숨겨져 있던 빨간색 봉투를 발견했다.

"아휴, 더는 세뱃돈 주지 마시라고 그랬잖아요." 야오진 씨는 고속 열차 안이라는 사실도 잊고 목청을 높이기 시작했다.

"이런 돈으로 어머니, 아버지 살 것도 사시고 나가 노시고 그러셔야죠. 저도 저 쓸 만큼은 충분히 버니까 다시는 돈 주지 마세요."

야오진 씨는 이게 어머니, 아버지가 그날그날 아끼고 아껴 가며 모은 돈이라는 걸 뻔히 알고 있었다. 무리해서 아끼고 아끼셨을 걸 생각하니 잔소리를 멈출 수 없었다. 그런데 어머니가 오히려 화를 내시는 것 아닌가. "내가 내 아들한테 세뱃돈 좀 주겠다는 게, 뭐가 잘못됐다는 게야?"

노인에게는 돈=안전=사랑이다

나이 차이는 나지만 막역하게 지내는 홍 박사님이 예전에 본인 부모님 이야기를 꺼내신 적이 있다. 홍 박사가 높은 자리로 옮겨 가게 되었을 때 부모님이 기뻐 어쩔 줄 몰라 하시면서 돈을 주시더란다.

하지만 야오진 씨의 부모님은 평상시 넉넉지 못한 살림살이를 꾸리며 사신다. 아들이 이젠 집안 사정도 나아졌으니 두 분 좀 편하게 사시라고 해도, 무일푼으로 여기까지 오신 부모님의 마음속에는 늘 가난에 대한 공포심이 깃들어 있다. 그래서 이분들 마음속에는 돈이 늘 아주 중요한 위치를 차지한다. 이분들은 늘 돈이 안전을, 그리고 사랑을 의미한다고 생각한다. 이해하기 어렵지 않다. 자식에게 돈을 주는 게 이분들에게는 감정을 표현하는 행동인 것이다. 늙은 부모는 자식에게 돈을 조금이라도 더 챙겨 주려고 덜 먹고 아껴 쓰며 산다. 하지만 **이런 행동에서는 부모의 이런 마음을 자식이 알아봐 주기를 바라는 마음도 무의식적으로 드러난다. 자식을 위해서라면 기꺼이 자신의 모든 것을 희생하려는 부모의 마음을 자식들이 알아주길 바라는 것이다.**

사랑이라는 이름으로 포장된 불평과 공격

중국어권 부모들은 대부분 장시간 일한다. 예전에는 지금처럼 아이와 함께 시간을 보내며 아이를 가르치고 키워야 한다는 점을 끊임없이 강조하지도 않았고, 부모와 자식 사이의 감정과 교류를 중시하지도 않았다. 어르신들은 어쩌면 젊은 시절 너무 바빠 살았다는 생각에 자식들에게 죄책감을 느끼시는지도 모른다. 또 물질적인 방식으로 아이를 아끼고 사랑해 주는 게 더 실속 있는 거라는 생각이 뿌리 깊이 박혀 그런 걸 수도 있다. **'사랑을 주는 방식'은 문화적인 습관을 통해서도 형성된다.** 부모가 준 것은 돈이지만, 사실 부모의 마음에서는 돈만 준 게 아니라 사랑을 준 것이다. 그러나 어쩌다 한 번이면 몰라도 이런 일이 잦아지면 자녀들은 아마 곤혹스러워질 것이다. 부모가 일부러 생활비를 아끼고 아낀다는 점이, 또 인정받고 싶어 갈망하는 부모의 눈빛이 곤혹스러울 것이다. '받자니 고민스럽고 받지 않으려니 속상해하실 것 같고' 자식은 뭔가 알 수 없는 느낌에 사로잡힌다. 마음이 짠해지고 화도 나고 죄책감까지 섞여 든다. 얼마나 아끼고 아끼며 사는지 하소연하시면서 돈을 꺼내 자손들에게 주려고 하시니 아랫사람으로서 죄책감을 느끼게 되는 것이다. 자녀들은 자기들도 먹고 살 만큼 충분히 벌건만 꼭 본인들이 부모 피를 빨아먹는 거머리처럼 느껴진다. **자식이 부모에게서 돈을 받는 일로 인해 도리어 죄책감을 느낀다면, 이는 부모 자식 관계가 죄책감에 의해 좌우된다는 의미이다.**

부모가 돈을 쥐여 주면서 "좋은 건 다 너 주마. 나야 남는 것 쓰면 돼." 이런 말을 할 때, 이 말에는 사랑이, 그와 동시에 사랑으로 포장된 불평과 공격이 깃들어 있다. '좋은 건 다 너 줬으니, 네가 부모인 내게 빚을 진 거야. 그러니 부모인 내 말을 들어야지.' 부모와의 사이에서 이런 일을 겪은 자녀 대다수가 부모에게 빚을 졌다는 죄책감에 휩싸인다. 그런데 **죄책감으로 얽히고설킨 관계는 예상보다 파괴적이다.**

죄책감에 시달리는 사람은 상대방의 요구에 굴복하는 한편, 이런 굴복에서 큰 분노를 느끼거나 도망치고 싶어 한다. 계속 죄책감에 빠져 있고 싶은 사람은 없기에, 늘 이 불편한 마음에 맞서는 행동을 한다.

만나기만 하면 부모가 이런저런 이유를 갖다 대며 돈을 주니 같이 식사하는 자리나 만나는 자리를 피하는 식으로 도망치든지, 돈을 주네 안 받네 하면서 밀고 당기다가 대놓고 얼굴을 붉히는 바람에 양쪽 다 기분이 상하거나 부모와 전투를 벌이게 되는 것이다. 그렇지만 어떤 방법도 이 관계를 긍정적인 방향으로 발전시켜 주지는 못한다.

돈, 물질이 가져다주는 안전감

성장 과정에서 안전한 양육을 경험하지 못한 부모에게 이별은 고통스러운 일이다. 어린 시절 이들이 겪은 이별에 어쩌면 버려진 경험(감정적으로 버려진 것이든 현실 생활에서 버려진 것이든)이 녹아 있을 지도 모른다. 그러므로 잠재의식 속에서 감정이라는 걸 믿지 못하는 이들로서는 어떻게든 끊임없이 자기 능력을 키워서 안전감을 획득할 수밖에 없다. 성인이 된 이들은 아마도 돈이 사람보다 훨씬 더 믿을 만하다고 느꼈을 것이고, 돈이 자신을 보호해 준다는 느낌을 더 강하게 받았을 것이다. 그래서 이런 부모는 자식에게 끊임없이 돈을 주는 방식으로 자신들의 사랑을 표현하면서도 감정적으로는 자식과 안전하게 연결되지 못하는 것이다.

이런 경우 자식은 부모의 세계에서 돈이 자신보다 훨씬 더 중요하며 자신은 부모에게 사랑받는 존재가 아니라고 느끼거나, 돈을 달라고 손을 내미는 굴욕을 느끼며 자기 자신을 비하하게 된다.

버려졌다는 불안감

'돈'을 통해 안전감을 느낀 사람들은 나이가 들어 감에 따라 '사람'에게 버려질지도 모른다는 강렬한 공포에 휩싸인다. 그래서 부모가 된 이들은 자식이 본인을 봐 주기를 바라는 마음으로, 내가 가진 가장 좋은 것들을 네게 주었으니 너는 절대 나를 버려서는 안 된다는 생각으로 더 노력한다. 이때 어릴 적 부모와의 관계에서 버려진 공포가 다시금 환기되고, 여기서 훨씬 더 복잡한 정체성의 혼란을 경험한다. 이들은 잠재 의식 속 부모와 자녀의 관계에서 부모의 자리에 있기도 하지만, 자녀의 자리에 있기도 하기 때문이다.

자녀의 자리에 있을 때, 이들은 뭔가를 하려고 노력함으로써 버려지지 않을 거라는 확신을 거머쥐려 한다. 자식에게 돈을 주는 식으로 자녀의 주의를 끄는 것이 그 예인데, 어린 시절 부모에게 미움받지 않는 '좋은 아이'가 되려고 노력했던 것과 같은 이치이다. 부모의 자리에 있을 때는 뭔가를 주는 자의 우월감을 느끼면서 버려졌던 공포에 대한 보상을 받을 수도 있다. 그러나 이는 자식을 예전에 본인이 두려워했던 바로 그 자리로, 즉 자기 자신을 먹여 살릴 수 없는 무능력한 아이의 자리로 떠미는 결과를 낳기도 한다.

물질은 믿어도, 사랑받는 건 믿지 못한다

성장 과정에서 안전감을 느끼지 못하고 자란 사람은 관계와 사랑을 느끼고 믿는 능력도 부족하다. 본인들이 교환의 대상이어서(그러니까 본인이 능력이 있어서, 돈이 있어서, 예뻐서……) 사랑받는 게 아니라, 사랑의 대상이기에 사랑받는 존재가 될 수 있다는 점을 믿지 못하는 탓이다. 그래서 이들은 자녀와의 관계에서도 이런 교환이 바탕이 된 사랑을 연장해 나간다. 즉, 자기들이 자식들에게 유용한 존재가 되어야만 자식들에게 사랑을 받을 자격이 생긴다고 느끼는 것이다. 그리고 자식을 양육하는 과정에서도 이런 식으로 자식을 대한다. 그렇다 보니 **자식 역시 정말로 '나한테 유용한 존재여야만 상대를 받아들일 수 있다'고 배우게 될 수도 있다.** 따라서 이 두 세대 사이에는 진정 사랑하고 사랑받는 관계 대신, 사랑에 대한 망설임과 불신이 들어앉게 된다.

서로의 관계에 진실한 사랑이 내재해 있다는 사실을 믿지 못하면 상대방의 행위, 감정 등에 의혹을 품게 된다. 즉, 상대방은 정말로 사랑해서 잘해 준 건데도 뭔가를 얻기 위해 잘해 준 거라고, 행동의 이면을 의심한다. 사랑에 대한 의심은 쌍방 모두가 관계를 통한 안전감을 느낄 수 없게 함으로써, 자신을 진실하게 내보일 수 없게, 진실한 자신을 상대에게 내맡길 수 없게 한다. 그렇게 되면 결국 양쪽 모두 관계에 거리감이 생긴다. 보기에는 아주 가까워 보여도 실상은 멀고도 먼 그런 사이가 되는 것이다. 그래서 **두 세대 모두 날이면 날마다 억울해한다.** '내가 그렇게 잘해 줬는데, 어떻게 나한테 그렇게 못되게 굴 수가 있나?(내가 그렇게 잘해드렸는데, 어떻게 나한테 그렇게 못되게 구실 수 있지?)' 이는 관계에, 인간 내면의 감정적인 욕구에 모두 상당히 파괴적으로 작용한다.

사랑받아 보지 못한 사람은 다른 사람을 사랑하기 어렵다

내면의 감정이 결핍된 경험을 많이 한 사람은 다른 사람에게 진정으로 무언가를 베풀기 어렵다. 에너지보존법칙은 인간의 내면에도 적용된다. 내면이 충만한 사람은 다른 이에게 무언가를 줄 때 만족감과 희열을 느낀다. 이런 사람은 상대에게 사랑의 에너지를 줄 수 있다. 내면에 사랑받은 풍부한 경험이 쌓여 있어서 남에게 줘도 결핍을 느끼지 않는 것이다. 그러나 **내면이 결핍된 사람은 다른 이에게 무언가를 내어 줄 때마다 결핍감도 그만큼 증가한다.** 내면의 균형을 유지하려면, 예를 들어 상대의 자기애를 박탈하고 상대방의 감정을 통제하는 식으로 본인이 내어 준 것만큼 다른 곳에서 다른 방식을 통해 가져오는 수밖에 없다. 그런데 부모가 이런 식으로 아이를 사랑하면 아이는 매우 힘들어진다. 부모의 사랑에 상처가 뒤섞여 있는 탓에 아이로서는 사랑과 상처의 경계선이 어디인지 구분할 수 없고, 이렇게 성인이 된 아이는 어떻게 해야 다른 사람과 건강한 관계를 맺을 수 있는지 몰라 인간관계에서 많은 어려움을 겪게 된다.

부모 자신이 잘 살아야, 자녀도 진실하게 사랑해 줄 수 있다

그렇다면 부모가 도대체 어떻게 해야 자식에게 이런 상처를 주지 않을 수 있을까? 부모에게 스스로 잘 살 수 있는 능력이 있어야 하고, 부모 자신이 사랑받는 만족감을 충분히 느낄 수 있어야 한다. 그래야 자녀를 진실하게 사랑해 줄 수 있다. 부모가 조금은 '이기적'으로 살 수 있는 능력이 있다면, 관심의 초점을 자녀에게서 자기 자신에게로 돌릴 수 있다면, 그래서 본인의 삶을 편안하게 꾸려갈 수 있게 되면, 부모는 자녀에게 아름답고 행복한 삶을 살아가는 본보기가 되어 줄 수 있다. 동시에 이런 '놓아 버림'은 자식에게도 행복한 삶은 남이 가져다주는 것이 아니라 본인이 노력해서 이뤄야 하는 것이라는 중요한 메시지를 전해 준다. 게다가 이를 통해 더 많은 자유를 누릴 공간을 확보한 자식은 자유롭게 발전해 나간다. 부모의 내면이 만족감으로 충만해야, 자식이 부모로부터 상처가 뒤섞인 사랑이 아닌 진실한 사랑을 받을 수 있다.

심리학자들이 부모가 서로 사랑하는 모습을 보여 주는 게 최고의 자녀 양육법이라고 강조하는 이유도 여기에 있다. 부부가 서로 배우자에게 만족하지 못하면, 대신 자녀에게서 만족감을 찾게 된다. 이런 경우 본인이 자식에게 무언가를 내어 주는 방식으로 만족감을 찾기도 하지만, 그 이면에는 본인의 내적인 결핍을 보상받으려는 심리가 적잖이 존재한다. 즉, 가정을 유지하기 위해 진실한 감정적 욕구를 희생시켜 버리는 것이다. 따라서 부모가 자식에게 줄 수 있는 최고의 사랑은 부

모 자신이 성장하는 것, 자신을 사랑하고 부부가 서로를 사랑할 능력을 갖추는 것이다. 자신을 사랑하는 부모만이 자식을 진실하게 사랑할 수 있는 능력을 갖추게 되기 때문이다.

끝도 없이 이어지는 잔소리,
계속 들어드려야 할까?

"저 동료들과 약속이 있어서 곧 나가야 해요." 신팅 씨가 말했다. "나가서 뭐 먹을 건데?" 어머니가 소파에 앉아 말 고문을 시작하셨다. "회사에서 여는 생일 축하 파티인데, 숯불 구이 먹나 봐요." 신팅 씨가 솔직하게 대답했다. "하여튼 젊은 애들은 자기 몸 아낄 줄을 몰라요. 숯불 구이 건강에도 안 좋구먼." 어머니의 잔소리가 시작되었다.

"일기예보 보니까 밤늦게 비 온다고 하더라. 우산 챙겼니?" 창밖에 먹구름이 잔뜩 끼어 있었다. 신팅 씨는 챙겼다는 뜻으로 가방에서 우산을 꺼내 흔들어 보였다. "아니 어쩌자고 그걸 챙겼어? 그거 자외선 차단용 양산이잖아. 그건 빗방울 거세지면 쓸모없으니까 다른 거로 바꿔서 가져가렴." 말을 잘 듣는 신팅 씨는 재빨리 튼튼하고 커다란 우산으로 바꿔 챙겨 들었다. "겉에 입을 옷은 챙겼니? 비 내리면 기온 떨어지니까 겉옷도 챙겨 가야지." 어머니의 잔소리는 계속 이어졌다.

신팅 씨는 가방에서 비상용으로 챙겨 두었던 얇은 긴팔 점퍼를 꺼냈다. "그건 안 된다. 너무 얇고 바람이 다 뚫고 들어가. 이런 바람막이 점퍼를 가져가야지. 모자까지 달린 게 제일 좋아." 어쩐지 어머니가 못마땅해하시는 게 느껴졌다.

"알았어요. 좀 더 두꺼운 옷으로 가져갈게요. 저 그럼 나가요." 신팅 씨는 곧장 트렌치코트로 바꿔 들고는 더 머리 아파지기 전에 서둘러 문밖을 나섰다.

원래 잔소리를 좋아하는 경우

명절은 많은 자녀가 기대하는 동시에 상처받을까 두려워하는 기간이다. 장기간 외지에서 일하던 자녀들은 집안 사람들과 오랫동안 만나지 못했던 상황이라 고향에 가 가족들과 모일 생각에 기대에 부풀게 된다. 하지만 정작 집에 가면 부모님의 잔소리가 시작된다.

자식이 말라 보이면, 끼니는 제때 챙겨 먹는지, 건강에 좋지 않은 음식만 먹는 건 아닌지 잔소리를 하신다. 연휴 기간에 늦게 자고 늦게 일어나면, 생활 습관이 왜 그 모양이냐고 어찌 그리 게으르냐고 잔소리를 하신다. 외출이라도 할라치면, 옷을 너무 적게 입었다고 아니면 그렇게 입으면 별로고 머리도 좀 만져야 한다고 잔소리를 하신다. 결혼을 독촉하거나 자식 좀 낳으라는 잔소리는 더 말할 것도 없다. 게다가 잠은 얼마나 자야 충분한지, 밥은 얼마나 먹어야 배부른지 이런 것들도 다 노인들 기준에 맞춰 정해진다.

이런 말을 들은 자녀는 속으로 내 나이가 이미 마흔이 넘고 쉰이 넘었는데 아직도 아이 취급을 당한다는 생각이 들고, 부모님 명령이라면 무조건 다 순종해야 하는, 무슨 일이든 부모님이 정한 대로 따라가야 했던 때로 돌아간 것만 같은 기분이 든다. 종종 짜증이 치밀어 오르고 심지어는 화가 나서 펄쩍 뛸 지경이 된다. 잔소리 듣는 게 싫은 자녀는 소극적인 저항 전략을 택하기도 한다. 집에 돌아가면 방에 틀어박혀 버리는 것이다. 부모님이 잔소리를 퍼붓지 못하도록 함께 시간을 보내지도 않고, 가급적 접촉도 하지 않는다. 물론 노인들과 말싸움을 하고, 논쟁을 벌이는 둥 공세적인 태도를 보이는 자녀들도 있다. 상황이 생각지도 못한 쪽으로 전개되어 입씨름으로 번지고 충돌이 일어날 때도 있다.

부모는 자녀를 존중하는 법을,
자녀는 부모의 속마음을 헤아리는 법을 배우자

잔소리를 한다는 건 걱정한다는 뜻이다. 부모는 잔소리를 해서 마음속의 초조감을 가라앉히려는 것이다. 걱정하는 그 일이 해결되지 않으면, 훨씬 더 초조해지고 반복적으로 잔소리를 하게 된다.

많은 노인이 잔소리를 통해 '지금 잘 지내고 있는 게 맞는지', '본인이 뭐 도와줄 건 없는지' 확인하려 한다. 마음속에 걱정이 쌓이면, 저도 모르게 트집을 잡고 참다못해 잔소리를 한다. 노인들은 다 자식을 위해 이런 당부를 하는 거라고 고집을 부린다. 애초에 부모님의 선의로 시작된 잔소리라지만, 자녀들도 나이가 들면서 자기 생각이 생기고, 일도 하게 되며 지식도 쌓게 된다. 이런 것들이 부모가 알고 있던 방법과 똑같지 않은데도 부모님은 여전히 과거의 방식으로 자식을 대하는게 익숙하다. 부모님들은 자식이 상처받을까 봐, 자식이 손해를 보기라도 할까 봐 두려워한다. 자식이 이렇게 하면 안 좋고 저렇게 해야 더 좋다고 생각하고, 자식들이 부모인 본인들이 기대하는 방식에 따라 주길 바란다. 부모로서는 꼭 그렇게 해야만 안도감이 들고 안심할 수 있기 때문일 것이다.

그런데 자녀들이 예상과 다른 반응을 보이면, 부모는 상황을 예측할 수 없다는 생각이 들어서 도리어 더 불안해진다. 그러면 더 심한 잔소리가 계속 이어진다. 자녀는 오히려 부모님이 본인의 감정을 이해하지도 신경 쓰지도 않고, 그저 예전처럼 자신을 통제하려 한다는 느낌만 받게 된다. 그렇지만 자녀는 이미 성인이다. 심지어 장년壯年에 이른 개인이다. 그들은 자기 식대로 살고 싶어 한다.

이런 부모와 자식 사이에 부족한 건 사랑이 아니라 서로에 대한 존중이다. 정말 관심이 없는 사람은 잔소리도 하지 않는다. 이런 상황이 찾아오면, 부모님들에게 자녀를 존중하고 신뢰하는 법을 배우시라고, 자녀들에게도 본인들이 원하는 삶의 방식이 있음을 존중하시라고 조언한다.

부모님이 잔소리를 할 때, 자녀 입장에서 짜증 나는 건 짜증 나는 거고, 화가 나는 건 화가 나는 거다. 하지만 나는 자식들에게 부모님의 숨겨진 속마음을 헤아려 보라고 조언한다. 그렇게 해도 본인이 원하는 대로 살 수 있다. **본인이 원하는 대로 산다고 해서 부모님을 사랑하지 않는다는 뜻은 아니기 때문이다.** 부모가 원하는 방식대로 하지 않는다고 해서, 자식이 행복해지지 않는 건 아니며, 그런다고 해서 부모 자식 사이에 정이 없다는 의미는 더더욱 아니다. 부모는 부모대로 살고, 자식은 자식대로 살아도, 부모와 자식은 서로를 변함없이 사랑하니까 말이다.

나이가 들면서 잔소리가 시작된 경우

나이가 들고 나서야 잔소리를 쏟아 낼 '낌새'를 보이는 노인들도 있다. 다들 지금부터 묘사할 상황이 그렇게 낯설게 느껴지지 않을 것이다. 어느 쾌적한 저녁, 중학교 교장으로 퇴직하신 어우 씨 할아버지와 가족들은 저녁 식사를 마친 뒤 거실에 모여들었다. 많은 가정이 그러하듯, 이들은 텔레비전 앞에 앉아 즐거운 시간을 보냈다. 텔레비전 프로그램에 나온 코미디언 몇몇이 서로 짓궂은 장난을 치자, 할아버지의 잔소리가 시작되었다. "저런 짓궂은 장난질이나 하는 풍조, 정말 참을 수가 없구나. 장난질도 정도가 있지 그런 걸 구분하지 못하는 사람이 왜 이리 많은지, 원. 장난 삼아 저러다가 진짜로 저렇게 되기라도 하면 야단 날 텐데. 저런 게 뭐가 재미있는지 모르겠구나."

광고 시간이 되자, 아름답고 단정하게 차려입은 여성 톱스타가 새로 나온 최첨단 가전제품을 선전하는 광고가 나왔다. 그런데 교장 할아버지의 생각은 달랐다. "냉장고라는 거야 음식을 차게 보관하기만 하면 되니까 전기 절약되고 용량이나 크면 그만이지, 제빙기 기능 있어서 뭐 하려고? 집에서 만날 파티를 열 것도 아닌데? 저런 기능 집어넣으면 가격만 엄청나게 비싸지지. 나라면 저런 건 안 산다."

음악 채널로 돌렸더니, 프로그램 참가자가 경연 연습 도중의 고생담과 가족들조차 잘 될 거라고 생각해 주지 않아 서러웠던 일들을 털어놓으며 울먹였다. 할아버지는 이번에도 생각이 달랐다. "노래는 참 잘 부르는구나. 노래는 저렇게 불러야 해. 하지만 노래야 취미 삼아 부르면 되지, 인기 가수가 되는 게 어디 쉬우냐. 누구나 다 인기를 얻을 수 있는 것도 아니고. 부모가 응원해 주지 않는 건 당연한 거야. 걱정될 테니까. 앞으로 먹고살기 힘들어지면 어쩌겠니?"

뉴스 채널로 돌리자 아나운서가 다음 주부터 한파가 몰아닥칠 예정이라며 일기예보를 내보내고 있었다. "요즘은 아나운서들도 어떻게 해서든 자극적인 말로 사람들 놀라게 할 생각만 하니, 원. 한파가 온다고 꼭 '염라대왕'급 한파라고 해야 하느냔 말이야. 저렇게 말하지 않으면 사람들이 보지 않기라도 할 것처럼. 나중에 보면 춥기는 뭐가 추워. 그거 믿고 옷 여러 겹 껴입고 나간 나만 더워 죽을 지경이지."

아들은 속으로 저도 모르게 잔소리 좀 그만하실 수 없느냐고, 텔레비전 하나 편히 못 보시느냐고 외쳤다. 어느 채널로 돌리든 쌍지팡이를 짚고 나서서 뭐든 다 장황하게 평가를 하고 잔소리를 하시니 정말 견디기 힘들었다. 겨우 한 시간밖에 안 지났건만, 아들은 얼른 핑곗거리를 찾아 방으로 도망쳐 버렸다.

관찰한 바에 따르면, 정서적으로 부정적인 에너지가 쌓여 밖으로 쏟아 내야 하거나 일상생활에서 다른 취미나 중심이 되는 일이 없고 퇴직 이후 제대로 된 계획이 없을 때, 외부 모임에 참여할 동력도 없을 때, 주변 가족이나 친구들 쪽으로 방향을 돌려 잔소리를 하면서 과거를 추억하는 사람들이 많다. 텔레비전에 대고만 그러는 게 아니라 어떤 때는 심지어 허공에 대고도 부정적인 에너지를 쏟아 낸다. 그렇지만 이 역시 **자신의 낮은 존재감에 대한 반응**일 수도 있다. 살 만큼 산 뒤 노년기에 접어들면, 본인이 더는 가정의 주인공이 아니게 되기 때문이다. 그런 투덜거림, 잡념이 일정 정도는 '성취감'을 높여 주고 '존재감'을 높여 주며, '참여감'을 높여 주는 것이다.

아프고 나서 잔소리가 늘어난 경우

그러나 다치고 나서 혹은 병에 걸리고 나서 잔소리가 심해졌다면, **다쳐서 혹은 질병 탓에 몸이 불편해지면서 본인의 능력이 감퇴했다는 걸 느끼게 되면서**, 신체의 노화, 질병이 초래한 기능 상실이 우울감을 낳았을 수도 있다. 통계에 따르면 심장발작을 경험한 노인 중 대략 3분의 1이 공황, 초조 같은 문제를 겪는다. 이들은 뜬금없이 심장발작이 다음에 또 언제 일어날까 걱정하고, 발작이 일어나면 어떻게 해야 할지, 옆에 구해 줄 사람이 없으면 어떻게 해야 할지를 걱정한다.

사람은 병을 앓고 나면 건강 관련 문제를 지나치게 걱정하게 되는데, 여기서 잔소리가 비롯된다. 이를테면, 간질환을 앓는 환자는 밤을 새운 뒤 혈색이 안 좋아진 사람을 보면 수면 시간이 부족한 것 아니냐고, 그러다가 간 상한다고 잔소리를 한다. 식사 모임에 가서 술을 좀 마시고 오면, 그때도 그러는 거 안 좋다고 그러다가 간 상한다고 잔소리를 한다. 약이라도 먹는 모습을 보면, 약 너무 많이 먹으면 안 좋다고 그러다가 간 상한다고 더 잔소리를 쏟아붓는다. 원래는 본인이 속으로 걱정했던 것들, 심지어는 과거 자신이 자기 몸을 아끼지 않았다는 후회가 전부 잔소리가 되는 것이다. **이런 상황에서 나오는 잔소리는 이해해 줘야 한다.** 이들에게 필요한 건 어쩌면 꿋꿋한 위로일지도 모른다. 심지어 상대하지 않거나 대답하지 않고 피하는 것보다는 강한 어조로 응대해 주는 게 오히려 더 이들을 더 안심시킬 수도 있다. 사람이 일단 안정감과 편안함을 느끼면, 돌연 마음이 풀어진 듯 더는 잔소리로 심신의 불편을 처리해야 할 필요가 없어진다.

잔소리하기 좋아하는 노인을 상대로 써 볼 수 있는 방법이 몇 가지 있으니 시도해 보기 바란다.

방법 1: 메신저가 마법을 부리면 잔소리도 무음 모드로 변한다

가오 할머니는 전통적인 가정주부로, 평생 살림을 하고 아이들을 돌보며 살아왔고 늘 자식들 걱정뿐인 분이다. 젊어서부터 연세가 드신 지금까지 할머니가 너무 '잡생각'이 많다고 생각하지 않는 가족이 없을 정도이다. 예전에는 늘 전화를 걸어서 일상생활 중 온갖 자질구레한 일들에 대해 잔소리를 하고 또 하셨다. 옷은 잘 빨아 둬야 하고, 신발은 바꿔 줘야 하고, 나갈 때는 문을 잘 잠가야 하고……. 그렇지 않으면 벌써 마르고 닳도록 한 이야기들을 몇 번이고 반복하셨는데, 아직 해 놓지 않은 일들이 생각났다는 둥 또 무슨 소문이나 생활 정보를 들었다는 둥 대부분 딱히 급하지도 않은 일들이었다. 전화 통화를 할 때마다 적어도 30분은 잔소리 폭격을 퍼부으셨다.

그런데 흥미롭게도 스마트폰과 SNS(특히 라인 메신저)가 등장한 이후, 가오 할머니의 온 가족이 할머니의 잔소리에서 해방되었다. 가족들이 가족 단체 채팅방을 만들고 할머님께도 사용하는 방법을 알려드린 덕이었다. **가족들은 할머니에게 무슨 중요한 일이 있으면, 글자를 입력해 메시지를 보내거나 사진을 찍어서 채팅방에 올리시면 된다고, 녹음한 것을 올려도 괜찮다고 알려드렸다.** 그러자 가오 할머니와의 통화로 자녀들이 느꼈던 짜증도 줄어들었고, 자녀들 역시 짬이 날 때 답변을 할 수 있게 되었다. 듣고 싶은 이야기든 그렇지 않은 이야기든 상관없이, 자녀들은 언제나 귀여운 이모티콘을 써 가며 답변을 해드렸다.

그러자 할머니는 누군가 본인에게 답변을 해 준다는 생각에 기분이 무척 좋아지셨다. 새로운 하이테크 제품의 기막힌 활용법이라 하겠다.

방법 2: 에이스 중의 에이스, 손주가 나서면 잔소리가 사라진다

수이구이 할아버지는 목청이 우렁찬 사범 출신으로, 의협심이 강하고 남의 일에도 열과 성을 다하는 태도가 몸에 밴 분이다. 할아버지는 출산을 앞둔 며느리에게 함부로 돌아다니지 말고 배 속 아이를 잘 챙기고 보살피라며, 이런 일은 하면 안 되고 저런 무거운 건 들면 안 된다는 등 끊임없이 신신당부하곤 하셨다.

아이를 낳고 나니 할아버지가 정한 규칙은 그야말로 한 광주리로 불어났고, 손주가 커 가자 할아버지는 손주를 양육하는 방식에도 며느리와 이견을 보이기 시작했다. "흑백 글자 카드도 괜찮고 아기용 음악도 괜찮다만, 어려서부터 영어 CD를 듣는 게 쓸모가 있겠냐?" 아들, 며느리는 언쟁을 피하고 싶은 마음에 툭하면 이어지는 할아버지의 잔소리에도 가급적 인내심을 갖고 귀를 기울였다. 하지만 선의에서 비롯되었다 한들 피곤에 지친 몸을 이끌고 퇴근해서 집에 돌아온 아들, 며느리로서는 잔소리 세례까지 받아야 하니, 정말이지 견디기 힘들었다. 그런데 나중에 손주가 옹알이를 시작하자, 며느리가 기지를 발휘했다.

손주에게 사투리를 가르쳐 달라고 시아버지에게 부탁한 것이다. 며느리는 할아버지의 주의를 돌릴 요량으로 아들이 어려서부터 할아버지와 대화를 하도록 훈련시켰다. 아기 때야말로 대인 접촉을 늘려야 하는 시기여서 잔소리와 설교를 좋아하는 할아버지의 욕구를 채울 수 있었고, 이는 모두가 행복한 결과를 가져왔다.

방법 3: 주의 돌리기

이 밖에도 부모님의 잔소리가 들려올 때 주의를 돌릴 수 있도록 차를 내드리거나 과일을 건네드리는 방법이 있다. 또 그런 참에 새로운 화제를 늘어놓기 시작하면 같은 주제를 놓고 빙빙 도는 상황을 피할 수 있다. 나이가 들어 주의력과 집중력이 이미 퇴화한 노인에게는 상당히 효과적인 방법이다.

2장

마음과 몸이 약해진 부모님,

어떻게 대처할까?

허구한 날 "더 살기 싫다"는 부모님,
어떻게 해야 하나?

노인정신의학 전문의로 일하다 보니, 진료를 받으러 오는 환자들이 보통 예순다섯 살 이상이다. 의료 기술의 발전으로 평균수명이 늘어나면서, 아흔다섯 살 이상, 심지어는 100세 어르신을 뵙는 게 내 일상이 되었다.

개중에는 죽음을 입에 달고 사는 사람들이 있다. "나도 이제 얼마 안 남았어." 이런 말을 하는 사람도 있고, "내가 너무 오래 살았지." 이런 말을 하는 사람이 있는가 하면, "살기 싫어" 같은 말을 하기도 한다. 다 그게 그것처럼 들리지만, 의미는 다를 수 있다.

너무 오래 살았다?

"아이고 선생님, 아무래도 내가 다음번에는 선생님 뵙기 어렵지 싶어요." 느릿느릿 진료실로 들어선 전 씨 어르신이 활기차게 말씀하셨다.

"할아버님, 무슨 일이세요?" 내가 물었다.

"내가 벌써 아흔아홉이니, 곧 죽겠지, 뭐." 전 씨 할아버님이 툭하면 하시는 말이다.

"에휴, 마누라도 오래전에 세상 떴고, 친구들도 대충 다들 떠났으니 이제 내 차례지. 내가 다음 진료 때 안 오면 죽은 줄 아시구려."

자녀들도 효심이 깊고, 사는 데 걱정거리도 없지만, 아내가 몇 년 일찍 세상을 떠나고 최근에는 오랜 친구들도 세상을 떠나거나 요양원으로 들어가자, 할아버님은 늘 외로워하셨다.

"그래서 하는 말인데, 나를 좀 도와줄 수 있겠소?" 할아버님은 내 말을 기다리지도 않고 말을 이어 가셨다.

"무슨 일이신데요? 말씀해 보세요."

"내가 늙어도 너무 늙었어. 살아도 너무 오래 살았지. 먹으면 바로 잠들고, 잠들면 영원히 깨지 않는 그런 약 없을까? 그런 약 있으면 좋은 일 한다 치고 나한테 처방 좀 해 주시구려. 어떻소?"

이 말을 하는 할아버님의 표정에서는 얼마간 초조함이 느껴졌다.

내가 쓴웃음을 지어 보이자, 어르신이 곧장 수습에 나서셨다.

"나도 의사 선생한테 그런 약이 없다는 거야 알지." 할아버님은 정신이 아주 또렷하셨다. 우리는 이어서 죽음에 대해 대화를 몇 마디 나눴다.

전 씨 할아버님은 본인이 혼자만의 마지막 여정을 거치고 있다는 사실을, 내가 할 수 있는 일은 종점을 향해 가는 할아버님 곁에서 함께 하는 것뿐이라는 사실을 알고 계셨다.

"그럼 의사 선생, 나 다음 예약 좀 잡아 주시구려. 내 다음 달에 또 선생 보러 오리다."

할아버님은 세련된 선글라스를 끼시더니, 내가 다음번 진료를 접수해 주지 않을까 봐 걱정하시며 몇 번이고 당부하고 또 당부하셨다.

삶과 죽음을 달관하지 못하는 게 잘못은 아니다

"나는 죽는 거 두렵지 않아. 다른 사람한테 부담 주느니 죽는 게 낫지." 입버릇처럼 이렇게 말하는 노인들이 많기는 하지만, 나이가 들고 몸이 쇠약해졌다고 해서 정말 일찍 삶에서 벗어나고 싶다고 생각할까?

본인은 아무것도 무섭지 않다고 말하던 사람도 정말 노년이 찾아오면 아마 다른 사람에게 도움을 받아서라도 살려고 할 것이다. 인류의 근원적인 생존 본능으로 보건대 이는 당연한 것이고, 이를 나약하다고 해서도 안 된다. 그 사람들이 겁이 많아서 그런 것도 아니다. 이건 생존 욕망과 죽음에 대한 불안이 상호작용을 일으킨 결과이다. 삶과 죽음을 달관하지 못하는 게 결코 잘못은 아니다.

사노 요코는 『어쩌면 좋아』라는 책에 이렇게 썼다. "아흔일곱 살 되신 친구의 어머님이 내게 했던 말이 떠오른다. '요코야, 나 살 만큼 살았다. 언제 죽어도 상관없어. 하지만 그게 꼭 오늘이 아니어도 좋지.'"

사람으로 태어난 우리에게 죽음은 곤혹스러운 문제이다. 죽음 앞에서 인간은 무력감과 공포를 드러내기 마련이다. 우리 문화에서는 전통적으로 죽음에 관해 이야기하기를 꺼리지만, 그렇다고 인간이 죽는다는 사실을 우리가 의식하지 못하는 건 아니다.

그게 언제든 삶의 어느 시점에서부터 인간은, 생명이 필연적으로 죽음을 향하게 되어 있음을 의식하기 시작한다. 죽음은 인간에게 미지와 불확실성으로 가득한 무엇이다. 죽으면 우리는 어디로 가게 될까? 사후 세계는 어떤 모습일까? 언제 죽게 될까? 우리는 사람이 언젠가 죽는다는 사실을 의식할 뿐 아니라, 죽음의 불확실성을 의식하게 된다. 이런 생각과 생의 본능이 뒤섞여 나타날 때, 인간은 죽음에 대한 강렬한 초조함을 느낀다.

우리는 우리 자신이 분명히 죽게 되리라는 사실을 안다. 이 얼마나 두렵고 막막한 일인가. 한편 우리는 죽음의 불가사의함에 불안해하고 초조해한다. 우리가 언제 죽는지, 어떻게 죽는지 알려 주는 사람도 없다. 사후 세계가 어떤 곳인지도 알 도리가 없다. 그래서 우리는 죽음에 대해 공포와 초조감을 동시에 느낀다. 과거 연구에 따르면 '죽음에 대한 초조감'은 개인이 죽음의 존재를 인식하거나 죽음 앞에서 불안, 우울 그리고 두려움을 느끼는 상태로 정의된다. **그러니 노인에게 진솔하게 죽음을 마주하라는 가혹한 요구는 하지 말자. 죽음을 두려워하는 것 역시 인간 본성의 일부분이다.** "힘들게 살고 싶지도 않고 그렇다고 죽고 싶지도 않다"고 하는 노인들에게, 죽음에 관한 질문에 어떻게 답하면 좋을지 같이 연습해 보자.

방법 1: 노인과 죽음에 관한 이야기를 나누는 일을 피하지 말자

일단 나이가 들면, 죽음은 언제든 찾아올 수 있다. 자연스러운, 열린 마음으로 죽음에 관해 이야기를 나누다 보면 죽음에 대한 불안이 줄고 삶의 가치와 의미를 탐색하게 된다. 우리도 그들과 어울리는 이런 과정을 통해 우리 자신의 생사관을 돌이켜보고 이를 나눔으로써 우리 자신의 나약함과 불안을 솔직히 받아들이게 된다.

방법 2: 죽음을 상상해 보자

죽음 직전의 과정, 죽은 뒤에 치르게 될 의식을 포함해 아직 도래하지 않은 일들을 계획하고 준비해 보자.

방법 3: 삶을 돌이켜 보고, 자기 역할을 다시금 정리해 보자

이런 절차들은 '죽어 가는 환자의 역할dying role'*을 개인의 자아 안

---

* 의료사회학에서는 아픈 사람에게 사회적으로 기대되는 행동 양식, 권리, 의무 등을 '환자 역할sick role'로 규정한다. 그 내용은 건강한 사람에게 기대되는 사회적 책임에서 면제되며, 스스로(자연히) 회복될 것을 기대하지 않고, 병을 치료하고 회복하기 위한 노력하며, 질병에 대한 전문가의 조언을 수용하고 협조하는 것 등이다. 한편 '죽어 가는 환자의 역할dying role'은 회복 가능성이 낮거나 임종을 앞둔 환자에게 기대되는 사회적 역할을 말한다. '환자 역할'에서 회복, 독립 의지, 의사에 대한 협조 등이 요구된다면, '죽어 가는 환자의 역할'에서는 기대수명까지 살고자 하는 의지, 제한적인 독립성, 돌보는 사람에 대한 협조 등이 요구된다.

으로 통합하는 데 도움이 되고, 죽음 앞에서 내면의 고요와 평온을 맞이하도록 도와준다.

죽을 날도 얼마 남지 않았다?

2018년, 매년 5월 둘째 주 일요일인 어머니의 날을 앞두고 한 기자가 유명 사회자이자 예능인인 란신메이를 인터뷰했다. 기자는 그에게 어머니와 지내면서 기억에 남는 일이 무엇인지 물어보았고, 란신메이는 어머니가 본인 삶이 '얼마 남지 않았다'는 생각에 혼자서 조용히 병원에 가서 의사를 만난 일, 그것도 모자라 자기 돈을 들여서라도 간병인을 부르겠다고 했던 일을 꼽았다.

란신메이는 이렇게 말했다. "하지만 의사 선생님도 엄마에게서 무슨 심각한 질병을 찾아 내지는 못했답니다. 그제야 엄마가 무슨 병에 걸린 게 아니라는 걸 깨달았죠." 어머니는 '본인에게 존재감이 없다고 생각하다가' 병이 나신 것 같았다. "자식들이 너무 독립적인 데다가 엄마가 아버지와 취미도 다르거든요. 아마 그래서 누구와 이야기를 나눠야 할지 모르겠다고 생각하셨던 것 같아요."

공감이 가고, 마음속에서 '맞아, 맞아. 우리 집도 그래' 하는 외침이 들려오시는지? 어머니가 전화를 걸어 와서는 기운이 다 빠진 말투로 "나도 얼마 남지 않은 것 같다" 같은 말을 하면 듣는 사람도 심장박동이 빨라져서, 곧 같이 어떻게 될 것만 같다. 그러면 우리는 차를 몰고 달려가서 어머니를 병원에 모시고 간다. 그런데 진찰을 마친 의사는 그냥 만성질환이라고, 검사 지표들 모두 안정적이라고, 심지어는 어르신 건강상태가 양호하시다고, 3고(고혈압, 고혈당, 고지혈증) 수치가 우리보다도 더 낫다고 한다.

바라는 건 아주 평범한 포옹 한 번일 수도 있다

기사에 따르면, 란신메이의 어머니가 퇴원한 뒤 집안은 어머니를 중심으로 돌아가게 되었다고 한다. 뭘 먹든, 뭘 하든 다 어머니 위주로 했더니 약도 안 드셨는데 저절로 병이 나으시더란다.

많은 노인이 진짜 속마음을 입 밖으로 표현하지 못한다. '너희들이 정말 보고 싶구나. 아이들이 자주 날 보러 와 주면 얼마나 좋을까. 남편이(혹은 아내가) 늘 내 곁에 있어 주면 얼마나 좋을까!' 하고 싶은 말은 이건데, 입 밖으로는 "내가 얼마 남지 않은 것 같다" 같은 말이 나오는 것이다. 하지만 "얼마 남지 않은 것 같다"는 말을 너무 여러 번 하면, 주변 사람들이 피로감을 느낄 수 있다. 어떻게 대응해야 할지 몰라서, 혹은 어떻게 대응해도 아무 소용없다는 생각에 오히려 부정적인 반응이 나올 수도 있다. 나를 '신경 쓰는 것 같지 않은' 가족과 친구의 반응은 다시금 서로 간의 거리를 벌려 놓고, "얼마 남지 않은 것 같다"는 노인의 생각은 강해진다. 마음 깊은 곳에서 아무도 내게 관심을 기울이지 않는데 살아서 무엇 하겠나 이런 생각이 드는 것이다.

노인이 원하는 건 어쩌면 아주 평범한 포옹 한 번, 아주 간단한 안부 한마디일지도 모른다. 노인이 듣고 싶은 말은 검사해 봤지만 아무런 질환도 없다는 의사의 말이 아니라, "일 때문에 종일 곁에 있어드리지는 못하지만, 그래도 전 어머니를(혹은 아버지를) 아주 많이 사랑해요" 이 한마디일지도 모른다.

더 살기 싫다?

"온몸이 안 아픈 데가 없어. 당뇨에, 고혈압에, 심장병에, 빈혈에. 넘어져서 뼈가 부러졌다가 나은 지 얼마 되지도 않았는데, 검사를 했더니 또 유방암이라는 거야. 그래서 수술하고 또 항암도 하고⋯⋯."

라이 할머님은 수심 가득한 얼굴로 평탄치 못한 본인 처지에 대해 끊임없이 하소연을 쏟아냈다.

"정말 너무 힘드시겠어요." 나는 라이 할머님을 위로해드렸다.

"에휴, 그래도 요즘은 그전처럼 걸핏하면 입원해야 하고 그렇지는 않아. 하지만 매일 먹는 약 종류만 열 가지가 넘으니까, 약을 보기만 해도 배가 부를 지경이야."

할머니에게 나가는 처방전이 길기는 했다. 다시 훑어봤지만 전부 반드시 복용해야 하는 약이었다.

"몸이 허약하니까 어디 멀리 나가는 것도 불편해. 허구한 날 여기 아프고 저기 힘들고, 흥이 나는 일이 없어. 정말 살기가 싫어."

"저희가 차로 모시고 다니면 되잖아요. 의사 선생님도 천천히 하라고 하셨고요. 체력이 어디 그렇게 빨리 회복되나요." 아들이 옆에서 계속 어머니를 달랬다.

진료가 끝나 할머님이 진료실 문을 닫고 나가시자, 아들이 이해가 안 간다는 듯 물었다. "저희 어머니가 암 치료를 두 번이나 하신 분입니다. 수혈에, 수술에, 항암까지 다 거치셨어요. 병원에도 여러 번 입원하셨고, 과정도 참 고생스러웠지만 다 견뎌 내셨거든요. 지금은 종양학과 의사 선생님도 병세가 안정적이고, 모든 수치가 다 통제 범위 내에 있다고 하시는데, 갑자기 왜 저렇게 투지를 잃고 노상 살기 싫다는 말만 하시는 걸까요?"

병에는 관심을 기울이면서도 마음은 간과한다

라이 할머님은 흔히 말하는 것처럼, '오랜 병에 세상만사가 다 지겨워지신' 것이다. **할머니가 죽음에 이르길 원하는 것은 자기 자신이 아니라 이런저런 병들이 몰고 온 고통이다.** 몸의 병은 이미 의학적인 치료와 약물 처방으로 통제되었지만, 마음이 영향을 받으면서 정서적인 침체 현상이 나타난 것이다.

사물에 흥미를 보이지 않고, 일상생활에도 흥이 나지 않고, 심지어 죽고 싶은 생각이 드는 것. 이 모두가 우울증 증상이다. 나이가 듦에 따라 온갖 질병을 앓게 될 확률도 높아진다. 이런 몸의 질병과 치료 과정은 수많은 고통을 불러오는데, 이 과정에서 신체 기능 손상이나 장기적인 후유증을 얻기도 한다. 우리는 보통 노인들의 몸의 질병에 관심을 기울인다. 최신 자료를 찾고, 온갖 치료 방법과 약을 찾아다니고, 반복적으로 검사를 받게 한다. 그러다가 노인의 심경 변화는 오히려 간과하기도 한다.

과거 진행된 연구들은 만성질환, 만성통증, 신체 기능 상실 등이 모두 노년에 나타나는 우울증과 밀접한 관련이 있음을 거듭 지적한다. 우울증은 치료가 가능하다. 항우울제, 심리치료, 호흡 이완 훈련 등이 모두 심리 상태를 개선해 준다.

몸의 병을 추적하는 동시에 이들의 마음의 건강을 잊지 말아야 한다. 약 제때 드시고 주사 제때 맞으시라고 당부하는 일 말고, 노인이 정서적으로 이완할 수 있는 방법을 찾아야 한다. 이를테면, 가족이나 친구들과 수다를 자주 떨게 한다든지, 자주 산책을 나가게 한다든지 이런 방법은 심리 상태도 개선해 줄 뿐 아니라 몸의 면역력을 높이는 데도 도움이 된다.

은발의 삶을 맞이하면서, 만성질환과 함께 살아가는 법을 배우며 노화의 과정에 적응하는 것은 즐거운 노년의 삶을 누리기 위한 기본적인 숙제이다.

점점 고집이 세지는 부모님, 어떻게 할까?

"선생님, 저희 아버지 어떠신가요?" 연락을 받고 다급히 병원으로 달려온 리닝 씨가 걱정스레 물었다.

"검사 수치는 괜찮으신 것 같고, 바이털사인vital signs* 도 정상이에요. 상한 음식을 드셨다가 장염이 온 것 같습니다." 응급실 의사가 검사 결과를 설명하는 중이었다.

"어휴, 아버지, 도대체 뭘 드신 거예요?" 리닝 씨는 '상한 음식'이라는 말에 화딱지가 났다. "그……, 그…… 그 찐빵 한 봉지……." 아버지는 잘못하다 들킨 아이처럼 소곤거리셨다.

"찐빵이요? 그거 제가 버리시라고 하지 않았어요? 그거 유통기한 지난 찐빵이었다고요." 리닝 씨가 화가 나서 말했다. "버리려니 아까워서 그랬지……. 너같이 젊은 애들은 어째 그리 아낄 줄을 모르냐." 아

_____

* 체온, 호흡, 맥박, 혈압 등 환자의 건강상태의 변화를 알려주는 지표.

버지는 여전히 물러날 생각이 없으셨다.

아버지는 종종 양은 많고 보존 기간은 짧은 특가 세일 식료품을 사들고 집에 오신다. 가격이 너무 싼 데는 대부분 이유가 있다고 말씀드려도 아버지는 이런 걸 사야 돈도 아끼고 낭비도 막을 수 있다면서, 나쁠 게 뭐가 있냐고 하신다. 그러다 결국 유통기한을 넘기면 신선하지 않으니 드시지 말고 버리라고 말씀드리는데, 버리면 낭비라는 생각에 아까워서 몰래 드신 아버지가 결국 장에 탈이 나서 복통과 설사에 시달리다가 야밤에 응급실로 달려가셨던 것이다.

우 씨 할머니는 늘 쓰레기 분리수거 기준이 헷갈려서 서로 다른 항목의 쓰레기를 섞어 놓곤 하신다. 아들, 며느리가 직접 하시지 말라고, 본인들이 퇴근하고 집에 와서 처리하겠다고 해도, 집에 오면 할머니가 하나둘 분리해 둔 쓰레기봉투가 눈에 들어온다. 야근하느라 지칠 대로 지쳐 집에 온 아들, 며느리로서는 이렇게 분리된 쓰레기를 다시 처리해야 하니 귀찮기만 하다. 이튿날 이건 이렇게 버려야 하고, 저건 재활용할 수 없는 쓰레기이니 태울 수 있는 쓰레기로 버려야 한다고 말씀드려도, 할머니는 들은 체도 하지 않으신다. "다들 아무렇게나 말을 하니, 원. 내가 집안 정리를 수십 년 하고 살았어. 다 이렇게 하고 살았는데 무슨 문제가 있다는 게야."

이러면 아파트 분리수거가 엉망이 된다고 아파트 관리 위원에게 지적도 여러 차례 받았다. 그래 봐야 우 씨 할머니는 며칠 잠잠하시다가 또 본인 생각대로 쓰레기를 분리하기 시작하신다. 결국 아들이 씩씩거리며 말했다. "도대체 왜 이렇게 고집을 피우시는 거예요?"

과하게 고집을 피우는 게 정말 노인들일까?

아니면 우리들일까?

'고집스럽다'는 건 생각이 보수적이어서 새로운 것을 받아들이려 하지 않고, 융통성 없이 옛것을 고집한다는 뜻이다. 그리고 '집착'은 원래 불교 용어로 무언가를 놓지 않고 끝까지 버틴다, 거기서 벗어나지 못한다는 뜻이다.

몇 년 전 사토 신이치가 쓴 책이 『부모님은 왜 그렇게 늘 고집을 피우실까?』*라는 제목으로 출간되어 불티나게 팔린 적이 있다. 이런 걸 보면 이 책 제목에 공감한 사람들, 심지어 부모님의 고집 때문에 크게 고통받는 사람들이 적지 않은 듯하다.

사람은 늙으면 왜 그렇게 변화를 거부할까? 왜 그렇게 새로운 것을 거부할까? 마음을 가라앉히고 생각해 보자. 누구나 다 자주적으로, 자기 뜻대로 살고 싶어 하고, 직접 결정을 내리고 싶어 한다. 그게 그저 뭘 먹을까, 뭘 입을까 정도의 일이라 해도 그렇다. 나이가 들어도 그건 아마 똑같을 것이다. 노인의 경우 새로운 것에 대해 젊은 사람들과

---

* 佐藤眞一, 『ご老人は謎だらけ 老年行動學が解き明かす』(光文社, 2011). 본문에 옮긴 제목은 타이완 출간본 제목이다.

는 다른 생각을 하고 있을 수 있다. 하지만 달리 생각해 보면 우리도 청소년들의 생각이나 취향에 동의가 안 되거나, 심지어 코웃음을 칠 때가 있다. 사람은 다 자기가 좋아하는 혹은 익숙한 방식으로 처신한다. 다른 사람이 이런 건 안 좋고 저런 건 바꿔야 한다고 하면 마음이 불편하다. 사람들은 대부분 다른 사람이 자기 인생에 이러쿵저러쿵 훈수를 두고 이렇게 저렇게 해야 한다고 가르치는 것을 좋아하지 않는다.

노인들이 너무 고집을 피우는 건 아닌지 생각하기 전에, 일단 너무 고집을 부린 쪽이 우리 자신은 아닌지 생각해 봐야 한다. **우리가 일방적으로 이렇게 하는 게 부모님에게 제일 좋다며, 강제로 부모님을 바꾸려고 한 건 아닐까?**

어르신들은 정말 가면 갈수록 고집스러워질까?

아니면 그냥 우리의 고정관념에 불과한 걸까?

앞에서 설명한 고집이라는 두 글자의 뜻을 보면, 흔히 말하는 '고집'이 낡고 시대에 뒤떨어진 것과 보일락 말락 연결된 듯 보인다. 어떤 사람이 고집스럽다고 할 때, 그 사람을 '가장 새로운, 가장 혁신적인 방법으로 일을 처리하는 사람'으로 생각하는 사람은 거의 없다. 대부분은 선입관에 사로잡혀, '수십 년 전에 유행이 지난 방식으로 일을 처리하는 데 집착하는 사람'이라고 생각한다. 이럴 때는 '연령 고정관념'이라는 함정에 빠진 건 아닌지 주의해야 한다.

'연령 고정관념'이 뭘까? '연령 고정관념'이란 우리가 연령(혹은 노년이라는 대상)에 고정관념을 갖고 있다는 뜻이다. 예를 들어, 나이가 들면 건망증이 심해진다든지, 노인은 선명한 원색의 옷을 좋아한다든지 이런 것들 말이다. 연구에 따르면, 문화에 따라 고정관념에도 차이가 있다. 중국어권에서 진행된 연구에 따르면, 인터뷰 응답자 대다수가 '남존여비', '잔소리를 하고 또 하는' 등의 표현으로 연령에 대한 부정적인 고정관념을 묘사한다. 고정관념에는 긍정적인 것도 있고 부정적인 것도 있다. 이를테면 '사람이 나이가 들면 더 지혜로워진다', '사람이 나이가 들면 너그러워진다' 같은 것들이 긍정적인 고정관념이다. 하지만 과거에 진행된 연구에 따르면, 노년에 대한 부정적인 고정관념이 긍정적인 고정관념보다 더 많다고 한다. **머릿속에 '늙으면 아주 고집스러워진다'와 같은 고정관념이 자리 잡고 있으면, 노인의 언행을 보며 아주 쉽게 저 노인 참 고집스럽다고 이해하게 되는 것이다.**

어제는 맞고 오늘은 틀리다의 함정

노인은 정말 날이 갈수록 고집스러워질까? 세상이 하루가 다르게 변하다 보니 세대 간의 차이가 불가피하게 커진다. 가슴에 손을 얹고 자문해 보자. 젊은 세대의 언행을 보면서 속으로 철딱서니 없는 애들이라고 욕한 적 없는지? 지금 노인들이 너무 고집스럽다고 불평해 대는 우리도 언젠가는 우리 자손들에게 진부하고 완고하다는 불평을 듣게 되지 않을까? 세대 간에는 가치관의 변화, 과학기술과 문화의 변천으로 흔히 말하는 세대 차이가 생길 수밖에 없다.

이런 사례로 노벨상의 흑역사를 살펴볼까 한다. 1920년대는 조현병 등 심각한 뇌정신질환을 치료할 효과적인 방법이 아직 등장하지 않은 시기였다. 그러다 1935년 즈음, 안토니우 에가스 모니스가 발명한 전전두엽절제술prefrontal lobotomy(영화 〈뻐꾸기 둥지 위로 날아간 새〉에 등장한 치료법)이 기적의 치료법으로 불리며, 1949년 노벨상까지 받게 되었다. 미국 대통령이었던 존 F. 케네디의 여동생 로즈메리 케네디가 이 전전두엽절제술을 받았을 정도였다.* 그러나 수술을 받은 뒤 상황은 더욱 나빠졌고, 결국 로즈메리 케네디는 스스로 살아갈 수 없게 되었으며, 여생 대부분을 요양원에서 보내다 죽음을 맞이했다. 로즈메리 케네디뿐 아니라 아카데미상을 받은 은막의 스타 워너 백스터도 이 수술을 받았다.

통계에 따르면, 1940년에서 1950년 사이에 약 1만 8000명이 넘는 미국인이 이 수술을 받았다고 한다. 하지만 곧 의학계에서 이 치료법이 가진 문제점들이 속속 밝혀졌다. 이 수술을 받은 환자들은 반응이 둔해지고 성격이 달라졌으며, 폭력적인 성향을 보이는가 하면 신체 기능이 향상되기는커녕 오히려 감퇴했다. 1970년대에 이르러 대다수 국가가

---

* Kate Clifford Larson, *Rosemary: the hidden Kennedy daughter*, Boston : Mariner Books, 2016.

1부 자녀 편

일제히 이 치료법을 금지했고, 오늘날 이 치료법은 오류로 점철된 의학계의 흑역사로 여겨지고 있다. 과학이 나날이 발전하는 세상에서, 그때는 맞았으나 지금은 틀린 일이 되어 버리는 현상은 사실 놀라울 게 없다. 마찬가지로, 수십 년 전에는 가장 세련되고 최첨단 유행이었던 옷차림과 스타일이 지금 와서 보면 유행과는 동떨어져 있고, 이것이 대단한 일도 아니다.

'고집'이라는 단어로 뭔가를 포기하지 않고 고수하는 노인의 행동, 취향을 표현할 때, 대뇌에 타임머신을 장착해 보자. 어쩌면 노인의 그런 행동과 취향이 30년, 40년 전에는 가장 추앙받은, 가장 '쿨'한 생각이었을지도 모른다.

노인이 고집스러워지는 건 대뇌 노화 탓이다

심리적 유연성의 감퇴

나이가 들면서 대뇌의 체적과 피질의 두께가 점차 줄어들고, 대뇌 구조 연결의 완전성도 점차 떨어지면서 신경 회로의 처리 효율이 차차 저하되는 현상이 나타난다. 과거 연구에 따르면, 성별, 교육 정도와 지능을 통제해도 노화는 '인지적 유연성cognitive flexibility'에 부정적인 영향을 끼친다고 한다. 흔히 말하는 인지적 유연성이란 우리의 대뇌가 두 가지 서로 다른 개념 사이를 오갈 때나 다원적인 개념을 사고할 때 필요한 능력이다. **좀 더 단순하게 말하자면, 사람이 늙으면 대뇌가 '잘**

돌아가지 않게 된다'는 것이다.

진료를 보러 온 노인과 그 가족이 약을 공복에 먹어야 하는지 말아야 하는지를 놓고 실랑이를 벌이는 일이 흔히 있다. 약물 복용 방법을 알려 달라고 하면, 나는 어떤 약은 식전에 먹어야 하고, 어떤 약은 특별한 규정이 없다고, 하나하나 설명해드린다.

노인들이 반드시 공복이나 식후에 약을 먹어야 한다고 고집을 부리는 경우가 많은데, 그러다가 자칫 약 복용 규칙이 뒤엉키기라도 하면 어떻게 해야 할지 몰라 당황하게 되고, 의사의 처방에 따라 약을 매일 먹지 않게 된다. 사실 이렇게까지 엄격하게 할 필요는 없지만, 자녀가 아무리 설명해 줘도 소용없다. 보통 노인들의 문제는 의학적인 요구 사항을 이해하지 못하는 데 있는 게 아니라, 규칙이 너무 많다는 데 있다. 이 약은 공복에 먹어야 하고, 저 약은 식후에 먹어야 하고, 또 이 약은 언제 먹어도 상관없고, 이러니 이걸 다 똑똑히 구분하고 이해해서 외우기가 어려워지고, 결국 전부 다 '밥을 먹은 뒤에 약을 먹어야 한다'가 되어 버린다. 그러니 노인들이 너무 고집을 피우는 것으로 보일 뿐이다. **이런 '고집'은 어쩌면 노인들이 약을 먹어야 하는 일상에 적응하기 위해서 발전시킨 일종의 '단순화된' 응용법인지도 모른다.**

새로운 사물을 학습하는 능력의 감퇴

노화는 우리의 대뇌를 낡은 스마트폰으로 만들어 버린다. 어느 날,

한 어머니가 자식에게 급히 전화를 걸어 친척과 만나기로 약속한 식당을 못 찾겠다며 길을 물으셨다. 출근 중이던 자식은 이렇게 저렇게 가시면 된다고 서둘러 몇 마디 설명해드렸다. 설명을 들은 어머니가 전화를 끊고 한 십여 분 찾아 봤지만, 식당은 보이지 않았다. 어머니는 다시 자식에게 전화를 걸어 그래도 방향을 가늠하지 못하겠다면서 길을 물으셨다. 자식은 어머니에게 인터넷에 접속해서 찾아보시라고 했다. 하지만 어머니는 인터넷에 접속하는 게 너무 성가시다고 하셨다. 자식은 회의 중에 몰래 본인 휴대폰으로 길을 찾아서 지도를 캡처한 뒤 그 파일을 어머니에게 전송해드렸다. 지도를 보는 게 쉽기는 하니까. 몇 분 뒤, 어머니는 또 전화를 걸어 눈이 침침해서 지도가 잘 보이지 않는다고 하셨다. 여전히 회의 중이었던 자식은 지도에 식당 위치를 표시해서 어머니에게 전송하고는 지도 앱 기능을 활용해서 GPS를 따라가면 식당을 찾을 수 있을 거라고 문자로 알려드렸다. 자식은 생각했다. '이번에는 별문제 없으시겠지?' 그런데 몇 분 뒤, 어머니가 또 전화를 걸어 왔다. "이거 도대체 어떻게 쓰는 거냐?" 자식은 목소리를 낮추기는 했지만 씩씩거리며 전화기에 대고 말했다. "저 일하는 중이에요. 젊은 제가 하라는 대로 해 볼 생각은 하지 않으시고 도대체 왜 그렇게 고집을 부리세요? 그거 클릭하면 나온다니까요. 아주 간단하다고요."

자식이 모르는 것이 있다. 어머니의 뇌가 예전 같지 않다는 사실이다. 한때 스마트하기 그지없던 스마트폰이 이제는 CPU 속도가 느려져 인터넷에서 새로운 정보를 순조롭게 검색할 수도 없게 되었다. 더는 확충할 수 없는 메모리에는 과거부터 지금까지의 온갖 중요한, 혹은 중요하지 않은 내용이 잔뜩 쌓여 있다. 남아 있는 코딱지만 한 공간으로는 더 많은 정보를 저장하기 어렵다. 배터리는 떨어지는 체력처럼 노화를 거듭해 걸핏하면 쉬어 줘야 하고 충전을 해 줘야 한다. 이제 간단한 전화 걸기, 받기 기능만 남은 이 휴대폰으로 제일 잘 할 수 있는 일은 자식에게 전화를 거는 일이다.

학습 능력이 떨어져 새로운 지식을 습득하기 어려워지면 할 수 있는 일이라고는 과거의 기억을 지키는 것뿐이다. 그렇게 해서 저도 모르는 사이 흔히 말하는 늙다리가 된다. 가장 흔히 보게 되는 경우가 치매를 앓는 노인이 질병의 영향으로 대뇌 기능이 감퇴해 새로운 것들을 습득할 방법은 없는데, 과거 본인이 잘 다루던 공구는 잘 다루고 과거에 잘하던 일은 여전히 잘하는 상황이다. 이러면 가족과 친구들이 오해 섞인 질문을 던진다. "일부러 그러시는 거 아니에요? 아니 전기밥솥 버튼이라고 해 봐야 두 개뿐인데, 어떻게 매번 틀린 걸 누르시냐고요. 그러면서 어떻게 또 뜨개질로 털옷은 뜨세요?" 내가 만난 치매 환자 중에는 꽃 심기, 농사 등에서는 여전히 선수급 실력을 자랑하는데, 리모컨 전원 버튼은 늘 잘못 누르는 경우도 있었다. **이들은 결코 새로운 사물을 '받아들이려 하지 않는 게 아니라' 이미 새로운 정보를 처리할 '능력'이 없는 것이다.**

고집스러운 모습 이면에 숨겨진 인생사를 보라

치치 씨는 어려서부터 어머니 손에 자란 외동딸이다. 부모님이 이혼한 뒤, 아버지는 연락을 끊으셨다. 치치 씨의 어머니가 중년의 나이에 딸을 낳으면서 한부모가정이 되었고, 어머니는 딸을 남들처럼 키우기 위해 고된 일을 여럿 병행하면서 평상시에도 아껴 먹고 절약하며 사셨다. 치치 씨와 관련된 일이라면 크든 작든 어머니는 대충 넘기는 법이 없었다. 아무리 바빠도 학부모 면담에는 휴가를 내고서라도 반드시 출석하셨다. 학원도 남들 못지않게 여기저기 다 보냈다. 예쁜 옷이나 머리 장식 등 뭐하나 부족함 없이 키웠다. 곗돈으로 학교 소풍, 졸업 여행을 보내면서도 어머니는 힘들다는 소리 한마디 하지 않으셨다.

치치 씨는 결국 대학을 졸업하고 외국계 회사에 순조롭게 취업했다. 그러다 한 모임에서 조건도 좋고 서로 호감도 있는 마음에 드는 상대를 만났다. 상대는 미국과 타이완 부모 사이에서 태어난 혼혈로, 체격 좋고 잘생긴, 외국 회계사 자격을 갖춘 사람이었다. 한동안 교제한 끝에 치치 씨는 어머니에게 교제 사실을 말씀드렸다. 상대가 조건도 괜찮고 성격도 명랑하고 활달한 사람이라 쉽게 관문을 통과할 수 있으리라 생각했는데, 뜻밖에 어머니의 어마어마한 반대에 부딪히고 말았다. 치치 씨가 무슨 방법을 써도 어머니는 꼼짝도 하지 않으셨다. 어머니에게 도대체 어떤 점을 반대하시는 거냐고 묻자, 어머니는 딸을 외국인과 결혼시킬 수는 없다는 뜻을 굽히지 않으셨다.

너무나 고통스러워하는 치치 씨를 보고, 친구가 정신의학과 상담을 받아 보라고 했다. 치치 씨의 이야기를 들은 의사가 가만히 대답했다. **"도움이 필요한 분은 어머니 같군요.** 평생 딸을 위해 살아온 어머니의 인생을 생각해 보세요. 어머니는 어쩌면 딸이 성인이 되어 결혼 상대가 생기고, 새로운 가정을 꾸리는 게 마땅치 않으셨을지도 모릅니다. 어머니는 본인의 결혼이 가져온 상처가 제대로 아물지 않은 상태에서 오로지 딸을 돌보는 데만 마음을 쓰며 사셨어요. 그걸로 잠시 상처를 잊으셨을 겁니다." 치치 씨가 훌쩍이며 말했다. 어머니를 너무나 사랑하기에 어머니가 동의하지 않는 상태에서 결혼하고 싶지는 않다고.

치치 씨는 차차 어머니를 이해하게 되었다. 어머니는 외국인이 싫어서 결혼을 반대하신 게 아니었다. 어머니는 양쪽 집안이 서로 걸맞지 않은 건 아닌지, 그래서 딸이 본인처럼 결혼 생활에서 문제를 겪게 되지는 않을지 걱정하셨고, 결혼한 딸이 본인 곁을 떠나 먼 타국으로 떠나면, 본인이 딸이 없는 일상에 적응할 수 있을지 걱정하셨다.

그래도 모녀 사이가 돈독해서 치치 씨는 어머니를 모시고 함께 심리 상담을 받으러 갈 수 있었고, 순조롭지 않았던 결혼 생활 탓에 강한 척 해야 했던 일, 자신감 없이 살았던 것, 사랑과 안전감의 결핍 그리고 이별에 대한 두려움 등 어머니가 수십 년 동안 억눌러 온 감정을 처리할 수 있도록 곁에서 함께 도와드렸다.

손에 쥔 게 얼마 없다 보니 손에 쥔 것에 더 집착한다

홍 씨 할아버님이 아들을 대동하고 진료를 받으러 오셨다. 우울해서 왔다면서, 벌써 몇 날 며칠을 먹지도 자지도 못했다고 하셨다. 혈압이 상당히 높았고 심장박동도 빨랐다. 보다 못한 아들이 이렇게 저렇게 달래고 달래서 모셔 온 참이었다. 진료 당시 홍 씨 할아버님도 본인 기분이 좋지 않다고 인정하셨다. 나는 최근에 뭔가 스트레스를 받는 일이 있었는지 물어보았다. 할아버님은 몇 주 전 중풍이 온 고향 친구가 병원에서 퇴원한 뒤 먼 요양원으로 보내졌다며 울먹이셨다. 그 일만 생각하면 잠이 오지 않는다고도 하셨다. 한쪽에서 듣고 있던 아들이 바로 타이르고 나섰다. "저우 어르신이야 그냥 이사를 가신 거잖아요. 그런 일 갖고 이렇게 죽니 사니 하시니, 원."

홍 씨 할아버님이 고개를 내저으며 대답하셨다. "너희들은 젊어서 모른다. 내 절친이라고 해 봤자 몇 명 남은 그 친구들이 다야. 장가 놈이 몇 년 전에 죽더니 작년에는 리가 놈이 자식들 따라 이민 가고, 이제 저우도 이사 갔으니, 이제 나랑 같이 바둑 두고, 카드 놀이할 사람도 없어." 축 처진 홍 씨 할아버님의 모습에 마음속에서 화산이 폭발한 아들이 홧김에 말했다. "그 어르신이 아버지 애인도 아니고, 우리 가족도 아니잖아요. 게다가 병이 나셨고 연세도 많으시고요. 도대체 제가 몇 번을 더 말씀드려야 하냐고요. 제발 고집 좀 그만 부리시고, 좀 긍정적으로 생각하세요." 참지 못한 아들이 돌아서며 내게 물었다. "저희 아버

지 무슨 문제 있으신 것 아닙니까? 왜 이렇게 격하게 반응하시는 걸까요?" 나는 아들의 어깨를 토닥이며 말했다. "생각해 보세요. 백 개 갖고 있다가 실수로 그중 한 개 잃어버린 사람과 다섯 개밖에 없었는데 그중 셋을 잃어버린 사람을……." 이 말을 하자마자, 홍 씨 할아버지의 아들이 미안한 눈빛을 내비쳤다. 본인이 홧김에 쏘아붙인 말이 마음에 걸렸던 것이다.

젊은 우리에게는 친구가 많다. 때로는 바빠서 1년 내내 그중 한 사람과도 못 만날 지경이다. 온갖 일에 모임에 바삐 지내느라 전화 한 통 못 해 놓고도 그걸 깨닫지 못한다. 하지만 노인들은 젊은 사람들과 다르다. 손에 쥐고 있는 건 얼마 되지 않는데 잃은 건 많다. 그래서 여전히 손에 쥐고 있는 것에 더 집착하는 모습을 보이는 것이다.

방법 1: 고집을 부리는 노인에게 곧장 화부터 내지 말자.

방법 2: 일단 관계가 망가지면 처리하기 더 힘들다.

방법 3: 상황부터 명확히 확인하자. 노인의 성격을 100퍼센트 바꿀 수 있으리라는 기대는 하지 말자.

방법 4: 노인들을 도울 때는 완곡하게 설명하는 방식, 상대방의 체면과 존엄을 살려 주는 방식을 익혀 두자.

방법 5: 여지를 여러 개 남겨 두면 긴장 관계를 푸는 데 도움이 된다.

방법 6: 에둘러 가며 차분히 잘 다루다 보면, 고집을 꺾지 않으려는 노인의 특징을 이용해 실제 행동의 변화를 이끌어 낼 수 있다.

나이가 들면 들수록 더 불안해하신다면?

"당신 오후에 어디 갔었어요?" 다 씨 아주머니가 다 씨 아저씨에게 행적을 캐물었다. "아위안네 가서 차 마시고 잡담 좀 했지." 다씨 아저씨가 소심하게 대답했다.

"아위안이랑 무슨 할 이야기가 있기에 이제야 들어오는 거예요? 당신 또 어디 다른 데 다녀온 것 아니에요?"

"아니라니까. 그렇게 의심 좀 하지 마."

"그래도 인정을 안 하네. 방금 아주가 전화해서 당신 식당에 있는 것 봤다고 하던데." 아주머니가 증거를 내밀며 추궁했다.

"그거는…… 내가 그냥 배가 좀 고파서 뭘 좀 먹으러 간 거고."

"그럼 방금 왜 솔직하게 말하지 않았어요?" 아주머니는 더 씩씩거렸다. "말하면 또 이거 의심하고 저거 의심하고 그럴 것 아니야. 당신이 온종일 노려보면, 나도 너무 힘들다고!" 참지 못한 다 씨 아저씨가 큰

소리로 고함을 질렀다.

자녀들은 이해가 안 간다는 듯 물었다. 아버지가 발이 넓어서 젊을 때는 몇 번인가 애매한 관계를 맺기도 하셨지만, 어머니가 그때는 딱히 격렬한 반응을 보이지 않았을뿐더러 그 일도 다 지나갔고 상황도 달라졌다고. 이제는 부모님 다 백발이 성성하신데, 어머니가 지금에 와서야 아버지 행적에 신경을 곤두세우고, 말 한 마디, 행동거지 하나에 그렇게 예민하게 구시고, 아버지가 집 밖으로 몇 분 나가 있는 꼴도 못 보신다고 했다. 아버지가 몇 시 몇 분에 어디에 갔는지, 누구랑 같이 있었는지, 다 알려고 하신다는 거였다. 밤에 아버지가 방에 들어오지 않으면, 주무실 생각도 하지 않으신다고 했다. 어머니가 안전감이라고는 느끼지 못하는 사람이 되어 버리셨다는 말도 했다.

노화는 자신감을 잃게 한다

늙으면 왜 안전감이 사라질까? 어쩌면 노화가 신체적인 변화를 몰고 오는 탓일 것이다. 주름이 많아지고 외모가 달라지면서 자신감에도 영향을 끼치는 것이다.

흙과 돌이 헐겁게 푹 꺼진 오래된 성벽에 서 있기라도 한 듯, 한 걸음 내디딜 때마다 발 옆으로 흙과 돌이 흩어지니 세월의 담금질로 빚어진 아름다움을 마음 놓고 감상할 수가 없다. 그동안 상처를 억눌렀던 힘이 약해지면서 과거에 난 상처가 다시 떠오르기 시작할 수도 있다.

위 사례의 아주머니처럼 자기를 억누르고 다른 이에게 초점을 맞추며 사는 사람이 정말 많다. 아주머니는 가정을 위해 참았고, 평생을 남편과 자식들을 위해 살았다. 아주머니는 늘 본인에게 중요한 남편과 단단히 연결되어 있어야만 제대로 사는 거라고 생각했다. 아주머니는 본인이 중요한 사람과 연결되지 못하고 이 관계가 균형을 잃게 되면 어떻게 될지 늘 걱정했다. 이 사람을 잃으면 본인이 구축한 세계가 무너진다고 생각했다. 안전감이 순간 땅바닥으로 떨어져 산산이 부서질 것 같았다.

이미 너무 많은 걸 잃은 어머니로서는
당신까지 잃을 수는 없는 노릇이다

농촌에서 자란 잉쥐안 할머니는 결혼 후 남편과 함께 억척스럽게 살며 아들 둘에 딸 둘을 키워 낸, 꿋꿋하고 독립적인 성격의 소유자였다. 작년 초, 50년 넘게 결혼 생활을 이어 온 남편이 갑자기 심장발작을 일으켰지만, 다행히 병원으로 빨리 이송해서 심장에 스텐트를 두 개 단 덕에 목숨은 건질 수 있었다. 그런데 작년 말 고향 집 근처에 사는 큰아들까지 교통사고로 일찌감치 세상을 떠나고 말았다. 연이어 터진 사건에 잉쥐안 할머니는 자신감에 큰 타격을 받은 듯했다. 안 그래도 작은 일에도 쉽게 마음을 졸이던 할머니는 더 초긴장 상태가 되었다. 같이 사는 작은딸은 잉쥐안 할머니가 본인에게 전화를 거는 비율이 점점 더 높아지고 있다는 사실을 깨달았다. 전화 내용은 걱정과 두려움이 대부분이었는데, 어머니를 어떻게 위로해드려도 소용이 없었다.

"밖에서 조심해라. 밤에 어두우니까 길 건널 때 주의하고."

"감기 걸리고 나서 병원 가 봤니? 어째 사흘이나 지났는데, 아직도 차도가 없어 그래? 응급실 가 봐야 하는 것 아니냐?"

"태풍이 불어닥칠 거 같은데, 태풍 휴업한다니? 바람이 이렇게 센데, 출근한다고 밖에 나가면 너무 위험하잖아. 휴업을 하든 말든 상관 말고 휴가 내라. 안 가는 게 낫겠어……."

"이렇게 늦었는데 어쩌자고 아직 밖에 있니? 회사 회식? 그런 거 중요하지 않다. 얼른 집에 와라."

나이가 들면 왜 불안해할까? 불가피하게 노년기가 인생에서 가장 많은 상실을 경험하는 시기이기 때문이다. 이별과 사별을 끝없이 경험하다 보면, 평탄하고 안전하다고 생각했던 길이 호랑이 아가리 속처럼 이루 말할 수 없이 잔인하고 끔찍해진다. 잔병치레 정도로 응급실까지 갈 필요 없다는 걸 모르지는 않지만, 그게 알고 보니 심각한 질병이면 어쩌나 이런 생각을 하지 않을 수 없다. 자녀가 일을 해야 한다는 걸 모르지 않지만, 만일 나무라도 쓰러지면, 길이 미끄러워지면, 그 바람에 자식이 다치기라도 하면 어쩌나 이런 생각을 하지 않을 수가 없다. 자녀가 친구도 만나고 그래야 한다는 걸 모르지 않지만, 만일 바람이 휘몰아치는 캄캄한 밤에 집에 오다가 위험한 일이라도 생기면 어쩌나 하고 생각하지 않을 수 없다. 이렇게 많은 걱정에, 이렇게 많은 '만일'에 휩싸여 있는 것이다. 영원하리라 생각하며 손가락에 끼고 있던 반지에서 그만 박혀 있던 보석이 떨어져 나가 서글픈 반지가 되어 버리는 것처럼 말이다. 너무 많은 걸 잃은 어머니로서는 당신까지 잃을 수는 없는 것이다.

자녀가 버팀목이 되는 시기

난 씨 어르신은 원래 무술인이었다. 무술에 정통하고, 평상시에 섭생도 아주 중시하는 분이었다. 건강이라면 젊은 사람 못지않다는 걸 늘 자랑으로 여겼다. 자식들을 여러 해 동안 혼자 키워 왔지만, 늘 다채롭게 사시는 모습에 가족과 친척들도 마음을 푹 놓았다.

그런데 석 달 전 아들 회사에서 건강검진을 해 준다기에 갔다가 뜻밖에도 대변에서 잠재혈액 반응이 나오는 바람에 대장항문외과로 옮겨졌고, 혈액검사, 대변검사, 대장내시경 등 일련의 검사들을 받았다. 대장내시경 검사 중에 특이한 조직이 나와서 조직검사를 의뢰했는데, 그때부터 초긴장 상태에 빠진 난 씨 할아버지는 심각한 불안에 시달렸다. 시원시원하고 명랑했던, 오토바이를 타고 사방팔방 돌아다니던 성격이 순식간에 바뀌어서 검사 일정을 잡을 때든, 검사를 할 때든, 검사 결과를 들을 때든 곁에 누가 있어 줘야 하는 성격이 되어 버렸다.

검사 결과 대장암 초기였다. 조기에 발견해서 제대로 수술하고 치료받고 항암까지 마치면 예후가 괜찮을 거라고 의사가 완곡하게 설명했지만, 할아버지가 얼마나 긴장을 하셨는지 온몸에서 땀이 났고 손발을 다 떠셨다. 집에서도 좌불안석에, 말로 다 못 할 정도의 두려움과 걱정에 빠져든 난 씨 할아버지는 끊임없이 아들에게 언제 집에 오느냐고 전화를 걸어 댔다. 공황 상태에 빠지기라도 하면, 아들에게 반차를 내보라고 아니면 일찌감치 퇴근해서 곁에 좀 있어 달라고 애원했다. 아들 샤오난 씨는 아버지가 검사를 받으실 때도 이미 휴가를 적잖이 낸 탓에 얼마 남지 않은 휴가는 아버지가 수술을 끝내고 입원해 계실 때 내려고 생각 중이었다.

"아버지, 집에 못 계시겠으면 외출을 좀 해 보세요. 의사 선생님 말씀이 혼자 산책하러 나가시거나 근처에 물건 사러 가시는 거 다 괜찮다고 했잖아요."

"제가 지금은 휴가 내기가 어려워요. 지금 휴가를 아껴야 아버지 입원하신 다음에 휴가를 여러 날 받을 수 있을 거예요."

"알겠다. 알겠어. 미안하구나."

"그렇지만, 그렇지만……. 집에 전화벨만 울리면 긴장이 되니……."

"병원에서 온 전화일까 봐, 검사 결과가 잘못됐다고 실은 암이 이미 전이돼서 방법이 없다고 수술하러 올 필요도 없다고 할까 봐 무서워서 그래……."

난 씨 할아버지는 샤오난 씨가 회의 중이라는 사실을 모르지 않았다. 할아버지도 지금은 마음대로 움직여도 된다는 사실을, 당장 목숨이 위험해지는 건 아니라는 사실을 알고 있었다. 하지만 나쁜 소식을 듣게 될까 두려웠고, 건강을 잃고 목숨을 잃을까 두려웠다. 앞으로 예측할 수 없는 일을 대면하게 될까 두려웠다. 이런 부정적인 생각이 점점 더 늘어나자, 거대한 불안이 할아버지를 명주실처럼 꽁꽁 휘감았다. 그래서 허둥지둥 아들이라는 부목을 부여잡았다. 바다 건너 저 멀리 안전한 곳으로 헤엄쳐 갈 수 없을까 봐 너무나도 무서웠다.

불안은 안전감과 관계가 있다

안전감은 어떻게 생길까? 오스트리아의 정신분석학자 에릭 홈부르거 에릭슨은 인간의 발달 단계 초기의 중요한 과제로 세상과 최초로 맺는 신뢰감을 꼽았다. 세상에 갓 태어난 아기가 부모나 보호자의 보살핌을 잘 받고, 엄마에게 받은 것처럼 마음에서 우러나온 일상적이고 변함없으며 확실한, 그러면서도 충분한 사랑을 받으면 아기는 편안함과 만족감을 느끼며 더 나아가 최초의 안전감과 귀속감을 느낀다. 아이들은 주변 사람과 세상을 신뢰하게 되고, 자존감과 자신감, 앞날에 대한 확신과 통제감도 느끼게 된다.

정신분석학자 지그문트 프로이트는 개인이 받은 자극이 그 개인이 통제하고 방출할 수 있는 극한을 넘어설 때, 개인은 일종의 트라우마와 불안, 초조를 느끼며 위험을 감지한다고 보았다.

'욕구단계설'을 만든 심리학자 에이브러햄 매슬로는 배부르게 먹는 것, 따뜻하게 입는 것 등을 인간의 가장 기본적인 생리적 욕구로 보았다. 생리적 욕구가 대부분 만족되면 그보다 한 단계 더 높은 욕구가 출현하는데, 이것이 바로 심리적인 안전감psychological security이다. 심리적인 안전감이란 공포와 불안에서 벗어난 자신감, 안전하고 자유로운 느낌, 다양한 욕구가 충족된 느낌을 가리킨다. 매슬로는 **충분한 안전감이 심리적 건강을 결정짓는 가장 중요한 요소**라고 생각했다.

인본주의 정신분석학자 에리히 프롬은 아동의 인격 형성이 인간 심리의 발전 과정을 재연하고 있다고 주장했다. 유년기 아이들은 모든 것을 부모에게 의지하고, 부모는 아이에게 온갖 한계와 금기를 정해 준다. 이 시기의 아이는 자유는 없지만, 아주 안정적인 귀속감과 안전감을 느낀다. 아이는 나이가 들면서 점차 독립적으로 변하고, 부모와는 날이 가면 갈수록 유대감이 줄어든다. 이런 발전 과정은 아이였을 때 느꼈던 귀속감과 안전감의 상실이라는 직접적인 결과를 초래한다. 이제는 혼자서 사회를 마주하고 자신의 행동에 책임을 져야 하는 상황이 되었기 때문이다.

프로이트의 관점에서 보면, 현대 사회는 인간에게 극한의 자유를 선사하지만 동시에 자유의 증대로 인해 사회와 타인과의 유대감은 날이 갈수록 줄고 개인의 책임은 날이 갈수록 증대된다. 따라서 현대인은 날이 갈수록 귀속감 결핍을 느끼고 늘 고독과 불안감에 시달린다.

사실 태어날 때부터 안전감을 느끼는 사람은 거의 없다. 그렇다면 안전감을 어떻게 형성해야 할까? 정신의학 전문가와 심리학자들은 다음과 같이 조언하고 있다.

1. 불안감은 내면에서 비롯된다

불안감은 본인에게서 비롯되는 것이지 다른 사람이 조성하는 게 아니다. 내면 깊은 곳에서 비롯되는 이런 불안이 꼭 '실제 행동이나 사실'과 관련되어 있는 것은 아니다. 이런 불안은 언제나 '그 사람 혹은 그 일에 대한 우리 자신의 생각'과 관련되어 있다. 위에서 언급한 사례를 보면, '검사 결과 모든 것이 정상'이라는 결과가 나올 수 있는데도 난 씨 할아버지는 '나는 이 병으로 이렇게 죽겠지' 같은 생각을 한다. 불안이 내면을 뒤덮으면, 의사가 모든 검사 항목을 들고 와서 하나하나 설명해준다 한들 난 씨 할아버지를 안심시킬 수 없을 것이다.

2. 다른 사람에 의존하는 방식으로 안전감을 얻으려 해서는 안 된다

안전감은 절대로 다른 사람이 줄 수 있는 게 아니다. **안전감을 얻기 위해 다른 사람에게 의존하다 보면, 또 다른 확신을 얻기 위한 순환 오류에 빠지게 될 뿐이다.** 상대에게 끊임없이 같이 있어 달라고 요구하는 행위는 나를 사랑하고, 내게 관심을 기울이고 있다는 다짐을 요구하는 것과 같다. 그러나 이런 순환이 계속되면 알코올 중독에 빠진 것처럼 내성이 생겨 필요한 양이 점점 더 늘어난다. 술에 내성이 생기면, 조금만 덜 마셔도 강렬한 금단현상이 일어난다. 이런 상태라면 양쪽의 관계에 악영향을 끼치기 마련이다. 이 상황을 견디지 못한 한쪽이 멀어지면, 다른 한쪽은 더 불안해하며 더 많은 것을 더 자주 요구하고 나선다. 결국에는 난장판이 되어 균형이 깨지고 만다.

안전감을 높이는 연습을 몇 가지 해 보도록 하자.

방법 1: "안 돼요"와 "하지만"을 떠올리지 말자

불안증, 공황장애, 우울증을 앓는 많은 환자가 약을 먹는 것 말고 증상을 개선할 수 있는 방법에 또 무엇이 있는지 묻곤 한다. 그러면 나는 문밖으로 자주 나가서 햇볕도 쬐고 전시회도 보러 가고 다른 사람들과 수다도 떨면서 같이 어울리시라고 대답한다. 그러면 "하지만 기운도 없고, 제가 말을 잘하는 사람도 아니라서……" 등 수천수만 가지가 넘는 "저는 그렇게는 안 돼요"라는 대답이 돌아오는 경우가 흔하다. 사실 이건 다 질병의 영향이지 결코 그 사람에게 문제가 있는 게 아닌데도 불안감 때문에 머뭇거리는 것이다.

나는 그래서 "안 돼요", "하지만" 이런 말을 자주 하지 않는 연습을 하시라고 권한다. **불안감으로 인한 굴레를 뚫고 나가기만 하면 원래 내가 할 수 있는 일이었다는 사실을 깨닫게 된다.** 여기서 얻는 안도감과 편안함을 경험하면서 점차 긍정적인 순환이 일어난다.

방법 2: 열등감을 버리고 자신감을 갖자

많은 사람이 얼굴이 예쁜지 아닌지, 키가 큰지 작은지, 살이 쪘는지 말랐는지 아니면 돈이 많고 적은지 등 밖으로 드러나는 것으로 자신을 평가하는 데 익숙하다. **사람은 저마다 다른 특징을 갖고 있다. 자기비판을 멈추고 자신을 사랑하고 믿는 연습을 해 보자.**

노년기에 이 문제를 다시 정리하는 게 쉬운 일은 아니다. 나는 어린 시절 학업을 중단한 뒤 고생스럽게 일해 가며 자식을 키운 존경스러운 노인들을 많이 봤다. 이분들이 이제는 아무런 걱정 없이, 여기저기 다니고 싶은 곳을 다니면서 인생 후반기를 즐기며 사실 수 있으리라 생각했다. 그렇지만 그분들은 본인들이 배운 게 없다며 자신감 없어 하셨다. 글을 몰라서 자식들이 같이 나가 주지 않으면 혼자서는 나갈 엄두도 내지 못하고, 패키지 여행에도 참여할 엄두를 내지 못하니, 노인대학 같은 곳에 다니는 것, 최첨단 스마트 상품을 써 보는 건 말할 필요도 없다. 이것도 못 하겠고 저것도 두렵고, 은발의 머리칼이 어둠에 잠겨 버린다.

방법 3: 늙었다는 게 낡았다는 건 아니다

가치감과 안전감 사이에는 밀접한 관련이 있다. 예전에는 위풍당당

하고 자신만만했는데 퇴직 이후에는 안전감을 느끼지 못하는 중년들과 노인들이 아주 많다. 이분들에게 왜 그러시냐고 물어보면, 흔히 이런 답변이 돌아온다. "이젠 늙어서 내가 아무 쓸모가 없어졌잖아." 자신이 가치 없는 존재가 되었다는 생각이 들면 더 깊은 불안이 엄습해 온다.

노인들은 왜 이런 생각을 할까? 대부분은 너무 단일한 가치에 의미를 부여하는 탓이다. 가령, 다른 사람이 좋아해야만 가치가 있는 걸까? 아니면 생산성이 높아야만 가치가 있는 걸까? 가치에는 한 가지 정의만 있는 것이 아니다. 나는 나이가 들면 새로운 가치, 새로운 역할, 새로운 무대를 찾아 나서라고 조언한다. 늙었다는 게 낡았다는 건 아니다. 과거의 시간에 얽매이지 말자. 뭐든지 가능하다.

'정신과'에는 가지 않겠다고 고집을 부리시는데, 어째야 할까?

"○○님, ○○호 진료실로 들어오세요." 진료실 간호사가 친절하게 초진 환자를 불렀다.

"오늘 어떤 도움이 필요해서 오셨나요?" 나는 근심이 가득해 보이는 한 여성을 찬찬히 살펴보면서 물었다.

"선생님, 사실 제가 진찰을 받으러 온 게 아닙니다. 환자는 제가 아니에요. 저희 어머니가 좀 문제가 있으셔서요." 환자가 답했다.

"그러시군요. 환자분 오셨나요? 규정상 반드시 환자 본인을 진찰해야 하거든요."

"선생님, 정말 죄송한데요. 저는 모셔 오고 싶었는데, 어머니가 내켜 하지 않으셔요. 어떻게 해야 할지 선생님께 상의라도 하고 싶어서 어쩔 수 없이 제 이름으로 접수를 했습니다." 그는 쉼 없이 고개를 숙여가며 부탁을 거듭했고, 마음을 얼마나 졸였는지 눈물을 다 떨구었다.

한 달에도 몇 번씩 내 진료실에서 반복되는 일이다. 비슷한 경험을 하는 정신의학과 의사들이 적지 않으리라 믿는다. 본인의 가족과 친구가 정신적으로, 정서적으로 문제가 있거나 치매 증상을 보이는데, 달래고 구슬리고 속여도, 사정을 해 봐도 환자가 요지부동일 때가 있다. 뭘 어떻게 해도 정신의학과 진료는 받으려 하지 않는다.

법규에 따라, 의사는 직접 진찰하지 않은 환자에게 진단을 내리거나 처방전을 발급할 수 없다. 이런 일로 고통스러워하는 가족들을 보고 있으면 속으로는 나도 이해가 가지만 법규를 어겨 가며 도울 방법이 있는 것도 아니다. 어쨌든 의사가 환자도 보지 않고 약을 처방하거나 그냥 상상으로 진료를 할 수는 없는 노릇이니까.

적잖은 잡지사와 신문사 기자들이 찾아와서 똑같은 질문을 한다. 환자가 병원에 치료받으러 오게 할 방법은 없느냐고. 이런 노인들에게 도움이 되기를 바라는 마음으로 몇 가지 방법을 소개해 보겠다.

방법 1: 물 들어올 때 노 젓기

직접적인 설득이 효과가 없을 때는 물 들어올 때 노 저을 기회를 잡아야 한다. 노인들은 노화 탓에 이런저런 잔병과 통증을 피할 수 없는데, 사실 이런 상황이 '노를 저을' 적당한 타이밍이다. 한 가지 예로 우울증 사례를 보자. 우울증이 나타나면 입맛이 없어지고, 식욕이 떨어지기도 한다. 체중이 감소하거나 불면증에 시달리기도 하며, 꿈을 많이 꾸는 등의 현상이 나타날 수도 있다. **이럴 때 환자의 불평을 들어 주면서 "상황이 이러면 병원에 가서 진찰을 해 보셔야죠. 좀 더 검사를 해 봐야 할 수도 있고요"** 하고 조언하거나 "의사 선생님에게 뭐 도움받을 게 없는지 가서 좀 들어 보기라도 하자고요. 입맛도 돌게 해 주고, 건강도 더 좋아지게 해 주고, 잠도 좀 잘 수 있게 해 줄지도 모르잖아요." 이렇게 조언하는 거다.

다른 예를 살펴보자. 불안장애, 공황장애 등을 앓는 환자는 가슴이 답답하고 심장이 두근거리는 증상과 함께 숨이 막히는 느낌을 받는다. 손이 떨리고 식은땀이 흐르면서 곧 죽을 것만 같은 느낌을 받기도 한다. 노인이 이런 불편감을 호소할 때, 병원에 가서 검사나 치료를 받자고 권해 보자. 환자가 병원에 오려고만 하면 절반의 목표는 달성한 것이다.

진료실에 들어설 때는 같이 좀 분위기를 맞춰 달라는 의미로, 잊지 말고 의사에게 사인을 보내자. 경험이 있는 의사라면 같이 온 보호자의 첫마디를 찰떡같이 알아듣고 고개를 끄덕이면서 처음 진료를 보러 온 노인을 잘 다독여 줄 것이다.

이때 의사는 환자에게 필요한 신체검사도 진행한다. 정신의학과에 내원한 초진 환자의 몸을 검사하는 것 역시 감별진단differential diagnosis*을 내리는 데 필요한 항목이기 때문이다.

---

* 증상에 유사한 특징이 있는 질병들을 비교, 검토해 정확한 병명을 확인하는 진단법.

방법 2: 원 플러스 원

노인이 정신의학과 치료를 받게 할 목적으로 '동시 접수' 방법을 택하는 가족이나 친구들이 많다. 노인에게 "저도 잠을 잘 못 자요. 병원에 혼자 갈 엄두도 안 나고 좀 긴장되기도 하는데, 우리 같이 가 보자고요. 제가 모시고 갈게요." 이런 식으로 말하는 거다. **성공률이 꽤 괜찮은 방법이다. 노인에게 본인만 그런 문제가 있는 게 아니라는 걸 느끼게 해 주는 한편, 정신의학과 진료를 보러 가는 게 대단한 일이 아니라는 분위기도 조성할 수 있다.** 진료실에 있다 보면 늘 이런 대화를 듣는다. "오늘 내가 진료를 보러 온 게 아니라오. 나는 그냥 같이 와 준 거야. 혼자서는 못 오겠다고 해서 같이 와 주겠다고 했거든."

관계 맺기를 어려워하는 환자의 경우, 내가 먼저 같이 온 가족이나 친구에게 문진問診을 하면서 환자가 옆에서 그 내용에 귀를 기울이게 하기도 한다. 이 과정에서는 환자를 대동하고 온 가족이나 친구가 대신 관련 증상을 쭉 늘어놓는다. 인터넷을 보면 내 친구 누구누구가 이러저러한 상황이라면서 질문을 던지는데, 사실은 그게 자기 이야기인 경우가 흔하지 않나. 이 방법이 그 과정과 비슷하다. 이렇게 빙빙 에두르는 방식으로 일단 몸을 풀고 적당한 시점이 되면 의사가 분위기를 띄운다. "기왕 오신 김에 어르신도 같이 좀 보시죠." "이렇게 오래 기다리셨는데, 몇십 분 기다리시고 진료도 안 보고 가시면 너무 아깝잖아요." 이런 말을 하는 것이다. 이 방법의 또 다른 장점은 이런 과정을 통해서 정신의학이나 관련 치료에 대해 노인이 속으로 하고 있던 오해를 불식시킬 수도 있다는 것이다. 가령, 항우울제에 중독성이 있다거나, 항우울제를 먹으면 간과 신장이 상한다고 생각하는 노인이 아주 많다. 이 문제에 대해 명확한 설명을 들을 수 있도록 가족과 친구가 이 기회에 의사에게 질문을 던져 보자.

예전에 선천적으로 신장이 하나뿐인 환자가 있었는데, 복용하게 될 약이 신장에 해가 될까 봐 무척 걱정했다. 그래서 심각한 불면증을 겪고 있는데도 진찰을 받으러 갈 엄두도 내지 못했다. 마침 그 환자가 다른 친구를 데리고 진료를 보러 왔다가, 친구가 내게 이렇게 묻는 걸 듣게 되었다. "이 약이 신장에 안 좋은가요?" 나는 일단 그 친구에게 설명했다. "신장 기능은 혈액이나 소변검사로 확인해 볼 수 있습니다. 그리고 요즘은 선택할 수 있는 약 종류가 아주 많아서 환자의 신체적 상황에 따라 위험한 부작용이 있는 약은 피할 수도 있어요. 사실 약상자에도 자세한 내용이 적힌 설명서가 들어 있거든요. 이를테면, 신장 기능이 좋지 않은데 이 약을 먹어도 되는지, 양을 줄여서 복용할 필요가 있는지, 복용 시 금기 사항에는 어떤 것이 있는지 다 쓰여 있어요. 그래도 걱정되시면 약국 창구에서 상담해 보실 수도 있고요." 이러면 친척이나 친구 옆에 있다가 설명을 들은 노인이 별안간 입을 연다.

"선생님, 저도 접수를 좀 해야겠네요. 진료를 좀 봐야겠어요."

방법 3: 건강검진 결과 보고서에서 이렇게 하라던데요

요즘 지역마다 매년 한 번씩 실시하는 노인 건강검진은 늘 인기 만점이다. **현재 노인 건강검진에는 사실 두 가지 정신의학 항목이 기본 검진 항목으로 포함되어 있다. 하나는 노년 우울증 검사이고, 다른 하나는 치매 검사이다.*** 물론 자비로 해야 하는 검사 항목들도 있다.

건강검진은 어르신들이 관심을 갖고 건강상태를 지켜보도록 설득할 절호의 기회이다. 건강검진이 끝나면 검사 보고서 등 서면 자료가 집에 오는데, 그걸 보면 꼭 해야 할 정밀검사 내용이나 큰 병원에 가서 후속 진찰과 치료 단계를 밟으라는 권유가 알아보기 쉽게 표시되어 있다. 우리 진료실에도 노인 건강검진을 받고 나서 결과 보고서를 들고 와 물어보는 노인들이 적지 않다. 아니면 가족이나 친구가 이 결과 보고서의 내용을 풀어서 설명해 주고 이 기회를 빌려 완곡하게 말해 보는 것도 괜찮다. "여기 보니까 큰 병원에 가서 정밀검사를 좀 받아 보라고 하네요." 이런 방식으로 노인이 진료를 받도록 이끌어 내는 거다.

방법 4: 이 과 저 과 전전하다 정신의학과로

많은 노인이 내과나 가정의학과에서 당뇨병, 고혈압, 전립샘비대증 등 만성질환을 추적하기 위해 오랫동안 진료를 받는다. 그러다 보니 이

---

* 한국의 국민건강보험공단에서 실시하는 건강검진에도 인지기능장애와 우울증 검사가 포함되어 있다. 우울증 검사는 만 20세부터 10년 주기로 70세까지, 인지기능장애 검사는 만 66세 이상 격년에 한 번씩 제공된다.

런 노인들 다수가 원래 앓고 있던 만성질환의 주치의와 오랫동안 두터운 신뢰 관계를 쌓게 된다. 노인이 정신적인, 혹은 심신 전반에 문제가 생겼는데도 정신의학과 진료를 받지 않을 때는 **환자와 신뢰 관계를 맺고 있는 의사에게 환자를 정신의학과로 보내 달라고 도움을 청하는 것이 가족이나 친구가 권유하는 것보다 성공 확률이 훨씬 높다.**

노인정신의학과에 진료를 받으러 와서 이런 말을 하는 은발의 벗들을 많이 본다. "○○ 선생님이 선생님에게 진료를 받아 보라고 강력하게 추천하더라고요." 실은 그 의사 선생님이 나를 찾아가 보라고 말한 게 한두 번이 아니었다는 말까지 나온다. 본인에게 신경을 많이 써 주는 의사 선생이 여러 번 이야기했는데도 찾아가지 않으면 경우에 맞지 않는 것 같으니 용기를 내 정신의학과 진료실에 온 것이다. 나는 이런 내과, 외과 선생님들이 정말 고맙다. 평상시에 노인 환자들을 자세히 관찰하고 있다가 환자에게서 정신의학적 문제를 발견하고 환자가 좀 더 전문적인 치료를 받기를 바라는 마음에 정신의학과에 가 볼 것을 계속 권했을 게 분명하니까 말이다.

방법 5: 유명 인사 효과

어르신들이 정신의학과에 가지 않는 이유는 대체로 정신의학과가 뒤집어쓰고 있는 오명汚名 탓이다. 그런데 시대가 변하면서 어르신들도 수많은 국내외 뉴스를 접하게 되었다. 이렇다 보니 유명 인사 효과가 상당하다는 점을 언급하지 않을 수 없다.

나는 강연을 할 때면 늘 영국 해리 왕자의 사례를 언급하곤 한다. 해리 왕자는 어머니를 잃은 뒤 오랫동안 우울증으로 고통받았다는 사실을 여러 번 공식적으로 인정했다. 그는 정신의학과 치료를 여러 해 받고 나서야 서서히 회복했고, 그 뒤 자기 경험을 바탕으로 비슷한 고통을 겪는 사람들에게 용감하게 도움을 청하고 과감하게 치료에 나서라고 격려해 왔다. 생계 걱정 같은 건 할 필요도 없는 왕실 귀족도 사는 동안 끊임없이 충격적인 일을 겪는다. 하지만 해리 왕자는 **우울증에 걸렸다는 게 결코 부끄러운 일이 아니라는 점을, 그건 질병일 뿐이고 그 질병은 고칠 수 있다는 사실**을 알려 준 모범 사례이기도 하다.

방법 6: 교묘하게 맞는 말 하기

의학 용어나 질병에 대한 노인들의 이해 정도는 교육 수준이나 문화적 배경에 영향을 많이 받는데, 거기에 본인의 고집과 해석도 곁들여진다. **개인적으로는 노인들을 진료할 때 가급적 노인들이 받아들일 수 있는 개념과 용어를 쓰라고 권한다.** 거짓말을 하지 않는다는 원칙을 전제로 교묘하게 설명을 덧붙이면, 괜찮은 효과를 얻기도 한다.

가령, 치매 때문에 진료를 받으러 가야 한다는 사실은 받아들이지 못하면서도 '뇌가 퇴화해서 기억력이 좋지 않다는 사실'은 받아들이는, 치료를 받으면 '뇌를 보살필 수 있다'고 생각하는 노인들이 있다. 어르신들은 '혈관성 치매'는 이해하지 못해도 "뇌에 살짝 중풍 증세가 있어서 치료를 받아야 한다"고 하면 받아들인다. '항우울제'의 약리藥理와 원리를 쉽게 헤아리지는 못해도 '뇌의 내분비를 조정해 준다'는 개념은 받아들인다. 그러니 의사라면 다양한 설명을 시도해야 한다. 어르신들이 받아들일 수 있는 방식을 찾아서 이분들이 병원을 찾거나 적당한 치료를 받도록 도와야 한다.

어르신들의 정신의학과 치료를 방해하는 장애를 허물기 위해 정신의학계도 많은 노력을 해 왔다. 타이완의 경우 '정신과'라는 명칭 대신 '신심과身心科'로 이름을 바꾼 병원들도 있고, 노인정신의학과 진료를 시작하면서 노인을 위해 개설된 과라는 점을 강조하기 위해 '노인' 두 글자를 강조하는 병원들도 있다. 그 외에 정신의학과 통합 진료가 포함된 수면 전문 클리닉, 기억력 전문 클리닉, 치매 전문 클리닉 등을 개설한 병원들도 있다. 병원에서 접수하고 진료를 보기 전에, 지역 병원에서 이 같은 서비스를 제공하는지 확인해 볼 것을 권하고 싶다.

이렇게 선의로 에둘러 가는 방법도 필요하지만, 정말 필요한 것은 심리적 건강의 필요성을 직시하고 정신의학 역시 의학에서 뗄 수 없는 일부분임을 이해하는 것이다. **온전한 건강이란 심신 전체의 건강을 뜻하며, 정신의학의 도움을 구하는 행위를 더는 금기로 여겨서는 안 된다.** 함부로 경시하지 말고 차별하지 말자. **정신의학과 치료를 받는 데 설명이 필요해서는 안 된다.**

의사가 처방한 약을 마다하시니,
어떻게 해야 하나?

"환자분, 혹시 고혈압이나 당뇨병 같은 만성질환을 앓고 계신가요?" 노인정신의학 전문의는 초진 환자의 기본 병력을 반드시 확인해야 한다.

"네, 예전에 의사에게 들으니 제가 고혈압, 고혈당, 고지혈증이 다 있는 '3고'라고 하더군요." 바오 할머니가 솔직히 대답하셨다.

"어떻게 관리하고 계세요? 약은 규칙적으로 드시나요?" 나는 계속해서 질문을 이어 갔다.

"아뇨, 선생님, 어머니가 의사 처방전대로 약을 안 드세요. 집에 약이 한 무더기 쌓여 있어요." 할머니의 딸이 일러바칠 기회다 싶었는지 할머니가 내과 의사의 처방에 따르지 않고 병을 전혀 관리하지 않고 있다고 털어놓기 시작했다.

"할머니, 왜 약을 안 드세요? 약 드시는 게 불편하세요?" 나는 이유를 찾아 보려고 했다.

"아니, 의사 선생, 그건 아닌데. 어디서 듣자니까 양의가 지어 준 약을 먹으면 신장이 상한다고 합디다. 그래서 안 먹었지." 바오 할머니가 그야 당연한 일 아니냐는 듯한 표정을 지으며 대답하셨다.

"할머니, 혈당이 그렇게 높으신데 약을 안 드시면 오히려 그것 때문에 신장이 상해요. 이 약은 꼭 드셔야 해요. 혈압약도 꼭 드셔야 하고요. 이게 관리가 안 되면 혈압이 망가져요." 나는 좋은 말로 어르고 달래기 대작전을 펼쳤다.

약에 대한 걱정을 달고 사시는 부모님들

약을 먹으면 부작용이 생긴다는 믿음, 약을 많이 먹으면 간이 상하거나 신장이 상한다는 관념은 노인들에게 뿌리 깊이 박힌 생각이다. 약을 올바르게 복용하고 약물의 효과와 부작용을 이해하는 것이 정말 중요하기는 하지만 **지나친, 혹은 비이성적인 걱정 탓에 환자가 의사 처방에 따라 약물을 복용하지 않고 심지어 치료를 거부하면 이는 도리어 더 심각한 결과를 낳는다.**

사실 임상에서 암이나 심각한 감염성 질병을 가진 노인 환자들이 부작용이 두려워 치료를 피하는 상황을 적잖이 보게 된다. 실제로는 현재 이런 질병을 대상으로 수술, 항암 치료, 항생제 치료 등 다양한 치료법이 동원되고 있고, 완치율이나 5년생존율도 낮지 않다. 안타까운 점은 이런 환자들이 수술 후 특정 신체 기관을 잃거나 외모가 달라질까 봐 혹은 항암 치료가 몸을 심각하게 망가뜨릴까 봐 의사가 권하는 정규 치료법을 거부한다는 것이다. 그러다 병세가 나빠졌을 때는 이미 늦은 경우가 꽤 많다.

이럴 때는 몇몇 유명 인사의 사례를 노인들과 나눠 보는 것도 괜찮다. 예를 들어, 애플의 스티브 잡스는 췌장암을 앓았음에도 초기에 수술 치료를 원하지 않았고 불행히도 이 병으로 세상을 떠났다. 어르신들의 사랑을 한 몸에 받은 타이완의 유명 연예인 주거량은 대장암을 앓았다. 병을 발견하고도 곧바로 수술 치료를 받지 않고 미루다가 수술을 받았으나 그때는 이미 병세가 악화된 뒤였다. 그 외에 백혈병을 앓았으나 의사의 지시에 따라 치료 과정을 밟지 않은 유명 연예인 가오링펑도 있다. 모두 안타까운 사례들이다.

이와 달리 세계적인 톱스타 앤젤리나 졸리는 유방암 유전자 가족력이 있어 예방적인 유방 절제 수술을 받았는데, 현재까지 건강에 이상이 있다는 보도는 들리지 않고 있다.

처방약을 의심하고 약에 대한 소문이나 추측을 더 믿는다면?

고혈압, 당뇨병처럼 일반적으로 흔히 보는 만성질환을 앓는 노인 중에도 약물이 신장을 망가뜨리고 위를 상하게 한다는 비이성적인 걱정을 하는 경우가 많다. 이런 경우 의사 처방대로 매일 약을 먹지 않게 되어 혈압이나 혈당이 잘 관리되지 않고, 오히려 신장 기능이 망가져 신장 투석을 해야 하는 결과를 맞이하기도 한다.

내가 관찰한 바에 따르면, 약물에 대한 온갖 의혹을 품고 있으면서도 의사에게 대놓고 물어보지는 않는 노인이 많다. 그냥 속으로만 추측하거나, 여기저기서 다른 사람들이 하는 말에 귀를 기울이는 것이다. 오히려 의사에게 현재 복용하는 약의 부작용이나 주의 사항을 직접 물어볼 기회가 있으면 이런 오해를 줄일 수 있기 때문에, 나는 늘 진료실에서 시시콜콜하게 상세한 설명을 덧붙인다. 이 밖에도 대부분 의료 기관에는 약물 상담 서비스를 제공하는 전문 약사가 상주한다. 현재 본인이 복용하는 약물에 **의구심이 든다고 마음대로 복용량이나 복용 빈도를 늘리거나 줄일 게 아니라, 일단 주치의에게 물어보거나 약물 상담 창구에 가서 문의**하라고 권하고 싶다. 그래야 정확한 약물 복용 방법으로 질병을 치료하고 부작용도 줄일 수 있다.

그래도 약물이 걱정된다면, 간과 신장 기능을 검사해 보자

노인이 꼼꼼하고 상세한 안내를 받고 나서도 여전히 약물을 복용했다가 간이 상하고 신장 기능이 망가지면 어쩌나 걱정한다면, 이런 때는 건강검진이나 정기적인 약물 효과 추적을 병행해서 간과 신장 기능을 검사해 보는 것도 괜찮다. 현재 약물을 복용하고 있는 상황에서 간과 신장의 기능이 잘 유지되고 있음을 알게 되면 약물 부작용에 대한 노인들의 우려는 대부분 줄어든다. 물론 이와 동시에 간과 신장에 부담을 주는 음식을 피하고, 적절한 식이요법과 관련 교육도 병행돼야 한다.

복용 시간, 혹은 함께 복용하면 안 되는 특정 음식이나 음료 등 세세한 생활 습관에 주의를 기울여야 하는 약물도 있다. 그러므로 약물 부작용에 대한 노인들의 걱정에 답해 줄 때는 이 기회를 빌려 이들에게 건강한 생활 방식과 식생활에 대한 교육을 병행하는 것도 좋다. 가령, 어떤 약은 먹을 때 따뜻한 물을 많이 마셔서 몸을 보호하고 부작용을 줄여야 하고 또 어떤 약은 알코올과 동시에 섭취하면 안 되니 복용 기간에는 음주를 자제하라고 특별히 설명이 붙어 있기도 하다. 또 우유 같은 식품과 함께 복용하면 안 되는 약물도 있다. 이런 내용을 어르신들에게 알려드리면, 어르신들 입장에서는 약물을 복용하고 사용할 때 따를 만한 근거가 확보되므로 불안감이 사그라들고 약물 부작용에 대한 의혹도 줄어든다.

만성병은 완치가 아니라 관리가 필요하다

질병 중에는 완치가 가능한 것도 있다. 이를테면, 몸에서 발견된 지방종脂肪腫은 의사의 평가를 거친 뒤라면 별다른 걱정할 필요 없이 절제하면 된다. 수술이 순조롭게 끝나 양성인 혹을 제거하는 데 성공하면 이 질병은 완치되었다고 할 수 있다. 그러나 노년기에 찾아오는 질병은 대부분 흔히 말하는 만성병이다. 가장 흔히 언급되는 예가 바로 고혈압과 당뇨병이다. 어르신들이 본인은 이미 병이 다 나았으니 더는 약을 먹을 필요 없다고 할 때는 예를 들어가며 설명해드리는 게 좋다. **관리할 수는 있어도 '완치'는 불가능한 병이 있다고 말이다.**

예를 들어 혈압을 낮춰 주는 약으로 고혈압을 관리하면 혈압이 정상 수치를 보인다. 약이 병을 통제한 효과가 나타나고 있는 것이다. 지금 상황이 안정적인 까닭은 규칙적으로 약을 먹으면서 치료를 받고 있기 때문이다.

3장

자녀와 부모가

함께 건강한 관계 맺기

부부 사이 문제를
자녀에게 떠넘기는 부모님

"네 아버지 좀 봐라. 피검사했더니 고혈압, 고혈당, 고지혈증다 있다고 나오고, CT 찍었더니 살짝 중풍 기미까지 있다고 하니……."비위 할머님은 외동딸 쥔쥔 씨가 집에 온 틈을 놓치지 않고 남편 잔소리를 하기 시작하셨다.

"내 몸은 내가 안다니까 그러네." 할아버님이 성가시다는 듯 대꾸하셨다.

"의사가 약 먹는 거 말고 운동도 늘 해야 한다고 그랬잖아요. 밥 먹고 바로 눕지 말라고. 너도 들었지? 그런데도 내가 나가서 좀 걷고 오라고 하면 안 좋아한다니까."

"아, 산책 다니잖아. 다만 오래 걷다 보면 허리가 쑤시니까 좀 쉬는거지." 아버지가 잔소리라면 질색하신다는 사실을 알면서도, 쥔쥔 씨는 어쩔 수 없이 눈 딱 감고 에둘러서 말을 해 보았다. "아버지, 걷지 못하시겠으면 억지로 나가지는 마세요. 그래도 날씨 좋을 때는 한 번씩 나가서 움직이셔야 해요."

할머님은 그래도 성에 차지 않는지 잔소리를 계속 늘어놓으셨다. "네 아버지 하는 소리 저거 다 헛소리야. 무슨 두세 걸음 걷고 허리가 아프긴 왜 아파. 요즘은 낮이면 아주 잠만 퍼질러 자면서. 너 말 좀 해 봐라. 이게 말이 되는 거냐?" 이 말에 폭발한 할아버님이 쏘아붙이셨다. "그러니까 이제는 딸내미가 어미 대신 나를 어떻게 하겠다는 게야?" 효심 지극한 쥔쥔 씨는 두 분 사이에 끼어서 이러지도 저러지도 못하는 신세가 되고 말았다.

불쾌한 기분으로 헤어진 세 식구

시하이 할아버지는 일제강점기에 태어나 일본식 교육을 받은 가부장적인 남자로, 아주 가정적이지만 성격이 불같으시다. 쥔쥔 씨가 철이 들고 기억이라는 걸 하게 된 이래로 아버지는 늘 듣기 좋지 않은 '명령조'로 가족들과 소통하곤 했다. 늘 본인이 이 집안의 기둥이니, 모든 일을 다 본인의 뜻에 따라야 한다고 생각했고, 아내에게도 인정사정없이 굴었다. 음식이 마음에 들지 않으면 버럭 화를 내다 못해 아예 밥상을 뒤엎고 먹지 않기 일쑤였다. 젊은 시절에는 비위 할머니가 대부분 참고 양보했다. 하지만 본인은 남편을 배려해서 남편 잘되라고 그런 건데 남편이 저러니 할머니는 늘 서럽기만 했다. 할아버지에게 중풍 기미가 있다는 사실을 알게 된 뒤, 할머니는 남편이 외출은 하지도 않고 허구한 날 집에만 박혀 있을 게 아니라 운동을 많이 해야 한다고 생각했다. 하지만 성격이 괴팍한 할아버지는 친구도 많지 않아서, 퇴직한 뒤에는 온종일 집에만 있었다. 할아버지라고 해서 의사가 해 준 중요한 조언에 동의하지 않는 건 아니었다. 하지만 아내 앞에서 약한 모습을 보일 수는 없는 노릇이었다. 그러니 아내가 뭐라고 잔소리를 해도 아무 소용이 없었다. 나중에는 심지어 잔소리에 짜증이 나서 아예 방으로 숨어 버렸고, 방에서 쉬면서 거실로도 나가지 않았다.

할머니는 날이면 날마다 딸에게 전화해 불평을 하셨다. 마침 딸이 부모님을 살펴보러 집에 온 이날, 할머니는 이 기회를 놓치지 않고 이 일을 일러바쳤고, 그 결과 세 사람은 또 불쾌한 기분으로 헤어지고 말았다.

자식은 대체품이 아니다

쥔쥔 씨가 가장 곤혹스러웠던 점은 아버지가 말을 들을 사람이 아니라는 걸 뻔히 아는 어머니가 어째서 '지금 자식이 나서서 일을 해결해 주기를 바라는지'였다. 잘 보면 이건 사실 부부 사이의 문제이며, '부부 사이' 문제가 '부모 자식 사이'의 문제가 되어 버린 상황이라는 점을 발견하게 된다. 이런 경우 나는 배우자 사이의 문제는 배우자끼리 처리해야 한다고 조언한다. 설사 자식이 나이가 들었다고 해도 자식을 배우자의 대체품으로, 심지어 부부 사이의 희생양으로 여겨서는 안 된다. 이게 가능해지면, 많은 문제가 자연스레 해결된다.

부부 사이가 원만하지 않아 남편이 집에 붙어 있지 않았다고 가정해 보자. 젊을 때는 아내가 그런대로 참고 넘어갔다. 바쁜 집안일이나 자기 일로 주의를 돌려 외로움을 달랬다. 그러나 남편은 나이가 든 뒤에도 매일같이 밖으로 쏘다니라 정신이 없었다. 차 마시러 다니고, 노래 부르러 다니느라 집을 비웠다. 이미 퇴직한 혹은 더는 집안일을 책임질 필요가 없어진 아내는 몸의 노화와 혼자 집을 지키며 느끼는 외로움을 점점 더 감당하기가 힘들어진다. 그러다 보니 자식을 붙잡고 놓아주지 않기 시작하고, 자식이나 손주가 자주 들여다봐 주길 바란다. 아니면 비위 할머니처럼 부부 문제를 자식에게 떠넘긴다. 아침에 일어났는데 남편이 안 보이면 자식에게 전화해 불평을 늘어놓으면서 나 대신 네 아버지 좀 찾아 달라고, 네 아버지한테 집에 와서 나랑 같이 좀 있으라고 말 좀 해 달라고 한다. 한 이불 덮고 자는 부부가 유명무실한 사이가 된 지 오래여서 이렇게 되었을 수도 있다. 아니면 정말로 껍데기만 남은 쇼윈도 부부인 것이다.

"일이 바빠서 그런 거야!" "저것도 다 우리 집안 잘되라고 그러는 거지!" "그냥 한때 한눈파는 거라니까!" 아내들이 남편들 대신 아무리 많은 핑곗거리를 찾아 낸다 한들 본인들이 정말 이런 핑곗거리에 설득이 되기는 할까? 이런 핑곗거리로 본인의 외로움을 해결할 수 있을까? 그게 가능하다면 자식을 몰아칠 필요도 없을 것이다. 사실 이런 문제는 반드시 당사자인 배우자와 이야기해야 한다. **자식은 대체품이 아니기 때문이다.**

부모가 연로하다 해도 자녀가 부모들 사이 문제를 해결하는 데는 여전히 많은 어려움이 따른다. 부모님 사이 관계 탓에 괴로운 자식들은 다음과 같은 여러 전문가의 조언을 참고해 보자.

방법 1: 부모님 사이의 일은 '부모님의 문제'이지
자식인 '나의 문제'가 아니라는 점을 기억하라

좀 냉정하고 몰인정한 말 같지만, 사실은 그렇지 않다. 어떤 일을 이성적으로 생각하려면 그전에 반드시 이 문제가 어떤 문제인지, 더군다나 이게 '누구의' 문제인지 냉정하면서도 명확하게 살펴야 한다.

부모와 우리는 물보다 진한 혈연관계를 맺고 있다. 그런데 서로 간의 경계선이 흐려지면서 오히려 상황이 나빠지는 경우도 흔하다. 최근 독자들에게 큰 사랑을 받고 있는 개인심리학Individual Psychology의 창안자 알프레드 아들러가 제시한 '과제의 분리separation of tasks'는 나와 다른 사람의 과제를 규명하는 데 도움이 된다.

기시미 이치로도 베스트셀러 『미움받을 용기』에서 "인간관계에서 생기는 다툼은 다른 사람의 과제에 '한 발을 들이밀'었거나 누군가 자신의 과제에 간섭했기 때문에 일어나는 경우가 대부분"이라고 했다. 부모님이 자기 배우자의 문제를 내게 떠넘겼다면, 내가 그로 인해 '다른 사람'의 과제에 발을 들이민 상태라는 점을 빨리 깨달아야 한다. 비록 이 '다른 사람'이 '내 부모'이기는 하지만, '개인'심리학의 시각에서 보면, 어쨌든 '다른 사람'이다.

자식으로서 두 분을 응원하고 도와드리거나 격려해드릴 수는 있다. 그러나 개인이 다른 사람들 사이의 관계 문제를 해결할 방법은 없다. 부모와 자식의 세대를 바꿔 간단한 예로 설명해 보면 이 이치가 더 쉽게 이해된다. 아이가 공부하는 걸 어려워하면 부모 입장에서 걱정이 되기도 한다. 그러면 걱정만 하고 있을 게 아니라 가정교사를 고용할 수도 있고 집에서 스스로 공부할 수 있도록 책이나 교재를 더 사 줄 수도 있다. 심지어는 아이에게 의학적인 치료가 필요한 주의력결핍장애 증상이 있는 건 아닌지 검사해 보기도 한다. 하지만 그렇다고 해서 아이 대신 공부를 해 주거나 대신 시험을 볼 수는 없다.

방법 2: 절대로 부모의 재판관이 되지 말라

이성을 붙들고 부모 사이의 다툼에 끼어들지 않으려고 해도 그게 쉬운 일이 아니다. 자식이 '발을 들이'거나 '손을 써서' 이 뜨거운 감자를 해결하도록, 어르신들이 각자 이해관계를 내세우며 '어느 쪽이 옳은지 시비를 가려 달라'고 갖은 방법을 쓰기 때문이다. 하지만 부모의 문제는 대부분 감정이 얽히고설켜서 생긴 문제들이고 이런 문제에는 '정답'

이랄 게 없다. 인생에는 수많은 선택지가 있다. 이 선택지들은 옳고 그름, 맞고 틀림과는 상관이 없는 가치관의 문제이다. 옳고 그름의 도덕, 법률, 심지어 과학적인 관점에 빠져드는 건 진짜 관계의 문제를 해결하는 데 도움이 되지 않는다.

물론 자식이 핵심적인 역할을 해서 상황을 뒤바꿔 놓을 수도 있을 것이다. 부모 사이에 완충제가 되든, 상황을 주도하고 개입해서 도움을 주든 **결정적인 순간에 의견을 제시할 수 있으려면 일정 수준 이상 신뢰가 밑바탕에 있어야 한다.** 그렇지 않으면 아무리 좋은 뜻으로 한 일이라도 '나는 이제 뒷방 늙은이 신세이고 저는 다 컸으니 내 일에 간섭하겠다 이거구먼' 같은 오해를 사기 십상이다. 이런 때는 서로 감정적인 유대가 안정적이고 견고한지, 이심전심 소통이 되는 사이인지 살펴야 한다.

평상시에 적극적으로 가정생활에 관여해 온 사람이라면, 견고한 저력과 두텁고 단단한 관계를 바탕으로 온갖 가치관의 충돌과 복잡다단하게 얽힌 애증의 감정을 너그럽게 감싸, 가정이라는 이름의 아름드리나무를 계속 튼튼히 키워 나갈 수 있을 것이다. 이 상황에 딱 안성맞춤인 말이 있다. 바로 '마음부터 다스리고 일은 그다음에 처리하자'는 말이다. 쥔쥔 씨의 예를 보자. 쥔쥔 씨도 아버지 건강에 보탬이 되고 싶기는 하지만, 부모님 사이의 소통 방식을 개선할 방법이 없다. 그렇다면, 일단 아버지와 함께 지내는 시간을 늘려 부모 자식 관계를 더 공고히

하는 것부터 시작해 보는 건 어떨까? 아버지가 좀 부드러워지면, 딸이 하는 권유를 받아들일 수도 있을 것이고 당면한 문제도 차차 해결할 수 있을지 모른다.

방법 3: 부모도 옳지 않을 때가 있다

부모님의 문제를 해결하려다가 실패했다고 자신을 탓하거나 너무 슬퍼하지 말자. 더더군다나 분노하고 화내고 실망하지 말자. 그래도 본인이 노력했다는 점을 기억하자. 부모도 평범한 사람이다. 사람은 다 연약한 존재이고 실수도 쉽게 저지른다. 사랑과 감정이 아니라 그저 혈연이나 혼인 서약에 기대어 관계를 유지하면서 서로에게 변화를 기대하는 건 비현실적이다. 이럴 때는 그런 기대야말로 과하게 이상화된 기대라는 점을 스스로 깨달아야 한다.

자녀로서 이것이 부부 쌍방의 관계에서 발생한 난제가 초래한 문제라는 점을 안다면, 부모가 직접 배우자와 맺은 개별적인 관계로 돌아가게 하는 것도 하나의 노력이다.

자녀로서 부모와 쌓은 애정의 총량을 헤아려 보고 자신이 할 수 있는 정도를 가늠하면서 마음을 편하게 먹도록 하자.

"니가 더 잘 하잖니······."
어디까지가 자녀의 몫일까?

"저기, 표 사 놨다." 장 씨 할아버지가 전화로 조용히 말씀하셨다. "표요? 무슨 표요?" 위원 씨는 아버지한테 뭐 사 달라는 부탁을 드린 적이 없는 것 같아서 어리둥절했다.

"음악회 표야. 네 엄마가 음악회 가고 싶다고 해서. ○월 ○일 표로 사 뒀으니까, 네가 네 엄마 모시고 가라." 아버지의 사후 통보였다.

"왜 제가 가야 하는데요? 아버지가 엄마 모시고 가세요. 아버지가 저한테 묻지도 않고 표부터 사셨잖아요?!"

"세 번째 줄에 있는 좌석으로 샀어. 앞줄 중에서도 앞줄이라 엄청 비쌌다니까. 네가 음악을 공부했으니 그래도 좀 들을 줄 알 것 아니냐. 내가 가 봤자 돈 낭비지. 네 엄마한테 네가 같이 갈 거라고 이미 말해 놨어." 아버지는 제발 부탁한다는 말투로 말씀하셨다.

"알았어요, 알았다고요. 그래도 다음에는 일단 저한테 먼저 이야기 좀 해 주세요." 위원 씨는 아버지의 부탁을 거스를 수 없었다.

백발이 무성한 장 씨 할아버지도 젊었을 때는 여피Yuppie의 길을 걸었다. 외국 대학에서 예술 학위를 취득한 아내에게는 연주회에 가서 각종 공연을 감상하는 게 가장 큰 즐거움이었다. 두 사람은 수십 년 동안 부부 동반으로 온갖 오페라, 뮤지컬을 보러 다녔다. 참 좋은 시절이었다. 그런데 그런 장 씨 할아버지가 어쩌자고 자신은 들어도 모른다며 본인이 음악회에 가는 건 돈 낭비라고 했을까? 실은 몇 년 전 발을 헛디뎌 요추골절상을 입은 장 씨 할아버지는 그 뒤 오래 앉아 있기가 힘들어졌다. 아내는 기억력 감퇴로 같은 질문을 반복해 대더니 경도輕度치매 진단을 받고 말았다. 아내를 깊이 사랑한 노선생은 아내가 제일 사랑하는 음악 활동을 계속하게 해 주는 게 아내의 증상을 누그러뜨리는 유일한 방법이라고 믿어 의심치 않았다. 하지만 본인 몸 상태가 여의치 않아 고민이었고, 다른 방법을 생각해 내려 했다. 본인보다 젊고 피아노를 배운 적도 있는 딸이 최고의 적임자였다. 그래서 아내가 "우리 음악회 언제 가요?" 하고 묻기 시작하면, 노선생은 딸에게 시간이 있는지는 물어보지도 않고 본인 마음대로 비싸고 좋은 앞자리 좌석부터 사 놓은 뒤 딸에게 전화를 걸었다.

부모님이 퇴화한 건지도 모른다

궈 씨 부부는 컴퓨터, 통신 기기, 가전 등 최신 유행인 전자제품을 사는 데 빠져 있다. 그렇다고 이런 제품에 대해 잘 아는 것도 아니어서 조작 방법, 업데이트 방법 등을 모를 때가 한두 번이 아니다. 궈 씨 할아버지는 매번 이런 문제가 생기면 아내에게 의견을 묻거나 노안이 심한 자기 대신 설명서를 자세히 좀 읽어 보고 어디에 문제가 생긴 건지 어떻게든 알아보라고 부탁하곤 한다. 사실 노부인은 이런 새로운 물건에 별 흥미가 없다. 다만 퇴직했으니 시간도 남아돌고 부부가 같은 취미를 갖는 것도 좋겠다 싶어서 남편 대신 새로운 첨단 제품을 이리저리 살펴보고 궁리하는 걸 낙으로 삼고 있다.

노선생은 쇼핑과 구매를 책임지고, 노부인은 구매한 물건을 요모조모 뜯어보고 대답해 주는 역할을 한다. 이 과정이 순조롭게 지나가면, 두 사람은 손주들에게 할머니, 할아버지가 시대에 뒤처지지 않았다며 자랑을 하기도 한다. 하지만 나날이 발전하는 과학기술과 달리, 노부인은 시력이 해마다 퇴화를 거듭하는 바람에 꼬부라진 글자들로 가득한 설명서를 진득하게 살펴보는 게 점점 더 힘들어졌다. 그래서 노선생이 질문을 할 때마다 짜증이 난 노부인은 외지에 나가 사는 아들에게 전화를 건다. "아밍아, 네 아버지가 무슨 스마트 워치인가 뭔가 하는 걸 사 왔는데, 어떻게 켜야 하는지 모르겠단다. 내가 이제는 눈이 시원치 않잖니. 네가 와서 아버지한테 설명 좀 해드려라……."

장 씨 할아버지와 궈 씨 할아버지의 노부인은 같은 문제에 봉착해 있다. 나이가 들고 몸이 달라지면서 식은 죽 먹기처럼 쉬웠던 일도 다른 사람의 도움을 받아야만 해 낼 수 있는 일이 되었다는 점이다. **하지만 노인들은 대부분 부끄러워서 이런 말을 못 하거나 사실대로 말하고 싶어 하지 않는다.**

아버지나 어머니가 어째서 아내나 남편의 문제를 우리에게 떠넘기느냐고 불평하기 전에 일단 부모님의 시력이나 청력이 예전만 못하신 건 아닌지, 무거운 물건을 들지 못하시는 건 아닌지, 먼 길 걷는 걸 힘에 부쳐 하시는 건 아닌지, 기억력이 전 같지 않으신 건 아닌지 생각해 봐야 한다. 노화로 인한 몸의 변화 탓이지 일부러 문제를 우리에게 떠넘기려는 게 아닐 수 있다.

부모님 중 한 분이 늙었다는 사실을 깨달았다면, 대부분 그 곁에서 여러 해를 보낸 다른 한 분도 늙었으리라는 점을 잊지 말아야 한다. 머리가 하얗게 세고 귀밑머리가 희끗희끗해지면 '두 분이 노인이라는 사실'을 생각해야 한다. 두 분이 '예전에는 할 수 있으셨다'는 생각에 '지금은 못 하실 수도 있다'는 사실을 간과할 수도 있다. 이 속에 담긴 난점을 이해하게 되면 마음이 홀가분해진다. 좀 더 이성적으로 문제를 대면하고 적당한 해결 방법을 찾을 수 있게 된다.

어째서 어르신들은 자녀가 '병원에 데려가 주기를' 바랄까?

사실 임상에서 제일 흔히 마주치는 문제는 노인의 병원 치료 문제이다. 노인 환자를 주로 돌보는 의사로서 노인들을 위한 해명을 몇 마디 하지 않을 수 없다. 특히 노인이 중대 질병 진단을 받은 상황에서 자녀가 노인을 모시고 함께 진료를 보러 오면, 의학 용어를 이해하고 의사의 지시를 따르는 데, 심지어 중요한 결정을 내리는 데 아주 큰 도움이 된다.

비록 법률적으로는 모든 성인을 행위 능력을 가진 개인으로 보고, 각자가 스스로 결정할 권리를 누려야 마땅하지만, 의학과 과학이 나날이 발전하는 상황에서 노인이 의사에게서 복잡한 병세 설명이나 치료 절차, 방식에 관한 설명을 듣고 완벽히 이해하기란 정말로 힘에 부치는 일이다. 진료실에 있다 보면 병세를 다 설명했는데도, 환자 본인 혹은 마찬가지로 백발이 성성한 배우자(반려자)에게서 이런 부탁을 한두 번 듣게 되는 게 아니다. "선생님, 죄송한데, 선생님이 하시는 말을 제가 알아듣지를 못하겠어요. 우리 딸한테 전화를 걸어 볼 테니 걔한테 좀 말씀해 주실 수 있나요?" 긴장한 기색이 역력한 노인을 보고 있노라면, 정말이지 차마 거절할 수가 없다. 상황이 급해서 어쩔 수 없이 그렇게 하겠노라고 대답하고는 전화를 걸었는데, 정작 자녀가 바로 연결이 안될 때(전화를 받지 않거나 아예 부재중일 때 등등)도 있다. 그러면 노인들은 난처한 얼굴로 사과하며 당황해서 어찌할 바 몰라 한다.

이럴 때는 당황하지 마시라고 완곡하게 말씀드린다. 우선 쪽지에 간단하게 설명을 덧붙이거나 검사 결과지를 인쇄해드릴 테니 댁에 가져가셨다가 다음에 자녀분과 함께 진료받으러 오시면 된다고 말씀드린다. 하지만 이건 긴급하지 않고 위험도도 떨어지는 만성질환일 때나 써먹을 수 있는 방법이다. 즉각 결정을 내려야 하는 상황이라면 노인이 어떤 압박감과 초조감을 느낄지 짐작하기 어렵지 않다. 그래서 자식이 '모시고 병원에 가 주기를' 바라는 건 어르신들이 자녀가 일로 바쁘다는 걸 이해하지 못해서가 아니라, 대부분 '본인이 병원에서 뭘 어떻게 해야 하는지 모르는 상황이 올까 봐' 걱정이 되기 때문이다. 특히 여성 환자인 경우 전통 관념의 영향으로 중요한 결정을 내릴 때 집안의 남자가 곁에 있어 주기를, 심지어 아들이(그것도 꼭 큰아들이) 결정을 내려 주기를 바라는 경우가 흔하다.

부모가 자녀에게 부리는 '응석'

"분명히 본인이 하실 수 있는데 왜 나한테 떠넘기실까?" 이런 말이 나오는 상황도 있다. 아래 이어지는 이야기 속 사람, 사건, 시간, 장소, 내용을 바꿔 놓고 보면 아마 우리 모두 겪어 본 상황이 될지도 모른다.

"○○아, 방금 택배회사에서 전화가 왔는데, 네 엄마가 산 물건이 편의점으로 배송됐단다. 그런데 내가 오늘 낮에 많이 걸었더니 발이 너무 쑤시고 아파서 나가고 싶지가 않아. 네가 퇴근길에 네 엄마 대신 좀 가져오면 어떠냐?" 편의점이 집에서 먼 것도 아니고 걸어서도 충분히 갈 수 있는 곳에 있는데도 아버지는 자식에게 퇴근길에 엄마 대신 택배를 좀 받아오라고 한다. 엄마는 무릎이 안 좋아진 뒤 외출하는 걸 꺼리고 온라인 쇼핑에 푹 빠져 사신다.

"○○아, 날씨가 더웠다 추웠다 하니 네 아버지가 입맛이 없는가 봐. 내가 한 음식은 한두 숟갈 뜨는 게 다야. 더위를 먹은 건 아닌지 모르겠어. 사람이 아주 축 처져 있지 뭐냐. 네 생각에 저녁때 뭘 해 주는 게 좋겠니? 아니면 네가 좀 사 올래?" 최근 독감에 걸린 아버지는 입맛이 영 없으시다. 하지만 병원에도 다녀왔고, 의사도 며칠 쉬면 된다고, 한 일주일 뒤면 회복하실 거라고 했다. 그런데도 엄마는 뭘 먹지를 않으니 무슨 체력이 생기겠느냐고, 이러니 병이 어떻게 좋아지겠느냐고 죽을 끓였다가 닭곰탕을 끓였다가 고생을 사서 하더니만 이제는 또 전화를 해서 방법 좀 생각해 보라고 성화다.

전화를 받은 당신은 화가 날지도 모른다. 어째서 별거 아닌 택배 상자도 멀리 사는 자식한테, 그것도 온종일 일하고 퇴근하는 자식한테 대신 좀 가져오라고 하시는지, 혹은 저녁에 뭘 먹어야 하는지와 같은 사소한 일도 물어보시는지 도무지 알 수가 없다. 의사가 일주일 뒤면 좋아지신다고 하지 않았던가?

사실 이건 심리나 정신 분야 전문가가 아닌 사람도 이름을 댈 수 있는 행위, 이름하여 '응석'이다.

부모님이 원하는 건 '관심'이다

위에서 묘사한 상황 속 주인공이 지금 본인을 열렬히 쫓아다니고 있는 결혼 상대라고 혹은 임신 3개월째인 아내라고, 심지어 이제 곧 입시를 앞둔 아들이라고 생각해 보자.

노인들은 편의점에 가서 택배 상자를 받아올 수 없어서 그러는 게 아니다. 자식에게 이런 말을 듣고 싶은 것이다. "온종일 바삐 지내셨으니 발도 시큰거리실 것 아녜요. 그럼 무리해서 나가지 마세요. 피곤하시면 쉬셔야죠. 서랍장에 제가 지난번에 사 둔 약 있으니까 다리에 발라 보세요. 피로가 가실 거예요. 택배 상자 받으러 가는 거야 급하지 않으니까 제가 퇴근하면서 가지러 가면 돼요. 일단 약부터 바르세요." 노인들은 의사의 진료 내용을 알아듣지 못한 게 아니다. 자식에게 이런 말을 듣고 싶은 것이다. "엄마, 편찮으신 아버지 돌보기 힘드시죠? 음식 하느라 힘드시겠지만, 그래도 조심하셔야 해요. 너무 무리하지 마세요. 면역력 떨어지면 아버지한테 전염되기 쉬워요. 아버지가 끼니 좀 거르신다고 해서 문제될 것 없어요. 우선 며칠 지켜보시다가 그래도 안 좋으면 병원에 진료 접수해서 의사가 뭐라고 말하는지 들어 보자고요."

본인들이 할 수 있는 일을 자식에게 떠넘기려 할 때, 그들이 필요로 하는 건 실질적인 도움이 아니라 그 뒤에 숨어 있는 더 중요한 욕구, 즉 심리적인 지지와 격려일지도 모른다.

누구나 기분이 좋지 않을 때가 있고, 살다 보면 좌절할 때도 있다. 노력했는데도 인정을 받지 못하거나 지치고 피로하면 누군가 어깨를 다독여 주기를, 상처를 호호 불어 주기를 바라기 마련이다. 가족과 친구들이 관심을 보이고 지지해 주기를 갈망하면서도 부끄러워서 말하기가 어렵다. 그러니 사실 속에서는 이런 독백이 이어진다. '네가 그리워. 보고 싶고. 나 너무 힘든데, 네가 내 어깨 좀 두드려 주고, 위로해 주면 좋겠구나.' 그러면서도 말은 빙빙 돌려서 한다. '문제 떠넘기기'를 핑계 삼아 실은 관심을 받으려는 것이다.

부모와 자식 모두 공부가 필요하다

자녀가 어릴 때는 부모가 자녀를 돌보며 자식 세대와 어울린다. 그러다 나이가 들면서 서로의 위치가 바뀌기 시작한다. **부모 세대는 외적인 욕구이든 내적인 욕구이든 어떻게 자신의 욕구를 적절하게 표현할 것인지, 어떻게 도움이 필요하다고 속마음을 말로 표현할 것인지 학습해야 한다. 자녀 세대도 잠시 발걸음을 멈춰야 한다. 부모가 문제를 떠넘기면, 부모 세대의 변화를 살피려고 노력하면서 그 행위의 뒤에 숨겨진 원인을 이해해 보아야 한다.** 사실 일이 생각했던 것처럼 복잡하지 않을 때도 있다. 필요한 건 다정한 도움이다.

황혼 이혼을 원하는 어머니?

"이달 안에 언제 시간 좀 내서 집에 올 수 있겠니?" 먼저 전화하시는 법이 없는 어머니가 전화를 걸어 오셨다.

"이달 초는 좀 바쁘고, 중순에는 갈 수 있을 거예요." 쥔하오 씨는 스마트폰 캘린더 앱을 열어 업무 스케줄을 살펴봤다. "어머니, 무슨 일 있으세요? 많이 급하신 거예요?" 마음이 쓰인 쥔하오 씨가 물었다.

"내가 서명은 다 해 놨어. 너는 와서 증인만 서 주면 돼." 어머니는 담담하게 말씀하셨다.

"서명을 해 놓으셨다고요? 뭐에 서명을 하셨는데요? 증인은 또 뭐예요?" 영문을 모르는 아들의 말투에는 의아함이 가득 배어 있었다.

"네 아버지랑 이혼하기로 했다." 쥔하오 씨의 어머니인 아모 할머니가 단호하게 말씀하셨다.

하루 이틀 사이 내린 결정이 아니다

여든인 아모 할머니는 이혼하겠다고 고집을 부리시면서, 쉰이 넘은 아들에게 전화를 걸어 증인이 되어 달라고 하셨다. 소식을 접한 아들은 곧장 집으로 내려갔다. 도대체 무슨 일이 일어난 건지 알고 싶었다. 아들은 어머니가 평생 말 못 할 고생을 하며 참고 사셨다는 사실을 알고 있었다. "어머니, 이혼하시겠다면 저도 물론 응원해드릴 거예요. 하지만 지금 여든이 넘으셨잖아요. 어째서 지금 와서 이혼을 하시겠다는 거예요? 이혼 서류에 서명을 하든 말든 어차피 사시는 건 똑같잖아요." 아모 할머니가 평온하게 말씀하셨다. "네 말 무슨 뜻인지 안다. 어쨌든 나이 먹을 만큼 먹었고 살날이 얼마 남지도 않았는데 어째서 이혼을 하겠다고 고집을 부리느냐, 이렇게 생각하는 거 아니냐?" 어머니가 속을 훤히 꿰뚫고 있다는 걸 깨달은 아들은 아무 말도 하지 못했다.

오랫동안 준비해 오신 듯한 아모 할머니의 표정은 평온했다. 할머니는 아들에게 천천히 말씀하셨다. "바로 그 살날이 얼마 남지 않았다는 생각 때문에 이혼하기로 한 거야. 죽어서도 이 집안 선산에 묻히고 싶지는 않구나."

어려서 민며느리로 집안에 들어온 아모 할머니는 어린 시절 온갖 구박을 당하며 살았다. 겨울에도 온 가족의 옷을 다 빨아야 했고, 임신을 하고 나서도 무거운 짐을 들고, 장작을 패서 불을 때고 물을 끓여야 했다. 나중에 공장에 취직해서 번 돈도 전부 시집에서 가져갔다. 할머니는 그래도 결혼한 지 수십 년 된 남편이 내 편 한 번 들어 준 적이 없다는 게 제일 섭섭했다. 이전에 몸이 편치 않을 때도 남편이 위로 한마디 건넨 적이 없었다. 아이만 크면 이 집안과 관계를 끊겠다고 속으로 결심한 지 오래였다. 아모 할머니는 이제 때가 되었다는 생각에, 이런 생각을 행동으로 옮기기로 했다.

높아지는 황혼 이혼 비율

타이완의 전국 인구통계 보고서에 따르면, 2009년부터 성별에 관계없이 65세 이상 인구의 이혼 수치가 해마다 증가하는 추세를 보이고 있다. 그중에서도 **노인 여성의 이혼률 증가 추세가 뚜렷하다.** 고령 이혼이 요 몇 년 사이에 빠른 속도로 늘고 있는데, 관계 당국에서 결혼한 지 30년이 넘은, 65세 이상인 고령 부부를 대상으로 통계를 내 본 결과 1994년부터 2014년까지 20년 동안 이혼한 부부 수가 네 배 폭증한 것으로 나왔다. 결혼한 지 햇수로 수십 년이 넘은 이 황혼 부부들은 백년해로하며 은발의 여생을 함께 하는 상상 속 부부와는 달리 늘그막에 틀어진다. 이런 황혼 이혼 비율은 점차 증가하고 있다.

일흔이 넘은 쿠차 할머니가 따님과 함께 진료실을 찾으셨다. 그런데 할머니가 계속 울먹이시면서 남편과 이혼 수속을 밟고 싶다고 말씀하셨다. 할머니는 스무 살 넘어 남편과 결혼한 뒤 50년 동안 남편이 습관적으로 외도를 해 왔다고, 한 번도 그친 적이 없다고 하소연하셨다.

할머니는 훤칠한 남편이 젊어서 좀 방탕하게 사는 거야 어쩔 수 없는 일이라는 생각으로 아이를 위해서 기꺼이 참으며 집안을 돌보셨다. 시부모 봉양도 모두 할머니 몫이었다. 쿠차 할머니는 남편이 나이가 들어 놀 만큼 놀고 나면 마음을 고쳐먹기를, 본인과 함께 여생을 보내고 싶어 하기를 간절히 바라셨다. 그러다 몇 개월 전, 넘어져서 다리뼈가 부러진 남편이 병원에 입원해 수술을 하고 치료를 받았다. 쿠차 할머니는 탕을 고아서 가져가고 과일을 준비해 매일같이 병문안을 하러 갔다. 그런데 뜻밖에도 그 짧은 몇 주 사이에 남편이 병실 간병을 위해 부른 쉰 넘은 간병인과 그렇고 그런 사이가 되고 말았다. 다친 다리가 이제 겨우 다 나았건만 남편은 간병인과 여기저기 바깥 여행을 다녔고, 몇 날 며칠을 집에 들어오지 않았다. 그러다 밖에서 다른 친척과 마주치는 바람에 이 일이 만천하에 알려졌다. 쿠차 할머니는 눈물을 떨구며 말씀하셨다. "그렇게 오래 기다렸는데, 이제는 마음을 접어야겠지."

앞으로도 남편을 돌봐야 한다고 생각하니……

아샤 할머니는 사실 할아버지와 사이가 좋지는 않다. 하지만 남편이 담배도 피우지 않고, 도박도 하지 않고, 직업도 멀쩡해서 부부가 서로 손님 대하듯 존중하며 그렇게 살아왔다. 두 사람은 자녀 셋을 낳아 키웠는데, 다들 일찌감치 가정을 이뤘고 지금은 두 사람과 함께 살지 않는다. 아샤 할머니의 남편은 퇴직 당시까지만 해도 일상적인 일들은 알아서 처리할 수 있을 정도로 꽤 건강하신 편이었다. 그런데 반년 전 대장암 진단을 받고 말았다. 자식들에게 부담을 줄까 염려한 아샤 할머니는 입원과 수술, 이후의 항암 치료까지 전 과정을 남편 곁을 지키며 돌봐 주었다. 그런데 치료가 일단락된 시점에, 아샤 할머니가 이혼을 요구하고 나섰다. 깜짝 놀란 자식들에게 아샤 할머니는 똑똑히 말씀하셨다. "정말이지 더는 네 아버지와 함께 못 살겠어서 그런다. 이번에 네 아버지 간병하면서 이런 생각이 더 강해졌어. 나는 그래도 몇십 년 같이 산 의리를 봐서 자발적으로 돌봐 준 건데, 네 아버지는 내가 기울인 노력에 고마워하는 법이 없어. 내가 돌봐 줘도 까다롭게 트집이나 잡고. 툭하면 성질이나 부리고. 밥이며 반찬이며 힘들게 해 줘도 죄다 마다하고. 나도 어려 봐야 네 아버지보다 겨우 몇 살 아래라서 병자를 돌보려면 여간 힘에 부치는 게 아니라고. 앞으로도 이렇게 살아야 한다고 생각하면, 앞으로도 돌봐 주고 기저귀 갈아 주고 휠체어 밀어 줘야 한다고 생각하면, 이렇게 계속 지내고 싶은 마음이 조금도 들지 않는구나. 이제는 네 아버지도 병세가 안정되었고, 나도 해야 할 도리는 할 만큼 다 했다. 더는 네 아버지와 살고 싶은 마음 없어."

늦게 배운 도둑질에 시간 가는 줄 모른다더니

십수 년을 공무원으로 지낸 왕 씨 할아버지는 융통성이라고는 없이 단조로운 삶을 살아왔다. 일흔이 넘은 할아버지에게는 할아버지보다

열 몇 살 아래인 아내가 있고, 두 사람 사이에는 외동딸이 하나 있다. 서른이 넘은 딸은 결혼해서 외지에서 산다. 딸이 임신하고 아이를 낳은 뒤, 왕 씨 할아버지의 아내는 아예 딸이 사는 곳 근처로 이사를 가서 딸을 도와 손주를 돌봐 주었다. 이때부터 왕 씨 할아버지 부부는 따로 떨어져 살게 되었고 이렇게 2년이 지났다.

반년 전, 왕 씨 할아버지는 우연히 친구들과의 모임에서 예순이 넘은 주 씨 할머니를 알게 되었다. 남편을 여읜 주 씨 할머니는 활발한 성격에 대인 관계도 좋고 꾸미고 나오면 단아하고 맵시도 고와 왕 씨 할아버지의 눈길을 사로잡았다. 왕 씨 할아버지는 주 씨 할머니에게서 제2의 청춘이라도 찾은 듯, 거의 매주 주 씨 할머니와 약속을 잡고 놀러 다니거나 노래를 부르러 다녔다. 친구들도 왕 씨 할아버지가 딴사람이 되었음을 알아차렸다. 한 번도 그렇게 즐거워하는 모습을, 그렇게 편안해하는 모습을 본 적이 없었으니 말이다. 일흔이 넘은 사람이 아이처럼 순수하게 웃고 즐거워했다.

왕 씨 할아버지는 용기를 내서 아내에게 전화를 걸어 이혼하고 싶다고 밝혔다. 세상에서 제일 아끼는 외동딸이 극구 말리며 마음을 고쳐먹으시라고 권해도 왕 씨 할아버지는 꿈쩍도 하지 않으셨다. 마지막 담판에서 왕 씨 할아버지는 아내에게 미안한 마음을 전했지만, 이혼하겠다는 마음은 굽히지 않으셨다. 왕 씨 할아버지는 이렇게 말씀하셨다. "평생 좋은 남편으로, 좋은 아버지로 살았으니 이제 나 자신을 위해 한

번 살아야겠구나."

늘그막에라도 '나'로 살고 싶다

자녀가 경제적으로 독립했거나 부모를 지원 해 주고 있다면 노인들도 자신의 마지막 인생 여정을 위한 계획을 세우기 시작한다. 특히 평균수명이 늘어나면서 이 마지막 여정이 20년, 30년이 될지도 모르게 된 상황에서는 더더욱 그렇다.

유코 여사는 일본인과 대만인 사이에서 태어난 혼혈로 빼어난 용모에 예의가 바른 분이다. 목소리와 억양도 감미롭고 대인 관계도 아주 좋은 편이다. 유코 할머니의 남편은 아내의 세련된 화장과 옷차림, 넓은 교우 관계를 늘 못마땅해했다. 유코 할머니의 친구가 전화를 걸어와서 통화가 좀 길어지면 성질을 부렸고, 양장 차림으로 외출하는 것조차 비아냥거렸다. 남편이 퇴직한 뒤 이런 상황은 더 심각해졌다. 그래도 유코 할머니의 남편은 담배, 술을 멀리했고, 도박도 일절 하지 않으며, 자식들도 잘 돌보는 가정적인 사람이었다. 집안 상황도 꽤 괜찮아서 갖춰야 할 건 다 갖추고 살았다.

그러나 유코 여사는 100세가 되신 고령의 어머니가 돌아가시자 이혼하기로 했다. 유코 여사의 남편과 친척, 친구 들은 생각도 하지 못했던 일이라 다들 유코 여사가 어디가 잘못된 건 아닌가 생각했지만, 유코 여사의 속마음은 명확했다. **평생 남들 눈에 좋은 며느리, 좋은 아**

내, 좋은 엄마로 살았으니 이제는 '자기'를 찾고 싶었다. 유코 여사가 말했다. "나 먹고 입는 거 다 그 사람 덕 안 보고 살아요. 이제 어머니도 돌아가셨으니, 이혼하고 나서는 나 자신으로 살고 싶네요."

충동적으로 헤어지는 일이 잦은 젊은이들과 달리, 나이가 들어서 이혼을 하는 사람들은 이미 풍부한 인생 경험을 쌓은 뒤에, 결혼의 여러 측면을 두루두루 지켜보고, 결혼에 대한 전통적인 기대와 삶에 대한 자신의 생각 사이에서 오랫동안 모순을 겪으며 몸부림치다가, 결국 자신이 무엇을 원하고 무엇을 원하지 않는지 진정으로 깨닫게 되었을 때 용감하게 안녕을 고하는 경우가 많다.

자녀가 이혼의 촉매제가 되다

자식이 결혼 생활의 윤활제라는 말을 많은 사람이 들어 보았을 것이다. 하지만 부모가 노년기에 접어들면 이 말은 해당 사항이 없어질 수도 있다. 이미 성인이 된 자녀는 부모의 이혼으로 인한 충격을 상대적으로 덜 받을 뿐 아니라 자신도 인생 경험이 쌓이면서 결혼 생활의 고통과 행복을 모두 느껴 본 까닭에, 어떤 때는 도리어 부모의 이혼에 '촉매제나 조력자' 역할을 하기도 한다. 자녀들도 부모가 어떻게 함께 지내는지 오랫동안 다 보아 온 터다. 특히 가정폭력, 외도, 폭음 등등의 문제는 더 그렇다. 많은 자녀가 이제 더는 두고 볼 수 없다는 생각이 들거나 적당한 시기가 되었다는 판단이 서면, 심지어 부모에게 경제적으로 지원을 해드릴 테니 헤어지시라고 강하게 권하기도 한다. 자식들은 대부분 부모가 신변 안전을 보장받으면서 살 수 있기를, 양친 사이의 충돌이 잦아들기를, 혹은 부모가 조금이라도 더 즐겁게 사실 수 있기를 바라는 마음에서 이런 일을 감행한다.

황혼 이혼 이후의 양대 난제

하지만 황혼 이혼에 정말 좋은 점만 있을까? 타이완보다 고령 인구가 훨씬 더 많은 일본에서는 이미 경종이 울리기 시작했다. 황혼 이혼으로 부부가 '다 같이 망하는' 결과가 초래될 수 있다는 걸 알게 되면서 일본에서는 이혼을 원하는 노인들에게 일단 계산기를 정확히 두드려 보라고, 이혼 서류에 서명하기 전에 다시 한 번 생각해 보라고 당부한다. **경제적인 현실, 이게 바로 황혼 이혼의 첫 번째 난제이다.** 이는 주로 이혼의 위험성이 너무 크기 때문이다. 특히 전후 베이비붐 세대인 일흔, 여든이 넘은 여성들은 그 시대의 분위기 때문에 결혼 후 대부분 가정주부로 살아온 탓에 일해서 번 수입이 없다. 경제권을 쥐고 있지 않거나 자기 이름으로 된 자산이 없으면, 이혼할 때 위자료를 받지 못하면, 경제적인 압박은 심각해진다. 이혼 이후 가난해지는 현상이 빚어지면서, 일본인들은 이혼도 '하류 노인'으로 전락하게 되는 요인 중 하나가 되었다고 보게 되었다. 자녀의 경제적인 도움에만 의지하다 보면 이것이 부모 자식 관계에도 영향을 끼쳐서 인간관계의 새로운 압박 요인으로 작용하기도 한다.

두 번째 난제는 돌봄 문제이다. 나이가 들면, 지금은 그럭저럭 건강하고 정정해도 앞으로 병에 걸리지 않을 거라고, 다른 이의 돌봄이 필요하지 않을 거라고 장담하기가 어려워진다. 이혼하면, 부부 관계는 사라진다. 하지만 자녀 입장에서는 그래도 양쪽 다 자신의 부모이다. 따로 떨어져 사는 부모가 양쪽 모두 돌봄이 필요한 상황이 되면, 자녀가 감당해야 할 정신적, 금전적 부담은 몇 배로 가중된다.

이 두 난제가 현실이 되어 눈앞에 나타나면 이혼을 하고 나서도 함께 살거나, 이혼을 하고 여러 해가 지난 뒤 자식에게 부탁을 받고 투병 중인 전처나 전남편을 돌보는 데 동의하는 등 특수한 현상이 벌어지기도 한다.

아버지 간병인을 못마땅해하시는 어머니?

뤄 씨 할아버지는 이미 아흔다섯의 고령이시고, 할아버지보다 젊으신 할머니도 벌써 여든이 넘으셨다. 가족들은 부모님이 다 연로하시다는 점을 고려해 상주하며 할아버지를 돌볼 외국인 간병인 아메 씨를 집에 들였다. 인도네시아에서 온 아메 씨는 키는 크지 않지만 맵시롭고, 긴 머리를 한 여성이었다. 더운 나라에서 온 아메 씨는 늘 티셔츠와 반바지 차림이었고 주황색 립스틱을 즐겨 발랐다. 활발한 성격에 늘 웃음을 얼굴에 달고 살았고, 입만 열면 "할아버지, 할아버지" 소리를 해서 어르신들의 귀여움을 받았다. 자식들은 어르신들과도 스스럼없이 잘 어울리는 간병인을 들였다며 운이 좋다고 생각했다. 그런데 몇 개월 뒤 할머니가 씩씩거리며 아들딸에게 전화를 해서는, 남편과 아메 사이가 너무 좋아서 본인이 외부인인 것 같은 생각이 들 정도라고 불평을 하실 줄이야 누가 알았을까.

"예전에는 네 아버지가 밤에 화장실에 가고 싶으면 늘 날 불렀다. 그런데 지금은 그저 아메 타령이야."

"네 아버지한테 의사가 산책하러 나가서 햇볕도 좀 쬐고 그래야 몸도 건강해진다고 했으니 공원에 좀 같이 나가서 돌다 오지 않겠느냐고 물으면 매번 피곤해 죽겠다고 나가기 싫다고 그러는구나."

"그러다가도 아메가 '할아버지, 할아버지, 우리 공원에 가서 다른 사람들이랑 수다도 떨고, 장기도 두고 그러면 어떨까요?' 이러면 네 아버지가 환하게 웃으면서 이러는 거야. '좋지, 좋고말고. 지금 당장 나가자.'"

"그리고 또 네 아버지가 걷는 게 좀 불편하기는 해도 지팡이만 있으면 혼자 걸을 수 있지 않니. 그런데도 꼭 아메한테 부축을 해 달라고 한단 말이야. 내가 보기에는 네 아버지 일부러 그러는 거다."

"내가 아메한테 일이라도 좀 더 시키면 네 아버지가 달려들어서는 아메 힘들게 바라는 게 왜 그리 많으냐고 하질 않나. 네 아버지가 아메를 좋아하는 게 분명해……."

딸은 얼른 어머니를 달랬다. "아버지는 아마 그냥 고향 떠난 아메가 고생스럽겠다 싶어서 잘해 주시는 걸 거예요. 연세도 그렇게나 드셨는데, 무슨 일이 있는 건 아닐 거예요."

아들은 아버지가 이런 반응을 보이시는 게 아주 정상적인 일이라고 생각했다. 하지만 아들딸이 어떻게 설명해도 소용없었다. 할머니는 아메를 내보내야 한다고 고집을 부리셨다. 간병인은 억울하기만 했다. 온 가족이 혼란의 도가니에 빠져들었다.

늙어서도 질투를 할까?

질투를 하느냐 마느냐는 사실 나이가 많고 적은 것과는 관련이 없다. 질투를 한다는 건 신경을 쓴다는 뜻이기 때문이다. 질투는 대부분이 관계를 잃을까 너무 두려워하다가 생긴다. 그래서 쉽게 배우자 곁에 있는 사람을 적대시하게 되고, 그 사람이 자기 배우자를 빼앗을까 걱정한다. 혹은 감정이 변할까 봐, 배우자의 눈길이 본인에게만 머물기를 바라게 된다. 일단 누군가 배우자의 주의를 빼앗아 간다는 생각이 들면 마음이 불편해지기 시작하고 심지어 온갖 터무니없는 생각을 하게 되는데, 이게 바로 질투이다.

과거의 연구에 따르면, 원가족family of origin에 문제가 있거나 가까운 사이의 인간관계에서 상처를 받은 경험이 있으면 안전감 결핍이 생긴다고 한다. 이런 사람들은 관계에 훨씬 더 민감하게 반응하고, 배우자에 대한 소유욕도 상대적으로 강해서 배우자가 조금만 다른 사람에게 주의를 돌려도 유난히 쉽게 질투를 한다. 진료실에서 어르신들의 행동을 놓고 중재에 나섰다가 가끔 '불쾌했던 과거사'가 수면 위로 올라오는 바람에 실패할 때가 있다. 그럴 때면 "저 양반이 예전에 날 배신한 적이 있어서, 신뢰도가 아주 바닥이거든" 이런 답변이 돌아오곤 한다.

이외에도 질투를 '콤플렉스'의 표현이라고 보는 심리학자도 있다. 노화로 인한 자연적인 변화 탓에, 얼굴이나 몸이 젊은 시절만 못하다는 느낌이 들고 말투도 달라지면 노인들은 강한 콤플렉스를 느낀다. 그러면 자기는 언제든 다른 사람으로 대체될 수 있다고 생각하게 되고, 특히 본인보다 젊은 사람과 비교하다 배우자의 시선을 끌 만한 사람에게 적의를 품게 된다.

타이완에서는 보통 배우자가 상대의 주 보호자가 된다. 그렇다 보니 자식들은 부모님 부담을 덜어드리려고 보살필 사람을 구하면서 '어머니를(혹은 아버지를) 위해서라도 이렇게 하는 게 낫지' 하는 생각을 하게 된다. 그러면서도 주 보호자 역할을 하던 노인이 본인의 가치가 '대체되었다고' 느낄 때, '더는 내가 적임자가 될 수 없다고 여겨질 때' 느끼는 좌절감을 이해하기 힘들어한다. 하지만 이 모두가 '질투'를 유발하는 배후의 원인이다. 자녀가 선의로 한 일이 오히려 가정에 폭풍우를 한바탕 몰고 오게 되는 것이다.

주의! 망상증 증상일 가능성

진료를 하다 보면, 위에서 언급한 상황 외에도 할머니에게서 질투, 망상 증상이 나타나는 경우가 있다. **가족들은 이를 치매나 노년기 망상증 증상일 수도 있다는 걸 모른 채 그냥 평범한 질투로 오인하기도 한다.**

망상이란 사고의 내용에 문제가 생겼다는 뜻이다. 흔히 말하는 '망상'의 정의는 '사실과 부합하지 않지만, 당사자가 의심의 여지 없이 확신하는 잘못된 직감, 관념 혹은 생각'이다. '망상'은 아주 확고부동한 생각들이라 어떻게 설명하고 해명해도 요지부동이다. 질투 망상delusion of jealousy은 환자가 본인의 배우자가 자신에게 충실하지 않고 바람을 피운다고 생각하는 경우로, 이런 환자에게는 아무리 설명을 해도 소용이 없다. 이런 유형의 망상은 치매 환자에게서 세 번째로 흔히 보이는 증상이다. 보통 환자는 억누르기 힘든 분노와 강렬한 불안감을 안고 살며, 일상생활 중에도 근거 없는 소리를 끝없이 한다. 배우자가 뭘 하든, 무슨 말을 하든 마음이 변해 한눈을 파는 징조로 해석한다. 위에서 나온 사례를 예로 들면, 뤄 씨 할아버지가 목욕을 조금만 오래 해도 할머니는 할아버지와 간병인이 욕실에서 바람을 피운다고 생각한다. 밥을 몇 숟갈 더 먹어도 할아버지가 간병인이 한 음식을 좋아해서 그런 거라고 생각한다. 무심결에 색깔이 화사한 옷이라도 입으면, 연애하느라 외모에 신경 쓴다는 소리가 나오게 되는 것이다.

처음에는 반신반의하는 가족이 많다. 자녀들은 간병인을 바꾸는 경우가 제일 많고, 의심을 풀기 위해 녹화 장비를 설치하기도 한다. 하지만 간병인 몇 명이 바뀌어도 소용이 없다는 사실을 깨닫거나, 녹화 장비를 통해 그런 일이 일어난 적도 없다는 사실을 알게 되면 그제야 부모님이 병이 나셨을지도 모른다는 생각에 깜짝 놀라고 만다.

늙으면 성관계도 필요 없을까?

물론 뤼 씨 할아버지가 억울한 쪽이 아닐 수도 있다. 식욕과 성욕은 인간의 본성이고, 이성에 대한 욕망과 호감은 본능적이다. 노화는 결코 성욕에 영향을 주지 않는다. **노인의 성욕은 아주 정상적인 현상이다.** 늙었다고 성관계가 필요하지 않은 게 아니다. 몸이 건강하다는 전제하에서, 적당한 성관계를 가지는 것이 건강에도 도움이 된다.

해외 연구에 따르면, 젊어서 성생활을 활발하게 한 사람은 노년기에 접어들어서도 상당한 빈도로 성관계를 갖는다. 젊었을 때부터 어쩌다가 한 번 성관계를 가진 사람은 노년기에 접어들어서도 성관계 빈도수가 늘지 않는다. 연구에 따르면, 보통 성관계를 가질 수 있는 노인이 그렇지 않은 노인보다 더 신체적으로 건강하다고 한다. 정상적인 성관계는 노인의 우울증 증상을 완화시키는 데도 도움이 된다. 시간상 노인이 가장 효과적으로 성관계를 맺을 수 있을 때는 새벽이다. 상대적으로 체력이 좋은 시간대이기 때문이다.

중년, 노년에 접어든 부부가 눈빛만 보고도 통할 정도로 손발이 척척 잘 맞고 뜻이 맞으면, 성관계 없이도 화목하게 지낼 수 있다. 그러나 한쪽은 성관계를 원하는데 다른 한쪽은 원하지 않으면, 이 문제를 해결할 방법이 필요하다. 여기가 바로 소통이 필요한 지점이다. 일단, 남성과 여성은 선천적으로 생리적인 차이가 있다. 남성은 여성처럼 뚜렷한 갱년기를 겪지 않지만 노년기에 접어들면 테스토스테론 분비가 줄면서 차차 발기 장애가 일어나고, 사정량도 예전만 못하게 된다. 그러나 남성은 나이가 들어도 이성에 대한 욕망을 회피하지 않고, 심지어 이를 건강과 장수의 상징으로 여긴다.

나는 성기능장애 전문이 아님에도, 비용은 본인이 부담할 테니 발기부전 치료제를 처방해 달라고 부탁하는 연세 지긋하신 남성 환자들을 적잖이 만나 봤다. 이들의 병력을 살펴보면 고혈압, 당뇨병, 관상동맥질환 등이 빼곡하게 들어차 있다. 발기부전 치료제는 심혈관에 영향을 준다. 그래서 나는 걱정스러운 마음에 그런 약물은 본인 몸에 맞춰서 쓰셔야 한다고 덧붙이면서, 비뇨기과나 심장내과에 가서 문의한 뒤 처방받으시라는 조언을 곁들인다. 본인들 건강을 위해 이런다는 걸 알면서도 남성 환자들은 종종 이런 말을 한다. "의사 선생, 내 나이만 보지 마세요. 내가 이래 봬도 아직 쌩쌩합니다. 여자 친구가 한둘이 아니라고." 나는 성욕이 있다. 고로 존재한다!

여든 넘은 할머니의 말 못 할 고민

이에 비해, 여성은 갱년기 이후 체내 에스트로겐이 줄고 질벽이 얇아지면서 질 안이 건조해진다. 그래서 성관계를 가질 때 마찰로 인한 통증을 쉬이 느끼게 되고 예전보다 성욕도 감퇴하며, 성행위에 그렇게 열중하지 않게 된다.

여러 해 전, 여든이 넘은 한 할머님이 소개를 받아 내 진료실에 찾아오셨다. 할머님은 우물쭈물 본인의 고민거리를 털어놓으셨다. 남편이 여든이 넘었는데도 성욕이 왕성해서 툭하면 성관계를 요구한다는 것이었다. 옛날 분이라 생각하시는 것도 전통적이셔서 요구하면 들어줘야 한다는 생각에 응했다가 여기저기 상처투성이가 되신 상황이었다. 할머님은 건강을 중심에 놓고 이 문제를 좀 원만하게 해결해 달라고 청하셨다. 나는 부부가 건설적인 소통을 할 수 있도록 돕고 합리적인 목표를 설정하는 것 외에, 할머님께 산부인과에 가서 진료를 받아 보시라고 권해드렸다. 요즘은 호르몬 치료라는 게 있어서 치료를 받으면 건조감과 통증, 불편감을 개선할 수도 있고 성생활을 즐길 수도 있다. 적당한 성생활은 기쁨을 주며 성생활을 하는 여성은 결혼 만족감과 행복감도 올라간다.

연구에 따르면, 성관계는 체온을 높여 주고, 질과 자궁, 난소의 혈액순환을 개선해 주고, 호르몬의 균형을 잡아 주며 머리칼과 피부에 윤기를 더해 준다. 사랑하는 사람과의 친밀한 접촉은 부교감신경을 자극하고 불안을 떨어뜨려 마음을 이완하고 안정적인 수면을 선사한다.

성생활로 형성되는 친밀한 관계는 양쪽 모두에게 긍정적이고 적극적인 효과를 발휘한다. **노년기에 성생활을 즐기려면 '양이 아니라 질을 중시하고, 욕구가 아니라 애정을 중시한다'는 원칙이 필요하다.** 중요한 건 성관계 빈도가 아니라 질이며, 가장 중요한 건 소통이다. 두 사람이 사랑을 속삭이면서 성관계의 전 과정에서 만족감을 느낄 수 있어야 즐거운 에너지가 생성되고 신체 건강에도 도움이 된다. 한쪽이 억지로 응하는 상황이라면 엇박자가 나고야 말 것이다.

성생활은 결혼과 일상에서 아주 특별한 역할을 한다. 부부가 성생활을 하지 않으면 관계가 소원해지고, 거기에 더해 취미, 정신적인 지향이나 신앙 혹은 생활의 중심이 다르면 더 쉽게 소원해진다.

노년에 접어든 남녀가 젊을 때처럼 성생활을 하면 안 될 때는 몸 상태에 맞춰서 애무나 단순한 생식기 마찰을 더 많이 하는 게 좋다. 마지못해서 하는 게 아니라야 건강한 성생활을 유지할 수 있다. 욕구를 느낀다고 해서 꼭 배우자와 실질적인 성관계를 맺어야만 하는 것도 아니다. 자위도 성생활의 한 방식이다.

시대가 변하면서 바이브레이터, 성생활 보조용품 등이 날이 갈수록 많아지고 있으니, 관련 상품을 적절하게 이용해 보는 것도 고려하고 공부해 볼 만하다. 배우자도 응할 의사가 있다면, 너무 격렬한 성관계 대신 함께 샤워하기, 안마해 주기, 입맞춤 등으로 대체하는 것도 좋다. 노년의 부부라면 단순한 손가락 애무, 입맞춤, 포옹, 애무 등을 시도해 볼수도 있다.

연구에 따르면, 스킨십 욕구를 적절히 채워 주는 게 남녀 노인의 신체 건강에 득이 된다. 면역력과 방어력을 높여 줄 뿐 아니라 내분비 계통의 기능 조절에도 도움이 된다. 가장 중요한 건 이를 통해 심리적인 만족감을 얻음으로써 부부가 함께 지혜롭고 화목한 노년기를 맞이하게 된다는 점이다.

주의! 치매일 수도 있다

성과 관련된 문제가 적잖이 일어나는 또 다른 상황이 바로 치매이다. 연구에 따르면, 대략 5퍼센트 정도의 치매 사례에서 흔히 말하는 '성적으로 부적절한 행위'가 나타난다. 이런 환자들은 공공장소에서 옷을 벗기도 하고 심지어 하체를 내보이기도 하며, 낯선 사람에게 노골적이고 외설적인 말을 하거나 아예 대놓고 성관계를 요구하기도 하고 젖가슴이나 하체 등 다른 사람의 은밀한 신체 부위를 만지기도 한다.

이는 질병의 영향으로 대뇌가 억제력을 잃으면서 적절한 판단을 할 수 없게 되고 충동적인 행위로 내면의 욕망을 드러내게 되는 탓이다. 전형적인 사례를 보면, 이들은 꼭 특정 대상을 겨냥해서 그러지도 않고 주변에 사람이 없을 때를 골라서 그러지도 않는다. 외국인 간병인에게만 그러는 것도 아니다. 며느리, 딸, 이웃 주민 등을 부적절한 행위의 대상으로 삼은 치매 환자 사례도 예전에 있었다.

질병으로 인한 행위이기 때문에 간병인을 바꾼다 해도 이런 상황은 개선되지 않는다. 심지어 장기 돌봄 기관에서는 치매 환자의 부적절한 성행위 비율이 25퍼센트까지 올라가며, 이런 환자 중 대부분이 남성이다. 그런데 이런 기관에서 돌봄 업무를 맡고 있는 이들이 대부분 여성이다 보니 이런 부분이 이들의 심리적인 부담을 초래하게 되고, 기관에서 환자의 입소를 거부할 가능성이 커진다.

환자가 일부러 그러는 건 아니라지만 이런 행위는 큰 문제다. 치매 환자의 부적절한 성적 행동이 나타나면, **일단 이런 행위가 신체질환이나 혼란, 섬망**delirium*, **동요 행동**agitated behavior **등 신체의 급격한 변화가 초래한 정신병적 증상인지부터 확인해야 한다.** 가령 치매 환자의 공공연한 노출 행위가 본인이 화장실에 있다는 착각에서 비롯된 것은 아닌지 또는 혼자 옷을 갖춰 입을 능력이 떨어지면서 나타난 오해는 아닌지 확인해야 한다. 치매 환자가 간병인에게 성적 괴롭힘을 이유로 고소를 당한 경우에는 일단 표현 능력이 떨어진 환자가 손짓, 발짓 등으로 간병인의 주의를 끌려다가 나타난 행위인지 아닌지 확인해야 한다. **특히 장기 요양 기관에서 이 문제를 제대로 처리하지 않으면 치매 환자에게 낙인이 찍힐 수 있다.** 심지어 이런 환자들의 입소를 거부하는 기관들도 있다. 재가在家 돌봄의 경우에도 이런 일이 벌어지면 환자 가족이 블랙리스트에 올라 신고를 당하거나 법적 고소로 이어질 수 있다.

행동치료Behavior Therapy 같은 비非약물치료 전략을 택한 경우에는 치매 환자의 행위를 제한하라고 조언한다. 적절하고 적당한 행동을 하도록 격려하고 적절하지 않은 성적 행동은 지적해서 바로잡아야 한다. 예를 들면, 성적인 농담에 긍정적인 피드백을 하지 않는 것이다.

---

* 주로 중추신경계의 이상으로 나타나며, 주의력 저하, 언어력 저하 등 인지기능 전반에 장애와 정신병적 장애를 초래한다.

또 한편으로는 치매 환자라 해도 생리적으로 신체 접촉에 대한 욕구가 있다는 사실을 이해해야 한다. 그래서 배우자에게 포옹, 안마, 악수 등의 신체적 접촉, 심지어는 목욕 돕기 등을 늘리라고 권한다. 면회하러 와 달라는 장기 요양 기관의 요청을 받고 찾아온 배우자가 면회 시간을 이용해 남편 혹은 아내와 앞에서 언급한 신체 접촉을 하는 식으로 요양 기관 내 치매 환자의 부적절한 성행위 발생 가능성을 낮춰 볼 수 있다. 배우자가 도와줄 방법이 없다면, 안전한 자위 기구를 치매 환자에게 제공하고, 실제 인간과의 접촉을 대체할 수 있는 감각기관 자극 치료를 진행해 볼 수도 있다.

행동치료가 효과가 없을 때 고려해 볼 수 있는 또 다른 길이 약물치료다. 치매로 인한 격한 행동이나 무질서한 행동을 치료하는 데 사용하는 약물 중 다수가 부적절한 성적 행동에도 일부 효과를 보이지만, 부작용도 상당해서 노인정신의학 전문의와 상의한 뒤 상황에 맞춰 조심해서 사용하길 권장한다.

노인들이 이런 곤혹스러운 행동을 보이면, 가족, 의료진 혹은 간병인 모두가 당사자인 노인과 그 배우자 그리고 치매 노인의 행동으로 인해 피해를 입은 사람(질투의 대상이 된 사람)의 태도를 존중해야 한다. 일단 상황을 제대로 파악하고 진단을 내려 불필요한 오해와 차별이 일어나지 않게 해야 한다. 적당한 전략을 택하고 이어질 후속 문제를 신중하게 처리해야 한다.

노년의 성생활도 젊은 시절의 성생활처럼 건강한 것이다. 노년기의 성욕 역시 존중받아야 하며, 노인이 성적 만족을 얻을 수 있도록 적절하게 도와야 한다.

나이 들면 "나 때는 말이야"
소리를 자주 한다?

"아이고, 이런 우연이! 자네도 고속철도를 탔군." 뜻하지 않게, 퇴직한 부회장을 만난 샤오난 씨는 의례적으로 고개를 끄덕이며 인사말을 몇 마디 건넸다. "그러게 말입니다. 마침 오늘 남부 지방에 갈 일이 있어서요."

"고생이 많군. 퇴직한 나랑은 다르겠지. 나는 회사에 출근하지 않게 된 뒤로는 좀 적적하게 보내고 있다네." 늘 빨리빨리를 외치며 돌진하는 성격의 소유자였던 부회장은 퇴직한 지금도 여전히 활력이 넘치는 모습이었다.

"예. 휴가도 없이 꿀벌처럼 죽어라 일만 하고 있네요. 좀 바빠서요."

"휴일에도 나가야 하니 좀 고생스럽기는 하겠네만 그래도 자네 세대는 우리 때와는 비교가 안 돼." 부회장은 샤오난 씨에게 아직 멀었다는 표정을 지어 보였다.

"그때는, 그러니까 내가 직장 생활을 하던 때는 말일세. 그때는 고속철도고 뭐고 없었거든."

"고속철도는 말할 것도 없고, 일반 기차표도 사기가 힘들었단 말이지. 일정이 촉박할 때는 그냥 그때그때 여기로 가야 할지 저기로 가야 할지 결정을 내려야 했으니, 제시간 맞춰 미리 표를 사 놓는 건 불가능한 일이었지."

"요즘 젊은이들은 전부 휴대전화로 클릭만 하면 표를 살 수 있지 않나. 우리 때는 기차역까지 달려가서 표를 사야 했다고." 부회장은 손짓, 발짓을 해 가며 아주 즐겁게 옛날 얘기를 풀어놓았다.

"그래서 나는 늘 직접 차를 몰았어. 덕분에 최고급 운전 기술을 연마했다니까. 자네 한번 맞춰 보게. 내가 타이베이에서 가오슝*까지 몇 시간에 주파했는지 말일세." 부회장은 점점 더 신이 나서 떠들었다.

"못 맞출 거야. 내가 체력이 끝내줬거든. 많아 봤자 중간에 화장실 한 번 가는 게 다였다니까. 대충 한 네 시간이면 날아갔지. 날 마중 나온 사람이 목적지에 도착한 나를 보고는 믿지 못하겠다는 듯 눈을 휘둥그레 뜨더라고. 차를 세우자마자 곧장 올라가서 발표를 했네. 숨 한 번 제대로 돌릴 새도 없이 말이야……."

샤오난 씨가 말을 잇지 못하고 있는데도 부회장은 아랑곳하지 않고 본인의 아름다운 추억에 푹 빠져 있었다.

---

* 타이완 남부의 항구 도시.

옛 이야기하기를 좋아하는 건 인간의 본성이다

나이가 들면 다른 사람이 하는 말은 잘 안 듣고 반대로 자신의 예전 무용담을 늘어놓기를 좋아한다는 말을 흔히 한다. 그런데 사실 이 말은 좀 불공평한 말처럼 느껴진다. 이제 막 중년에 들어선 나도 레지던트들에게 예전에 인턴도 없이 나 혼자 얼마나 많은 환자를 돌봤는지 이야기하거나 밤을 꼴딱 새워 가며 응급실에서 긴급한 환자를 돌보고도 다음 날 말짱한 정신으로 온종일 근무를 섰다고 무용담을 늘어놓게 되는 걸 보면 말이다.

옛날에 세운 혁혁한 공과 업적을 늘어놓기 좋아하거나 휘황찬란했던 인생의 특정 시기를 추억하기 좋아하는 건 인간의 보편적인 본성이라고 할 수 있다. 대화의 주인공이 돼서 나를 우러러 바라보는 후배들의 눈빛을 보게 되거나 후배들이 상상할 수조차 없다는 듯 놀라워하며 탄성을 지르는 모습을 마주하고 있노라면, 정말로 만족감이 든다. 휘황찬란했던 과거가 잠시 지금 이 순간의 허영으로 되살아나면서 득의양양한 기분에 마음이 즐거워진다.

지금의 시각으로 보면, 흔히 말하는 무용담들이 이제는 아무 가치가 없는 이야깃거리에 지나지 않을지 모른다. 말하는 사람이야 침을 튀겨 가며 쉬지도 않고 쏟아 내지만 듣는 사람이 꼭 그런 느낌을 받으리란 법은 없으니까.

부모님이 '말을 많이 하시면' 좋은 점

연구에 따르면, 노인이 말을 많이 하면, 심지어 같은 일을 반복해서 말하면 기억력을 높이는 데 도움이 된다고 한다. 말을 할 때마다 대뇌를 활성화해야 하기 때문이다. 일단 생각을 하고 대뇌를 가동하는 과정을 거친 다음, 언어를 선택하고 조직하고 마지막에 성대와 구강인두 등 기관을 활용해 목소리를 내게 된다. 그러므로 말을 많이 하면 대뇌 세포를 자극할 수 있다. 노인이 자발적으로 쉬지 않고 말을 한다는 건 뇌의 언어 영역에서 수많은 활동이 벌어지고 있다는 의미이며, 이는 일정 정도 인지기능을 증진해 **치매를 예방해 준다.**

또 다른 연구에 따르면, 사람이 말을 자주 하면 구강 근육과 인두, 후두喉頭가 단련되어 기침이 줄고 중이관中耳管이 막힘 없이 잘 뚫린 상태를 유지하는 데도 도움이 되며, 귀 안팎의 압력이 평형을 유지하게 해 줌으로써 청력 건강을 유지하는 효과를 낸다. 말을 하면 눈 근육과 삼차신경三叉神經*도 운동이 되어 노안, 노인성 백내장, 시력 감퇴를 방지해 준다.

말하기에 이렇게 좋은 점이 많다 보니 나는 노인들에게 말을 삼가시라는 말은 당연히 하지 않는다. 그보다는 우리가 경청의 기술을 익혀야 한다. 이미 여러 번 들은 말이라도 "그 이야기 지난번에 이미 하셨잖아요. 이젠 다 외울 지경이라고요." 이렇게 대꾸하지는 말자. 내용에

---

* 뇌신경 중 다섯 번째 신경이자 가장 큰 신경으로 안면 감각과 씹는 운동에 관여한다.

사소한 허풍이나 과장이 있다 해도 그걸 콕 짚어서 정곡을 찌르지는 말자. **노인이 하는 말이 시의적절하지 않다는 점에만 집중할 게 아니라, 우리와 그 이야기를 나누고 싶어 하는 노인의 호의에 집중하자.** 이런 경청은 일종의 배려이다.

말을 많이 하는 부모님은 자신감도 높다

'옛이야기 하는 걸 좋아하는' 이런 특징도 사실 써먹을 때가 있다. 노인정신의학 영역에서는 병실이나 데이케어 센터, 집단 진료를 막론하고 '회상 치료reminiscence therapy'를 활용한다. 매번 주제를 하나 정해 모든 사람이 그 주제에 관해 이야기 하도록 하는데, 다들 서로 잘 모르는 사이이다 보니 처음에는 여러 번 용기를 북돋아 줘야 하지만, 일단 구성원 중 누구 하나라도 과감하게 입을 열면 하나의 흐름이 형성되어 과거의 아름다웠던 기억을 환기하기 시작한다. 서로 감정을 주고받다 보면 자신감도 강해진다.

천 씨 할아버지가 평상시에 제일 좋아하는 게 있다. 본인이 예전에 공무원 고시를 통과해 어느 기관으로 보직 발령을 받은 뒤, 운 좋게도 자신을 알아주는 상사를 만나 젊디젊은 시절 주임으로 발탁된 일, 그 상사 덕에 외국으로 유학까지 다녀와 타이완의 첫 번째 생산 역군이 되었던 일을 내게 되풀이해서 이야기하며 나와 이야기꽃을 피우는 것이다. 어느 날 초저녁, 날아갈 것처럼 기분이 좋아진 할아버지가 득의

양양해하시는 모습을 보고 나서야 나는 그날 단체 회상 치료의 주제가 '과거의 직장 생활'이었다는 사실을 알아챘다. 천 씨 할아버지는 본인의 드라마틱한 인생사를 생동감 넘치는 이야기로 풀어내 뭇사람들의 열렬한 토론을 이끌어 냈고, 그 덕에 분위기도 유쾌해져서 치료를 이끈 코디네이터에게 아주 긍정적인 평가를 받았다고 한다.

말하는 사람이 치매 환자라면

옛날 옛적 무용담을 늘어놓는 걸 좋아하는 치매 환자는 이미 한 이야기를 반복할 가능성이 아주 높다. 전에 이야기를 한 적이 있다는 사실을 기억하지 못하는 치매 환자는 같은 이야기를 하고 또 한다. 병의 경과에 따라 이야기의 내용도 희미해진다. 이런 반복은 일반적인 반복과는 빈도가 다르다. 하루에 수십 번, 수백 번 반복하는 상황이 일어날 수도 있기 때문이다. 치매 환자를 돌보는 사람으로서는 이렇게 같은 이야기를 반복적으로 듣게 되면 짜증이 나지 않을 수가 없다. 이럴 때는 다음과 같은 방법으로 응할 것을 권한다.

방법 1: 치매에서 흔한 증상임을 이해해야 한다

치매 환자가 주변 사람을 성가시게 하려고 일부러 그러는 게 아니다. 내 경우 언어기능이 퇴화한 환자에게는 그가 예전에 내게 해 준 이야기를 토대로 환자가 머릿속에서 상상력을 동원해 말을 이어 갈 수 있도록 돕기도 한다. 말 한마디를 하더라도 더듬거리면서 하는 일이 없도록, 더 짧은 시간 안에 말을 다 할 수 있게 해서 말하고 싶어 하는 욕구를 채워 주고 인지기능 감퇴가 초래한 좌절감을 줄여 주는 것이다.

방법 2: 산뜻하게 응대하자

치매 환자가 반복해서 하는 말에 꼭 진지하게 응대해야 할 필요는 없다. 다른 일을 하면서 듣다가, 적시에 "음, 아, 그랬군요" 이런 감탄사로 장단을 맞춰 주기만 하면 된다. 심지어 '한 귀로 듣고 한 귀로 흘리는' 방법으로 대응하는 것도 괜찮다.

방법 3: 주의를 돌리는 방식

예를 들어 화제를 딴 데로 돌리거나 다른 일에 관심이 쏠리도록 유도하는 방법도 이런 증상의 지속 시간을 줄여 준다.

'어르신 짤'
도대체 왜 보내시는 걸까?

띠링띠링, 휴대폰이 울렸다. 라인 메신저로 메시지가 들어왔다. 이홍 씨는 마침 회장님을 모시고 고객들과 회의에 참석한 중이었는데, 회의 중에 보충 자료를 넘겨받기 위해 라인으로 회사 동료와 실시간으로 연락을 주고받고 있었다. 온통 긴장 상태였던 이홍 씨는 중요한 내용이 들어온 줄 알고 얼른 휴대폰 화면을 주시했다. 그런데 자료가 아닌 알록달록 형형색색의 이미지가 한 장 들어와 있었다. '좋은 아침, 매일매일 행복하고 즐겁게 보내길.' 어머니가 보내신 '어르신 짤'이었다.

시간을 보니 아침 집안일을 대충 끝낸 어머니가 소파에 앉아 휴대폰을 들여다보기 시작하셨을 즈음이었다. 띠링띠링, 띠링띠링, 띠링띠링. 어머니가 습관적으로 보내는 3연속 라인 메시지가 도착했다. 힐끗 보니, '가벼운 안부 인사처럼 친근한 게 없고, 친구의 관심처럼 감동적인 게 없습니다', '산다는 게 복입니다. 건강한 것도 복이고, 조금 어리

숙한 것도 복이요, 희생도 복입니다'와 같은 안부용 그림 두 장에 '다양한 빛깔의 음식을 먹으면 치매와 심근경색이 근처에 얼씬도 못 합니다'와 같은 건강 정보가 적힌 그림도 한 장이 같이 들어와 있었다. 회의가 긴박하게 진행되고 있는데 휴대폰이 또 울리니, 이홍 씨는 마음이 불안해졌다. '아니, 하필 꼭 이런 때에 보내시다니.' 그만 좀 보내시라고 전화를 걸 수도 없는 상황이라서, 지금 적절한 타이밍이 아니니 라인 메시지 그만 보내시라고 어머니에게 문자를 보냈지만, 어머니는 보지도 않으셨다. 이홍 씨의 휴대폰이 계속 울려 댔다. 띠링띠링띠링띠링띠링띠링띠링띠링띠링띠링띠링띠링띠링……

'어르신 짤'은 어떻게 생겨났을까?

스마트폰이 보편화되고 무제한 데이터 요금이 저렴해지면서 노인들의 SNS 활용 문턱도 낮아졌다. 그러자 온라인 생태계에 익숙하지 않았던 노인들이 온라인이라는 대초원을 누비는 새로운 집단이 되었다. 전통적인 데스크톱 컴퓨터나 노트북 컴퓨터는 잘 사용하지 못하던 많은 노인이 이제는 아예 단계를 뛰어넘어 휴대폰이나 태블릿 PC로 인터넷에 접속하는 방법을 배우는 데 열중한다.

손글씨 입력 기능을 활용하면 입력법을 배울 필요도 없고 자판을 외울 필요도 없다. 더욱이 요즘 등장한 음성 인식 입력 기능은 시력이 감퇴된 사람들에게는 그야말로 어마어마한 복음이다.

각 지역사회에서 '배움의 길은 끝이 없다', '손주와 대화할 거리를 만들어 주는 강좌' 등의 간판을 내걸고 '노인을 위한 컴퓨터 그래픽 교실', '노인을 위한 실버 테크놀로지 교실' 등 실버족들을 위한 각종 노인 학습 과정을 개설하면서 큰 인기를 끌고 있는데, 이런 곳들이 바로 다수의 '어르신 짤' 생산지이다. 실버족을 대상으로 교육을 할 때는 늘 난이도를 고려해야 하므로 보통은 풍경 사진이나 생활 사진이 어르신 짤의 기본 소재가 된다. 거기에 어르신들 각자가 좋아하는 문구를 골라 사진에 넣은 뒤, 간단한 디자인 작업을 거치면 알록달록 화려한 그림이 완성된다. 문턱이 높지 않고, 시간도 오래 걸리지 않는 데다 성취감도 느낄 수 있다 보니 이런 '어르신 짤' 그림들이 끊임없이 생성되고 있는 것이다.

'어르신 짤'은 무슨 내용일까?

어르신들이 직접 만들었거나 누군가에게서 전송받아서 다른 사람에게 보낸 '어르신 짤'을 보면 대부분 산수, 풍경, 화초, 귀여운 이미지처럼 '긍정적이고', '단순하면서도 직관적인' 이미지가 주를 이룬다. 어르신들은 '좋은 아침입니다! 행복한 하루 보내시기 바랍니다!', '날씨가 습하고 추우니 잊지 마시고 옷 더 챙겨 입으세요'와 같은 인사말도 좋아한다. 실은 예전에 이웃들끼리 서로 주고받던 안부 인사말과 엇비슷한 말들이다. 어쩌면 이런 말들이 사회적인 소외나 가족들의 분가가 초래하는 고독감을 없애 주는지도 모른다.

"밥은 먹었니", "옷 좀 챙겨 입어야겠네"처럼 선의가 깃든 일상적인 인사말은 사실 상대에 대한 관심의 표현이다. 노인들은 이런 안부를 통해 다른 사람과 이어지는 느낌을 받고 귀속감을 느낀다. '가진 게 적당할 때 마음도 가장 편안합니다', '평온하게 서로 의지하며 사는 삶이야말로 가장 귀한 삶입니다'와 같은 격언이나 아름다운 글귀도 좋아한다. **이는 관심의 표현이기도 하지만 이런 글귀를 통해 노인들은 다른 사람들에게 모범이 되는 좋은 스승이 되고 유익한 친구가 된다는 '성취감', '지혜를 나누어 준다'는 가치를 느낄 수 있다.**

나는 라인한다 고로 존재한다

너무 정신없이 발전하는 세상에서 노인들은 자신들이 낙오될 거라는 초조감에 휩싸이고, 과학기술의 빠른 변천 속도에 본인들이 멀찌감치 뒤로 밀려났다는 소외감을 느낀다. 스마트폰의 발명과 직관적인 사용 방식, 인간 친화적인 AI 설계 덕에 노인들은 어느새 예전에는 할 수 없으리라 생각했던 많은 일을 해 낼 수 있게 되었다. 우리 눈에는 노인들이 그저 '짤'이나 보내고, 다른 이에게서 받은 걸 퍼 나르는 정도로 보여도 이런 걸 통해 노인들은 본인들이 세상의 흐름에 발맞추고 있다고, 아직은 그렇게 늙지 않았다고 느낀다. 가장 중요한 점은 사람들이 메시지를 보내 본인들에게 관심을 보이면 노인들이 거기서 존재의 의의를 느낀다는 것이다. 우리의 **답변에 연연한다기보다는 우리와, 혹은 세상과 연결되어 있다는 귀속감에 마음을 쓰는 것이다.**

전송에 성공하는 순간, 노인들은 사실 이미 자신이 원하는 보답을 얻은 셈이다. 가족이나 친구가 대답을 해 주거나 지지의 메시지를 보내 주면, 그야말로 금상첨화여서 더할 나위 없이 기뻐한다. 하지만 '읽씹(메시지를 읽고도 답장하지 않음)'에 꽁하는 젊은이들과 달리, 노인들은 보통 답변을 보내지 않아도 계속 메시지를 보낸다. 그러다 보니 라인을 통해 정기적으로 짤을 보내는 게 습관이 된다. **노인이 메시지를 보내는 시간과 빈도를 통해 건강상태는 괜찮은지, 외출은 하는지, 아니면 휴대폰 배터리가 다 떨어진 건 아닌지 짐작해 볼 수도 있다.**

어째서 라인일까?

기왕 '어르신 짤'을 만들었으니 이제는 실전에서 응용해 봐야 한다. 누구나 다 인터넷을 하고 어디서든 SNS에 접속하는 시대이니 노인들이라고 수수방관하고 싶어 할 리 없다. 그들도 '한 발 담그고' 싶어 한다. 그런데 이메일로 그림을 보내려니 거쳐야 할 단계와 과정이 복잡하다. 이메일 계정을 신청해야 하고 아이디도 만들어야 하고 비밀번호까지 기억해야 하지 않나. 페이스북이나 인스타그램도 일단 아이디가 있어야 하고, 그림이나 사진 올리는 법을 배워야 한다. 게다가 본인이 올린 메시지를 여러 사람이 동시에 보는 게 익숙하지 않은 노인들도 있다.

그런데 라인 같은 메신저에서는 그림이나 사진을 보내는 과정도 단순하고 전송도 즉각적이다. 게다가 새로 만든 '어르신 짤'을 곧바로 가족, 친구와 공유할 수 있고, 심지어 답변으로 받은 '어르신 짤'을 다른 사람에게 퍼 나르기도 아주 쉽다. 노인들이 일상적인 인간관계에서 가장 자주 접촉하는 사람들이 가족과 친척이다 보니 이 사람들이 '어르신 짤'을 제일 먼저 받게 되는 것이다.

젊은 사람들은 왜 '어르신 짤'을 싫어할까?

1. 너무 많이 보낸다

자다 깨서 보내고, 버스 기다리면서 보내고, 병원에서 대기하면서 보내고, 일이 있어도 보내고 없어도 보낸다. 적어도 하루 삼시세끼에 맞춰서 보내는 수준이다. 젊은 사람이 보낸다 해도, 보내는 게 '어르신 짤'이 아니라고 해도, 한 사람이 이렇게 끊임없이 메시지를 보내면 아마 그때도 짜증이 날 것이다. 퇴직한 노인들이야 한가하고 시간이 많으니 메시지를 보내는 횟수와 빈도가 더 높아진다.

나는 이럴 때 메시지 수신 알림음을 꺼서 괴로움을 덜어 보라고 권한다. 즉시 답변할 필요도 없다. 짬이 날 때 답변하면 된다. 툭하면 '어르신 짤'을 보내는 어르신에게는 중요한 메시지가 끝없는 '짤'에 묻히는 일이 없도록 다급한 일이 생기면 직접 전화를 걸거나 다른 방법으로 연락을 해 달라고 알리자.

2. 젊은 사람들 취향에 맞지 않는다

젊은이들 사이에서는 '어르신 짤'이라는 명칭이 희화화의 대상이 되어 있다. 세대 간에 미적 취향이 달라서인데, 그중에서도 가장 자주 언급되는 것이 글자체이다.

어르신들이 제일 좋아하는 글자체가 젊은이들 눈에는 평범해도 너무 평범해 보인다. 사실 어르신들이 그런 글자체를 좋아하는 데는 글자체는 이래야 한다는 생각이 주입되어 있기 때문이다. 그렇다 보니 어르신들은 컴퓨터 수업을 따로 듣는다거나 돈을 주고 글자체를 사거나 하지 않는다. 게다가 나이 든 사람의 두뇌는 해상도가 좀 떨어지는 글자체를 명확히 인식하지 못한다. 그래서 이 글자체도 골랐다 저 글자체도 골랐다 왔다갔다하다가 결국 원래 쓰던 그 몇 가지 글자체로 돌아간다.

'어르신 짤'의 색상도 종종 웃음거리가 된다. 어르신들은 알록달록한 색깔을 전부 한 그림에 넣는 걸 좋아한다. 기왕이면 단색보다는 가능한 많은 색이 칠해진 편이 '수지타산이 맞고', 아주 '생기가 넘쳐' 보이기 때문이다. 그 외에도 이런 색상이 '상서로운 기운'을 몰고 온다고도 생각한다. 사실 선명하고 화사한, 대비를 이루는 색은 대뇌를 자극한다. 그렇다 보니 눈에 띄기 쉽고 노인들도 쉽게 그런 색을 선택한다. 실은 아이들도 마찬가지다.

어르신들 입장에서 이 부분에 설명을 더 보태 보자면, 사실 미의 기준이라는 건 세대에 따라 달라지기 마련이다. 우리가 즐겨 듣는 유행곡도 어쩌면 언젠가는 우리 다음 세대에게 천덕꾸러기 취급을 받게 될지도 모른다.

3. '가짜 뉴스'가 포함되어 있다

내용이 사실과 다르고 정확하지 않은 것이 아마 젊은이들이 제일 싫어하는 '어르신 짤' 유형일 것이다. 쉽게 논쟁으로 이어지게 마련인 정치적인 내용 외에 '어르신 짤'에서 제일 흔히 찾아볼 수 있는 잘못된 정보가 실은 바로 건강 관련 정보이다. '새로운 건강 상식' 류의 제목이 붙은 짤은 그야말로 유구한 역사를 자랑하는, '어르신 짤' 인기 순위 단골 1위이기도 하다. 어쨌거나 실버족의 1순위 관심거리가 건강이니까.

보통 뭘 먹으면 뼈가 좋아진다거나, 어떤 음식에는 독성이 있으니 먹으면 안 된다거나, 이러면 혹은 저러면 암에 걸린다거나, 온갖 사이비 과학이 단체 채팅방을 가득 채운다. 사실 의사 입장에서도 이게 제일 골칫거리이다. 환자나 환자 가족이 진료실에서 뭘 먹으면 효과가 있는지 혹은 없는지 물어 올 때면, 사람들 말을 들어 보니 이렇다고 하던데 혹은 저렇다고 하던데 이게 맞느냐고 물어 올 때면, 그 질문들을 통해 요즘은 뭐가 제일 '유행'인지 알아맞힐 수 있을 정도다. 시간만 허락되면 성가셔하는 법 없이 대답해 드린다. 다만 설명을 하다하다 목이 잠기고 머리가 다 아파오면, 나도 어쩔 수 없이 누가 대신 그 '어르신 짤' 해명 좀 해 달라고 속으로 고함을 지르고 만다. 다른 의사들도 비슷한 생각을 할지 모르겠다. 그러니 들어가기만 하면 가짜 뉴스인지 혹은 헛소문인지 자동으로 검색해 가짜 뉴스를 물리칠 수 있게 해 주는, 라인의 '안티' 가짜 뉴스 표방 프로그램 '미옥이 이모美玉姨*'를 만든 귀인까지 나타났겠지. 하지만 짜증만 낼 필요는 없다. **어르신 짤에도 좋은 점이 많으니까.**

장점 1: 사람들과 많이 어울리게 된다

수많은 연구에서 강조하듯, 고독은 노인의 몸과 마음 모두에 좋지 않은 영향을 끼친다. 하지만 사람마다 성격이 다 다르기 마련이라, **성격이 내성적이고 직접 만나거나 전화로 대화를 나누는 데 익숙하지 않은 노인에게는 SNS가 상대적으로 간접적이고 느슨한 소통 창구를 제공해 줌으로써 오히려 다른 사람들과 어울리는 기회를 늘려 준다.**

달리 생각하면 어르신들이 자기 생각이나 가치관을 전하고 싶을 때, 하지만 후배들의 불평이나 이런저런 잔소리는 듣고 싶지 않을 때, '어르신 짤'이나 메신저 메시지가 아주 좋은 매개체가 되어 주는 것이다. 자기 의견을 담으면서도 직접적인 대면이 초래하는 부담은 피할 수 있으니까.

---

* 타이완의 가짜 뉴스 팩트 체크 플랫폼.

1부 자녀 편

장점 2: 우울증 방지

외국에서 나온 의학 논문을 한 편 읽은 적이 있다. 노인들의 휴대폰 문자 발송, 이메일 사용 혹은 영상 기능이 포함된 SNS 사용에 관해 조사하고, 노인들의 우울증 성향을 선별 조사한 연구였다. 그 결과 영상 기능이 포함된 SNS를 자주 사용하는 노인들이 우울증을 앓게 될 위험도가 이를 사용하지 않는 노인의 절반밖에 되지 않는다는 사실이 밝혀졌다. 연구자는 노인들이 SNS를 사용하면 더 쉽게 가족, 친구들과 정을 나누고 관심을 표현하며, 다른 이들과 연결될 수 있는 통로가 마련된다면서, 이것이 이들의 정신 건강에 큰 도움이 된다고 덧붙였다.

장점 3: 치매 방지

나는 치매와 노화를 방지한다는 차원에서 노인들에게 두뇌 회전을 필요로 하는 강좌에 많이 참여해 새로운 지식을 습득하시라고 권한다. 환경의 변화를 따라가느라 또는 생존하기 위해, 새로운 기능을 습득하다 보면 대뇌에도 큰 도움이 된다. '어르신 짤'을 만드는 연습을 하다 보면, 글자, 도형, 색깔, 공간 등을 조합하고 배합하게 되는데 이런 행위에 뇌의 기능을 활성화하는 기본 요소가 포함되어 있다.

매일 다른 사람이 보내오는 이미지를 확인하고, 어떤 메시지에 답변을 했고 어떤 메시지에는 답변을 하지 않는지 확인하는 것도 머리를 쓰는 즐거움을 준다.

나는 어르신들이 무슨 내용을 보냈느냐가 아니라, 그 어르신의 연락 대상 중에 우리가 포함되어 있다는 게 중요한 점이라고 생각한다. 눈에 보이지 않는 이 마음이 눈에 보이는 의미보다 더 소중하다. 더 중요한 것은 **이런 행위를 통해 노인들이 자기 '존재감'과 '가치'를 드러내게 된다는 점이다.**

우리가 '어르신 짤'을 좋아하는지 아닌지는 상관없다. 어르신들도 젊은이들이 왜 그렇게 인스타그램을 좋아하는지, 밥 먹을 때마다 왜 사진부터 찍고 페이스북에 체크인부터 하는지, 혹은 말할 때 왜 온라인 커뮤니티 사용자들 말투를 따라 하는지 모르는 것처럼 말이다.

세대마다 자기들 고유의 소통 방법이 있다. 최대한 서로를 존중하면서 그 방법을 잘 활용하면 서로의 차이로 인한 고민이 오히려 함께 어울리는 데 큰 도움이 될 수 있다.

2부 부모 편

너무 낯선 '노년의 나'를 직면하기

1장

여기저기 아픈데,

병원에 가도 문제를 알 수 없다?

툭하면 여기저기 아픈데,
병원에 가도 문제가 찾아지지 않는다?

"선생님, 죄송합니다. 한 가지 여쭐 게 있는데, 저희 어머니가 늘 여기가 아프네, 저기가 아프네, 이런 말을 입에 달고 사시거든요. 이런 경우 어느 과에 가서 진료를 받아야 할까요?" 가오 할머니의 아들은 오랫동안 이 문제를 묻고 싶었던 모양이었다.

"그렇게 말씀하시면 범위가 너무 넓어서요. 일단 정형외과나 신경과에 가 보셔야 할 것 같기는 한데…….." 겉으로는 이렇게 말했지만, 속마음은 다를 수밖에 없었다. 나야 어쨌든 정신의학 전문의 아닌가.

"선생님, 방금 말씀하신 과들은 이미 다 다녀왔습니다. 검사도 숱하게 받으신 것 같더라고요. 어머니가 집에 오셔서 그렇게 검사를 했는데도 문제를 찾아내지 못했다고 계속 불평하셔서 선생님 의견을 여쭤 보고 싶습니다."

가오 할머니처럼 '의사를 시험에 들게 하는' 노인 환자가 달이면 달

마다 내 진료실로 찾아온다. 이런 환자들은 의사인 나의 내과적, 외과적 지식을 시험할 뿐 아니라, 몸의 질병과 마음의 질병, 이 전혀 다른 두 종류의 질병을 어떻게 감별해야 하는지 복습을 하고 또 하게 한다.

인체는 정말이지 오묘한 기관이다. 몸과 마음은 결코 사람들이 상상하듯 분리되어 있지 않은, 서로 영향을 주고받는 하나의 공동체이다. 몸은 정신과 심리에 영향을 끼치고 정서와 인지도 몸에 영향을 끼친다. 이런 일이 벌어질 수 있는 몇 가지 상황을 설명해 보겠다.

가능성 1: 진료과를 잘못 찾아간 경우

노인 대부분은 직감적인 방법으로 진료를 본다. 다시 말해서 머리가 아프면 머리를 진료하러 가고, 발이 아프면 발을 진료하러 가는 것이다. 그러나 **인체 기관과 감각은 복잡하기 그지없다. 병이 꼭 통증이 느껴지는 곳에서 생긴 게 아닐 수도 있다.** 심근경색처럼 문제는 심장에 생겼는데, 어깨가 아픈 경우도 있다. 이런 상황에서는 정형외과나 재활의학과로 진료를 보러 가서 엑스레이에 CT까지, 온갖 검사를 다 해도 방향이 잘못된 탓에 문제를 찾아내지 못한다.

그리고 신체 기관 다수가 원래 다른 신체 부위 가까이에 자리해 있다. 이를테면, 명치가 아프다고 호소하는 노인들이 많은데, 명치가 아프고 불편한 이유는 인접해 있는 심장이 문제일 수도 있고 갈비뼈가 문제일 수도 있으며, 위식도역류나 위궤양이 초래한 통증일 수도 있다.

2부 부모 편

또, 복강腹腔 안에는 많은 내장 기관이 있다. 그렇기에 배가 아프면 맹장염일 수도 있고 담결석일 수도 있으며, 과민성대장증후군이거나 심지어는 단순한 변비에 불과할 수도 있다.

노인들 대부분이 혼자서 아니면 본인과 마찬가지로 노년에 접어든 배우자와 함께 병원에 진료를 받으러 온다. 대형 병원의 경우 진료과가 아주 세세하게 나누어져 있다 보니 노인들이 도대체 어느 과에 가서 진료를 봐야 하는지 아리송해하는 경우가 흔하다. 다행히 병원에는 도움을 줄 자원 활동가들도 많고, 접수창구 직원들도 어느 과에 접수하면 좋은지 도와주거나 권해 주기 때문에 이런 어려움은 해소가 된다.

시간이 허락한다면, 초진을 받으러 올 때는 가급적 다른 가족이나 친구와 동행해 병원을 찾는 것이 이런 실수를 줄여 준다. 그뿐 아니라 의사도 제삼자에게서 증상에 대한 더 온전한 정보를 얻을 수 있다.

가능성 2: 마음의 병에도 통증이 있다

"선생님, 안녕하세요. 오늘 처음 진료받으러 온 사람입니다."

"안녕하세요. 오늘 어디가 불편해서 오셨나요?"

"응급실에서 전과해 줘서 왔어요. 제가 몸이 좀 안 좋아서요. 명치가 아픈데, 심장병에 걸린 건 아닌지 걱정이 되네요. 여러 의사 선생님에게 진료를 받았는데, 다들 문제를 못 찾아내시더라고요. 어젯밤에 또 갑자기 발작이 일어났는데 이러다 죽는 거 아닌가 싶어서 응급실에 접수했어요."

"응급실에서 하신 검사 결과가 어땠던가요? 문제가 찾아졌나요?"

"응급실 의사 선생님이 혈액검사에 심전도, 엑스레이까지 다 문제가 없다고 하대요. 저한테 꼭 선생님을 찾아가 보라면서 이쪽으로 접수를 해 주시기에 오늘 찾아왔어요. 선생님, 제가 무슨 '정신병'인 건 아니죠?"

이런 경우 확실히 환자가 걱정하는 그런 상황은 아니다. 대신에 공황장애일 가능성은 있다. 공황장애가 뭘까? **공황장애는 불안장애의 일종이다.** 공황장애 환자는 가슴이 두근거리고 심장박동이 빨라지며, 땀이 나고 몸을 떠는 증상이 나타난다. 뭔가가 목을 콱 막고 있는 것처럼 숨 쉬기 어려운 느낌이 들고, 가슴 통증이나 구역질, 어지러움 증상이 나타나며, 곧 통제 불능 상태에 빠질 것만 같거나 본인이 곧 죽을 것만 같은 두려움에 빠지기도 한다. 감각 이상을 겪는 사람들도 있고, 오한, 발열 등이 나타나기도 한다. 공황장애 환자는 평상시에는 멀쩡하다가 특정 시점에 갑자기 긴장과 두려움, 공황 상태에 빠진다. 이런 발작은 대략 10분 이내로 절정에 이르고, 그 뒤 30분 정도 지나면 서서히 사그라든다.

많은 공황장애 환자가 심장발작으로 오해하고 진료를 받으러 간다. 하지만 심장을 검사해 봐도 다 정상으로 나온다. 어떤 환자들은 이 결과가 믿어지지 않아서 혹은 걱정스러워서 다음 의사를 또 찾아간다. 심지어 반복적으로 응급실로 달려가 진찰을 받는다. 그런데 이런 상황이 몇 차례 이어지면, 경험 있는 의사들은 심장병이 아니라 정신신체질환psychosomatic disease*일 가능성을 알아차린다.

늘 여기가 아프네, 저기가 아프네 이런 말을 달고 사는 노인들이 의원이나 병원에 가서 **각양각색의 검사를 다 받고도 문제의 근원을 찾지 못할 때는 병이 없는 게 아니라 몸의 병이 아닌 마음의 병일 가능성이 있다.**

정서와 통증의 밀접한 관련성

다들 심리心理가 생리生理에 영향을 끼칠 수 있다는 말을 들어 봤을 텐데, 이게 정말 가능한 이야기이다. 이미 많은 의학 연구를 통해 정서와 통증 사이에 밀접한 상호 연관성이 있음이 증명되었다. 오랫동안 만성질환으로 고통을 겪으면, 불면, 불안, 우울증을 겪을 가능성이 커진다. 반대로 **우울증을 앓는 사람도 주요 증상 중 하나로 통증을 겪을 수 있다.** 대뇌의 기능 영역으로 이 이론을 설명해 보자. 과학자들이 발견한 바에 따르면, 대뇌의 정서 관리 구역과 통증 관리 구역이 서로 인접하고 있을 뿐 아니라 심지어 중첩되는 부분이 있어 서로 영향을 주고받는다고 한다.

---

* 여러 가지 정신적인 원인에 의한 신체 증상을 특징으로 하는 정신질환과 신체질환의 혼합형 질환이다. 발현되는 신체 증상은 여러 장기 혹은 한 장기에서 나타난다.

또 다른 예를 들어 보자. '타코츠보 심근증Takotsubo cardiomyopathy'
은 심장질환을 일컫는 전문 용어로, 이 병을 앓는 환자의 경우 심장 좌
심실의 바닥 부위와 꼭대기 부위의 교감신경 수용체 비율이 정상인과
달라지면서 좌심실 윗부분이 부풀어 올라 문어잡이 항아리 모양으로
변하기 때문에 일본에서는 이를 '타코츠보' 즉, 문어잡이 항아리 증후군
이라고 부른다.

환자가 극심한 심적 고통을 겪고 심각한 스트레스를 받을 때, 어마
어마한 충격을 받거나 통증을 느낄 때 심장 꼭대기 부분이 수축하지 않
으면 가슴이 답답해지고 통증이 찾아온다. 심각하면 급사할 수도 있다.

여기서 언급한 교감신경은 바로 우리가 스트레스를 받을 때 주
로 반응하는 신경이기도 하다. 우리가 스트레스를 받고 위험을 감지
할 때, 교감신경이 이를 촉진하는 역할을 함으로써 긴장감이 찾아오
고, 심장박동이 빨라지며, 혈압이 상승하고 호흡이 빨라진다. 교감신
경과 부교감신경을 합쳐서 자율신경이라고 부르는데, 자율신경기능
장애가 바로 이 교감신경과 부교감신경의 균형이 깨져서 생기는 경우
이다.

가능성 3: 문제를 잘못 찾았을 수도 있다

또 한 가지 가능성은 노인이 인지기능 장애를 겪으면서 몸이 불편
할 때 이를 표현하는 능력에 문제가 생겨 진짜 불편한 곳이 어딘지 제

대로 표현할 수 없게 되었을 가능성, 심지어 잘못 말하는 바람에 증상에 맞는 약을 쓰지 못해 통증이 계속 개선되지 않을 가능성이다. 이런 상황은 특히 원래부터 장애가 있었던 노인에게서 쉽게 발생한다.

여러 해 전, 조현병을 앓는 노인 환자가 있었다. 평상시에 늘 규칙적으로 내게 진찰을 받고 약을 드시던 분이었고, 상태도 안정적이라고 할 만한 수준이었다. 그러던 어느 날 그 가족에게서 도와달라는 요청을 받았다. 환자의 상황이 안정적이지 않다면서 입원 치료를 바란다고 했다. 나는 서둘러 병원에 오시라고 했고 레지던트에게 이 환자가 입원할 병상을 확보해 달라고 했다. 환자가 입원한 날, 외래진료를 다 마치고 환자의 상태를 보러 갔다가 깜짝 놀라고 말았다. 창백한 얼굴, 기력이라고는 없이 의자에 주저앉아 있는 것 외에는 할 수 있는 게 없을 정도로 허약해진 환자는 예전에 진료를 보러 오던 때와는 영 딴판이었다.

나는 다급히 질문을 던졌다. "어르신, 어디가 아프신 건가요?" 조현병을 앓고 있던 이 환자는 내가 뭘 물어도 다 좋다며 어디 아픈 데 없다는 말만 했다. 계속해서 꼬치꼬치 캐물어 봤지만, 노인은 나오는 대로 아무렇게나 대답했다. 무릎이 불편하다고 했다가 등이 아프다고 했다가, 그런데도 얼굴은 처음부터 끝까지 빙그레 미소 짓는 표정이었다. 환자의 입을 통해서는 도저히 참고할 만한 정보를 캐낼 수 없어서 병의 원인을 가려낼 이런저런 검사를 의뢰할 수밖에 없었다. 그 결과 답이 순식간에 나왔다. 초음파 검사에서 간암이 확인된 것이다. 종양이 혈관을 압박해서 언제든 대량 출혈이 발생할 수 있는 위험한 상황이었고 암세포도 이미 뼈로 전이된 상태였다.

이 검사 결과를 확인한 뒤 환자에게 몇 번을 더 물어봤지만, 노인은 늘 아픈 데 없다고, 아주 멀쩡하다고만 대답했다. 이 노인은 이후 호스피스 병실로 옮겨졌고 평안하고 고요하게 세상을 떠났다.

이 사례는 치매, 조현병, 지능장애, 기질성뇌증후군organic brain syndrome 등 장애가 있는 노인의 경우 원래 앓고 있던 질병의 영향으로 상대적으로 통증에 둔감하거나 몸의 불편감을 정확히 표현하기 어려우므로 특별히 더 신경 써서 돌봐야 하고, 꼼꼼하게 진단을 내려야 한다는 점을 내게 가르쳐 주었다.

가능성 4: 건강염려증일 가능성

문제를 잘못 찾는 바람에 진료과를 잘못 찾아가는 것 외에 까다로운 상황이 하나 더 있는데, 그게 바로 건강염려증이다. 간단하게 말하면, 건강염려증은 본인의 건강상태에 문제가 생긴 건 아닌지 혼자서 지나치게 걱정하는 상태를 말한다. 몸의 불편감에 유난히 민감해서 이런 감각을 잘못 해석하게 되는 것이다. 이런 사람들은 의사가 찾아내지 못하거나 검사로 잡아내지 못해서 그렇지 늘 본인이 어떤 병에 걸린 것 같다고 생각한다. 끊임없이 상상의 나래를 펴고, 뇌도 쉴 없이 이 일을 생각한다. 생각하면 할수록 더 긴장하게 되고, 공황 상태에 빠지며, 우울해지다가 마지막에 가서는 자신을 구할 방법은 없다는 아주 심각한 절망감에 빠지기도 한다. 이런 증상으로 인해 반복적으로 병원을 찾는 사람들이 정말 많다. 끊임없이 이런저런 검사를 받고, 심지어는 의사에게 필요하지도 않은 더 많은 검사를 해 달라고 요구하기도 한다. 검사 결과 아무 문제가 없다고 나와도 이들은 그 검사 결과를 보고 안심하는 게 아니라, 도리어 본인의 병은 정말 찾아내기 어려운 병이라거나 이 병원이나 이 의사가 찾아내지 못하는 병이라는 생각에 빠진다. 임상에서 끊임없이 이 병원 저 병원을 전전하면서 '병원 쇼핑'을 하다가 마지막에 가서야 정신의학과 진료실로 찾아와 증상을 감별하고 진단을 받게 되는 환자가 정말 많다.

건강염려증은 불안장애, 우울증, 망상장애, 치매 등 여러 정신질환에서 나타날 가능성이 있다. 치료를 받는 사람이나 그 가족 입장에서 곤혹스러운 점은 이 환자들이 병원에 자주 가서 검사를 받기는 하지만 본인의 병은 **몸의 병이 아니라 정신의 병, 정서적인 병이라는 점을 받아들이기 힘들어한다는 것이다.** 이런 환자는 무슨 과든 진료란 진료는 다 보고 싶어 하면서도 정신의학과 진료는 또 보려 하지 않는 경우가 흔한데, 이 때문에 늘 치료 시기가 늦어진다.

노인들에게서는 다양한 만성병이 흔히 발견된다. 여기에 시력과 청력이 감퇴하고 소통의 질이 떨어진 상태에서 인지기능 장애나 감정장애emotional disturbance 등까지 겹치면, 의사가 환자의 신체질환이나 정신질환을 감별하기가 어렵다. 따라서 정확히 진단을 내리고 치료받을 시기를 놓치지 않으려면, 노인이 건강염려증을 앓고 있다고 생각하기에 앞서, 적절한 신체 검진을 받아 봐야 한다.

노인의 질병 유발 증상은 종종 모호하게 나타나므로 판단하기 쉽지 않다. 겉으로 보기에는 건강상태가 좀 달라진 것 같은데도, 초기에는 아무리 피를 뽑고 검사를 해도 수치가 다 정상으로 나오고, 체온, 심장박동, 호흡에도 아무 문제를 보이지 않는 환자가 무척 많다. 응급실에 두세 번이나 갔는데도 답을 찾지 못한다. 그러다가 마지막에 증상이 극심해지고 고열과 호흡 곤란 등의 현상이 나타나면 그제야 진짜 병을 유발한 요인을 찾게 된다. 면역력이 저하된 노인의 몸에서 문제의 원인을 찾아내기란 정말 쉽지 않은 일이다. 그러다 보니 어쩔 수 없이 병원을 뻔질나게 드나들어야 할 때도 있기 마련인데, 그렇기에 가족들이 이런 상황을 이해하고 포용하면서 인내심을 갖고 받아들이는 것이 중요하다.

온종일 진료 접수하느라 뺑뺑이?

"아버지, 아침에 전화했는데 왜 집에 안 계셨어요?" 결혼해서 일본으로 간 룽룽 씨는 타이완에서 혼자 지내시는 아버지에게 이삼 일에 한 번씩 안부 전화를 건다.

"아, 아침에 말이냐. ○○병원에 진료받으러 갔었어." 천 씨 할아버지가 진지하게 대답하셨다.

"진료를 받으셨다고요? 지난주에 진료받지 않으셨어요? 왜 또 가셨어요?" 룽룽 씨가 물었다.

"지난주에는 ○○병원 A의사에게 진료를 받았고, 오늘은 B의사에게 진료를 받았거든. 다음 주에는 C의사에게 진료를 받을 거야." 천 씨 할아버지가 꺼내 드신 공책에는 일정이 빼곡하게 들어차 있었다.

몸의 문제는 해결했으나 마음의 문제는 해결하지 못했다

아퉁 어르신은 나이가 들고 나서부터 걸을 때면 늘 무릎이 아팠다. 상황이 점점 더 심각해질 무렵 어르신은 정형외과를 찾았다. 의사는 검사를 하고 진단을 내린 뒤, 수술을 권했다. 수술 과정은 매우 순조로웠다. 의사는 수술 봉합 부위가 잘 회복되고 있고, 별다른 합병증도 없으니 퇴원 후 집에 돌아가서 잘 쉬시라며 퇴원 수속을 해 주었고, 다음 진료 시간도 미리 잡아 주었다. 그런데 퇴원한 지 겨우 하루 만에 아퉁 어르신이 다급히 진료 접수를 하러 오셨다. 정형외과 의사가 그를 보고 물었다.

"무슨 일 있으세요? 왜 이렇게 앞당겨서 오셨어요?"

"선생님, 무릎이 좀 화끈거리는 것 같은데요." 아퉁 어르신이 걱정스레 말씀하셨다. 동여매 놓은 거즈를 걷어 내고 상처 부위를 살펴본 정형외과 의사는 아퉁 어르신에게 별문제 없다는 손짓을 해 보이며 집으로 가시게 했다. 그런데 뜻밖에 이틀 뒤 아퉁 어르신이 또 진료 접수를 하고 진료실로 들어오셨다. 의사가 또 물었다.

"어디 불편하신 데 있으신가요? 아직 실밥 뽑을 때가 안 됐는데요."

아퉁 어르신이 말했다. "아무래도 무릎이 좀 굳은 것 같고, 뻣뻣한 느낌이 들어서요."

정형외과 의사는 엑스레이 촬영 의뢰서를 작성해 주었고, 아퉁 어르신은 검사를 받으러 가셨다.

엑스레이 사진을 본 정형외과 의사는 아퉁 어르신에게 말했다. "괜찮아 보이는데요. 이상한 부분은 딱히 없습니다." 의사는 아퉁 어르신에게 집으로 돌아가시라고 했다.

연거푸 정형외과에 진료를 받으러 가셨지만 어쩐 일인지 아퉁 어르신의 상황은 점점 더 나빠졌다. 이틀 뒤, 아퉁 어르신의 딸이 아버지를 모시고 내 진료실을 찾아왔다. 아버지가 밤이면 엎치락뒤치락 잠을 이루지 못하신다며, 사람이 아주 긴장 덩어리가 되어 버렸다는 게 주요 내용이었다. 정형외과 의사는 아퉁 어르신의 무릎을 뚫어지게 살펴보면서 온찜질에 냉찜질까지 번갈아 해 주었고, 덩달아 식구들까지 놀라는 바람에 집안이 벌써 일주일째 난리였다. 아퉁 어르신에게 상황을 꼼꼼히 캐물어 보았더니, 어르신은 무릎 수술을 하고 난 뒤부터 자신감이 완전히 사라졌다고 솔직히 말씀하셨다. 어르신은 본인 무릎이 좋아지지 않을까 봐, 수술이 실패일까 봐 내내 걱정해 오신 참이었다. 조금만 불편하면 온갖 상상의 나래를 펼치기 시작했고 그러다가 결국 밥도 넘어가지 않고 잠도 못 자는 지경이 되었던 것이다.

아퉁 어르신의 이야기를 들은 나는 내 가족이나 친구들의 수술 경험을 언급하며 위로해드렸다. 그런 건 다 수술하면 나타날 수 있는 현상이라고, 지금으로서는 빨갛게 붓거나 열이 나거나 통증이 나타난 것도 아니며, 혈액검사 수치에서도 염증 현상이 보이지 않는다는 사실도 알려드렸다. 정형외과 의사의 추적검사에서도 모든 게 다 괜찮다고 나왔다. 양호한 상태였다.

부모님이 진료를 받으면서 느끼는 의구심

내가 설명을 마치자 아퉁 어르신은 일단 안심하는 표정을 지어 보이셨지만 곧 다시 의구심을 내비치셨다.

"뭐 더 물어보고 싶으신 것 있으세요?" 이어서 여쭤 보았더니 아퉁 어르신이 말씀하셨다.

"그 정형외과 의사 선생은 어째서 늘 한두 마디 딱 해 주고는 집에 가면 된다고 하나 그래?"

이게 마음에 걸려서 그러셨구나. 나는 고생하는 정형외과 의사를 대신해 얼른 대답해드렸다. "아마 진료해야 할 환자가 많아도 너무 많아서 그럴 거예요. 실은 어르신 주치의가 검사할 건 다 명확하게 꼼꼼하게 했답니다. 이 검사 결과만 봐도 상태가 양호하고 별달리 큰 문제는 없으시다는 게 딱 보이거든요. 그러니 당연히 집에 가시면 된다고, 다음에 다시 진료받으러 오시면 된다고 한 거고요. 정말 무슨 일이 벌어지면 항생제나 소염제를 처방하든지 그게 아니면 한 발 더 나가서 검사를 하든지 대응 조치를 취할 거예요. 그러니까 의사가 집에 가시라고 하는 건 좋은 일이지, 나쁜 일이 아니랍니다!" 나는 강한 어조로 설명해드렸다. 할아버지는 내가 여러 번 달래드리고 확신에 찬 말투로 말씀을 드렸더니 그제야 마음속에 얹혀 있던 돌덩이를 내려놓으셨다.

사실 몸의 문제는 아주 정확하고 신속하게 해결되었더라도, 의료계가 상상을 초월할 정도로 급박하게 돌아가고, 진료과를 막론하고 의사들이 어마어마한 수의 환자를 돌봐야 하다 보니 설명할 시간이 줄어들 수밖에 없다. 그러나 일부 어르신들은 설명을 하고 또 해드려야 안심하신다. 이는 사실 **몸의 병이 아닌 심리적인 욕구이다.** 이런 상황이 발생했다고 해서 꼭 항우울제를 써야 하는 건 아니다. 시간을 좀 더 들여서 어르신들이 이해하실 수 있는 방식으로 예를 들어 가며 설명하고, 앞으로 혹시라도 나타날 수 있는 현상과 대응 방법을 함께 풀어서 알려드리면 대부분은 상황이 호전된다. 그러니 몸의 질병을 다룰 때도 어르신의 마음의 문제를 잊지 말자.

진찰보다 의사와 이야기를 나누고 싶은 노인

"할아버님, 지금 상황이 안정적이고 밤에 잠도 잘 주무시잖아요. 사는 곳도 머신데 만성질환 장기 처방전을 써드릴까요? 병원에 자주 오실 필요 없이 좀 편하게 해드리려고요. 그리고 제가 보니까 할아버님께서 고혈압 약이랑 당뇨병 약을 따로 받아 가시더라고요. 지금은 저희 병원에 통합 진료 클리닉이 개설되어 있어서 이런 약들 다 한꺼번에 처방받으실 수 있으니까, 일이 더 줄어드실 거예요. 할아버님이 원하시면 제가 그쪽으로 옮겨드릴게요." 나는 할아버님께 한 번에 두 가지 조언을 해드렸다.

"아니, 아니, 만성병 장기 처방전 필요 없어요. 무슨 통합 클리닉이니 그런 것도 안 해 줘도 되고." 그런데 할아버지는 내 딴에는 생각해서 해드린 조언을 바로 거절하셨다.

"그렇지만 제가 진찰 속도가 빠르지 않아서, 매번 너무 오래 기다리시니 무척 고생스러우실 텐데요."

"몇 시간 기다리는 거 상관없어요. 나는 매달 와서 의사 선생 이야기도 듣고, 말도 하고 그러고 싶어." 할아버님이 초조해하셨다.

"의사 선생, 선생도 알겠지만, 내가 몇 년 전에 아들을 먼저 앞세우지 않았소. 아내는 중풍으로 쓰러져서 지금은 요양원에 있고. 솔직히 말하면, 내가 평상시에 외출을 거의 하지 않는다오. 매달 이날 병원 오느라고 집 밖을 나서는 게 나한테는 제일 큰일이야. 병원도 올 필요 없어지면 난 뭘 하고 살아야 할지 모르겠어. 그러면 사는 게 너무 심심하잖아." 할아버님은 꼭 매달 와서 나와 '이야기를 나누어야' 한다고 고집을 부리셨다.

부모님들의 외로움

할아버님의 말씀에 나는 울 수도 웃을 수도 없었다. 통합 클리닉이 왜 그렇게 잘 안 되는지 드디어 그 원인 중 하나를 알게 된 계기이기도 했다. 의사를 만나고 병원을 돌아다니는 일은 할아버님에게 생활의 낙이자 매달 해야 하는 중요한 일이었다.

예전에 노인들이 병원을 본인들의 사교장으로 생각한다는 이야기를 정말 많이 들었다. 분명 오후 진료인데 새벽같이 병원에 온다는 것이다. 큰 병이든 작은 병이든 꼭 병원에 와서 진료 접수를 해 놓는다. 약을 못 받아 가도 괜찮고, 검사 같은 거 안 해도 상관없지만, 의사는 꼭 보고 가야 한단다. 이웃이고 친구고 다 불러서 같이 병원에 진료를 받으러 간다. 기다리면서 수다도 떨 수 있고, 친구도 사귈 수 있다. 심지어 병원 식당에 가서 밥도 같이 먹는다.

이런 이야기를 하면 어르신들이 의료 자원을 낭비하고 있는 것 아니냐고 질책하는 분들이 있을지도 모르겠다. 하지만 시각을 바꿔서 생각해 보자. 가족과 친구가 모두 해외나 먼 곳에 산다면, 노인들 입장에서는 가족과 친구보다 더 많은 시간을 매달 의사와 간호사를 만나며 보내는 셈이 된다.

공허함, 외로움, 쓸쓸함, 이런 것들이 실은 노인들이 만년에 마주치게 되는 중요한 문제들이다. 인간관계가 좁아지면, 외로움이 심해진다. **규칙적으로 참여하는 활동이 부족하면 삶이 빈약해진다.** 노인들이 지역사회 활동에 활발하게 참여하도록 격려하고, 노인들에게 적합한 사교 활동을 늘릴 방법을 강구해 낸다면, 이들이 자연스레 병원에서 멀어지고 노인들만의 색다른 문화도 만들어 나갈 수 있을지 모른다.

산처럼 쌓인 건강보조제, 괜찮은 걸까?

다예 어르신이 진료실에 큰 보따리를 두 개나 들고 오셨다. 자리에 앉은 어르신은 보따리에 들어 있던 물건을 내 진료실 책상에 쏟아 보이셨다.

"이게 다 뭔가요?" 눈이 휘둥그레진 내가 물었다.

"의사 선생, 지난번에 지금 먹고 있는 건강보조제 다 가져와서 보여 달라고 하지 않았어요? 이게 다 지금 내가 먹고 있는 것들이라오. 내가 산 것도 있고 아들이 외국 가서 사 온 것도 있고, 이웃집에서 준 것도 있고, 내 다 가져왔지." 세상에, 다 세어 보니 못해도 스무 병은 넘었다.

"어르신, 많아도 너무 많네요." 온갖 약병이 내 책상을 가득 채우는 바람에 글자 쓸 공간도 없었다.

"그렇죠, 그렇다니까요. 선생님, 제발 남편한테 이야기 좀 해 주세요. 제가 말하는 건 안 들어요." 곁에 있던 할머님이 기회를 놓칠세라

제발 남편 좀 말려 달라고 하셨다.

"어르신, 제가 좀 봐드릴게요. 여기서 겹치는 성분들만 찾아서 써도 종이로 여러 장 나올 거예요. 이렇게 하시죠. 제가 표시해드릴 테니까 겹치는 건 드시지 마세요."

나는 인터넷에서 이 많은 건강보조제의 성분을 하나하나 확인해 보았다. 브랜드를 알 수 없는 제품에는 X자를 그리고, 내용물이 겹치는 경우에는 한 통 다 드시고 나서 다른 통을 드시라는 의미로 표시를 해드렸다. 지금 드시면 정말 도움이 될 제품에는 V자 표시를 하고 하루에 얼마나 드셔야 하는지 특별히 설명도 덧붙였다. 이 대공사를 마친 뒤 할아버님을 이렇게 저렇게 달랜 끝에 결국 내가 조언해드린 대로 건강보조제를 드시겠다는 약속을 받아 냈다.

사람이 나이가 들고 이가 나빠지면 먹는 것도 불편해져서 특정 영양 성분을 덜 섭취하게 된다. 예를 들어 고기를 먹지 않으면 활동량이 줄어들고 입맛도 젊었을 때보다 못해진다. 행동이 불편할 때는 나가서 먹을 것 사 오는 것도 귀찮게만 느껴져서 대충 간단하게 먹고 때워 버린다. 하지만 먹기 쉽고 편리한 음식에는 대부분 신선한 채소와 과일이 포함되어 있지 않고 식이섬유는 더더욱 부족하다. 이런저런 이유로 인해 노인과 노인의 가족, 친구들은 이러다가 영양 불량 상태가 되는 건 아닌지 늘 걱정을 달고 산다. 이렇다 보니 온갖 고영양 식품과 건강보조제가 사람들 사이에서 큰 인기를 끌고 있다.

영양 상태가 좋지 않을 때는 영양 보충이 분명히 몸을 호전시키는 기초 공사 역할을 한다. 하지만 **영양 상태가 나쁘지도 않은데도 지나치게 많은 보충제를 먹거나 양분을 섭취하면 도리어 몸에 부담이 가는 경우가 아주 많다**는 점을 지적하고 싶다.

인체의 건강은 대부분 일종의 평형 상태를 근간으로 한다. 태극太極의 개념처럼 지나치게 많거나 지나치게 많은 것 모두 건강에 해롭다.

과도한 단백질 섭취는 신장에 부담을 준다

나이가 들면 이가 나빠져서 음식물을 씹는 구강 기능이 안 좋아지고, 또 붉은색 고기를 너무 많이 먹으면 몸에 안 좋다는 생각에 서서히 육류 섭취를 줄이면서 단백질이 부족해진다. 그래서 병치레를 하고 난 사람에게 고단백 영양제가 주요 영양보충제 역할을 하게 된다.

그러나 무조건 영양을 보충한다고 건강해지는 건 결코 아니다. 단백질을 섭취하면 몸이 단백질 대사를 질소 노폐물로 전환한다. 신장은 다시 이 노폐물을 거르고 제거하는데, 신장 기능이 떨어졌거나 만성 신장질환을 앓고 있는 환자인 경우 이 과정이 신장의 부담을 가중해 도리어 신장 기능이 더 악화된다. 만성 신장질환 환자는 일반인들과 달리 단백질과 나트륨, 인, 칼륨을 적게 섭취해서 신장질환의 악화 속도를 늦춰야 한다. 고혈압, 고지혈증, 고혈당을 동시에 앓는 '3고' 노인 환자는 적절한 식이요법을 모를 경우 영양사나 특수 질병을 관리해 주는

케어 매니저와 상담하기를 권한다.

열량 과다, 체중 증가는 결코 복이 아니다

잘 먹는 게 복이라는 전통적인 관념에 사로잡힌 사람들이 참 많다. 더군다나 병이 난 뒤에는 열량을 많이 보충해야 한다는 생각만 하지, **음식의 영양 성분 조합을 주의해야 한다는 점은 등한시한다.** 전분, 쌀밥 같은 고열량 탄수화물만 보충하고 각종 영양 균형에 주의하지 않으면 과체중의 위험이 따른다. 특히 노인들은 당뇨병이나 퇴행성관절염 같은 만성질환을 앓는 경우가 많은데, 이런 상황에서 체중이 늘면 혈당 조절에 좋지 않은 영향을 끼치거나 무릎에 부담이 될 수 있다.

진료실에 있다 보면, 골절로 수술을 받고 한동안 거동이 불편해져서 운동을 하기 어려운 노인들을 흔히 만나게 된다. 큰 수술을 받은 노인이 보기 짠한 가족들은 빨리 건강을 회복하는 데 도움이 되리라는 생각에 끊임없이 고열량 음식을 가져다주거나 건강보조제를 잔뜩 사 준다. 그 결과, 다음번 진료에 노인을 만나보면, 살이 확 쪄서 움직이기 더 힘들어하는 사태가 벌어진다.

노년기에는 살짝 살이 붙은 정도에서 체질량지수BMI, Body Mass Index* 를 유지하라고 권한다. 가령, 키가 150센티미터인 노인 남성에게

---

* 성인들의 비만도를 판단하는 지수로, 몸무게(킬로그램)를 키(미터)의 제곱으로 나눈 값을 말한다.

는 적정 체질량지수 범위인 26에서 28을 유지하라고 권한다. 심혈관질환이나 대사질환을 앓는 환자에게는 체질량지수를 좀 더 낮게 유지하라고 권한다.

비타민도 중독된다, 적당량은 이 정도!

건강관리를 위해 비타민을 사는 노인들이 참 많다. 바이타민이라고도 불리는 비타민은 유기화합물 그룹이다. 정상적인 성장과 건강 유지를 위해 인체에는 적정량의 비타민이 필요하다. 하지만 보통 인체에 필수적인 비타민은 소량에 불과하다. 체내에서 스스로 합성할 수 없는 비타민은 음식을 통해 섭취해야 한다. 비타민 부족은 빈혈, 야맹증 등의 질환을 초래할 수 있다. 하지만 비타민이 너무 많아도 중독 현상이 일어나 질병이 발생하므로, 반드시 적당량을 섭취해야 한다는 사실에 주의해야 한다. 이를테면, 지용성 비타민은 물에 녹지 않고 체내에 쉽게 축적된다. 인체가 많은 양의 비타민을 배출하기 쉽지 않다 보니 중독 현상이 일어날 수 있다.

지용성 비타민에는 비타민 A, 비타민 D, 비타민 E, 비타민 K가 포함되는데, 단기간 내에 과량의 비타민 A를 복용하면 급성중독이 일어나 메스꺼움, 구토, 두통, 어지러움, 시력 장애, 근육 불균형 증상이 나타난다. 지나치게 많은 양의 비타민 A를 오랫동안 섭취하면 마찬가지로 만성중독 현상이 일어나는데, 이 경우 주로 중추신경 근육이 무력해지고 간섬유증이나 간경화 등이 일어난다. 비타민 D를 과다 복용하면 칼슘 함량이 높아져 구토와 근육 무력 등의 급성중독 증상이 나타난다.

비타민 B와 비타민 C가 포함된 수용성 비타민은 상대적으로 안전한 편이다. **그렇지만 비타민 C도 과다 복용하면 설사를 할 수도 있고 요로결석의 위험이 높아질 수도 있다.** 다발골수종 약물과 함께 복용하면 약물의 효과를 떨어뜨릴 수도 있다. 비타민 B1을 과다 복용하면 두통이 일어날 수 있고, 초조감을 느끼게 되며 지혈이 잘 안 되는 등의 현상이 나타날 수 있다. 너무 많은 양의 비타민 B6는 메스꺼움과 구토, 복통, 두통을 초래하고 뇌전증 치료제와 상호작용을 일으켜 약물의 효과를 떨어뜨림으로써 오히려 뇌전증 발작의 위험을 증가시킨다.

'치킨 에센스' 과다 복용은 관절통증과 부종을 일으킨다

연휴가 지나면 진료실은 늘 환자들로 가득하다. 평상시 혼자서 진료실에 걸어오셨던 아둥 어르신이 오늘은 돌연 휠체어를 타고 들어오셨다. 표정이 아주 고통스러워 보여 여쭤 보았다. "무슨 일 있으셨어요? 넘어지셨어요? 오늘은 어째서 휠체어를 타고 오셨어요?" 아둥 어르신은 언짢아하시며 말씀하셨다.

"이게 다 이 녀석들 때문이야. 치킨 에센스*인가 뭔가 하는 영

---

* 동남아시아 일대에서 많이 복용하는 영양보충제로, 닭을 주요 성분으로 만든 드링크제이다.

양보충제가 아주 영양가가 높다고 하기에 마셨다가 이 꼴이 됐지 뭐야……."아둥 어르신의 아들이 계면쩍어하며 설명하기를, 추석 때 여러 친척과 지인 들이 좋은 뜻으로 치킨 에센스 선물 상자를 보내 줬다고 했다. 아둥 어르신이 평상시 화장실 드나드는 게 귀찮아 죽겠다며 물을 잘 안 드셔서 좀 챙겨드리고 싶어 했다는 것이다.

안 그래도 물을 많이 안 마시는데 치킨 에센스까지 연속으로 여러 날 마셨더니 통풍 발작이 일어났고, 그 바람에 연휴에도 응급실로 달려가는 상황이 되고 말았다. 나는 어르신 아들을 생각해서 얼른 몇 마디 해드렸다. "어르신, 아드님이랑 따님이 효심이 깊어서 그래요. 다만 어르신은 체질적으로 이런 걸 많이 드시는 게 좋지는 않아요. 치킨 에센스 영양보충제에는 푸린purine이 많이 들어 있거든요."

통풍을 앓은 적이 있다면, 이런 영양보충제는 자제하는 게 상책이다. 게다가 물을 충분히 마시지 않으면 탈수 상태에서 더 쉽게 통풍 발작이 일어난다. 치킨 에센스는 포타슘이온potassium ion과 단백질 함량이 높아서 통풍 외에 만성 신장질환을 앓는 환자에게도 너무 많이 드셔서는 안 된다고 조언한다. 아둥 어르신과 그 가족들도 이번 기회에 제대로 교훈을 얻으셨으리라 생각한다.

칼슘제 과다 복용은 도리어 심장, 신장, 눈을 손상시킨다

나이 든 사람들이 제일 걱정하는 게 근육과 뼈의 손상, 골다공증 등이다. 노인은 자칫 잘못해서 넘어지기라도 하면 쉽게 뼈가 부러진다. **그래서 노인들 사이에서 칼슘 보충은 아주 보편적인 현상인데, 칼슘을 보충할 때도 적정량에 주의를 기울여야 한다.** 골다공증이 있는지 없는지는 반드시 병원에 가서 진단을 받아 봐야 하고, 본인에게 신장병이 있는지도 알아보고 나서 의사의 조언에 따라 적정량의 칼슘을 보충해야 한다. 칼슘 과다 복용이 신체 건강에 득이 될 게 없을 뿐 아니라 심지어 해로운 점이 더 많은 탓이다.

과거 연구에 따르면, 너무 많은 양의 칼슘을 섭취하면 도리어 엉덩뼈 골절의 위험이 커진다. 칼슘은 인체에 쉽게 흡수되지 않는다. 칼슘과 옥살산Oxalic acid이 풍부한 음식을 함께 먹으면 옥살산칼슘이 생성되어 결석이 생길 위험이 높아질 수 있다. 칼슘 과잉 섭취는 혈중 칼슘 함유량을 증가시켜 고칼슘혈증을 일으킬 수 있다. 이때 혈관 내 침전물이 빠른 속도로 석회화되면 동맥경화를 초래하고 더 나아가 심장 손상의 위험이 커진다.

체내 미네랄에는 칼슘 한 가지만 있는 게 아니다. 이들은 서로 대항하면서 균형적인 자연 통제 상태에 다다른다. 그래서 칼슘을 지나치게 많이 보충하면, 철, 아연, 마그네슘, 인의 흡수는 도리어 억제된다. 과거에도 칼슘을 과잉 섭취해서 체내 칼슘이 눈의 유리체琉璃體로 흘러 들어가 시력 악화를 초래한 사례가 보고된 바 있다.

모든 일은 과유불급이다. **보통 건강보조제를 좋아하는 노인에게는 진료받으러 오실 때 현재 복용 중인 모든 '보물'을 가져오시라고 요청한다.** 이렇게 하면 치료와 상치되는 건강보조제가 있는지 살펴볼 수 있고 그 노인이 도대체 어떤 것들을 복용하는지 파악해서 차트에 적당히 기록해 둘 수도 있다. 만일 통상적인 검사를 통해 농도가 측정되는 성분이면, 검사 보고서에 나온 농도를 보고 당사자와 함께 복용량을 늘려야 할지 줄여야 할지 상의할 수도 있다. 만성 신장질환이나 당뇨병 환자라면 질병 케어 매니저나 영양사의 상담을 받아야만 영양제 보충을 통해 몸을 건강하고 적절하게 관리할 수 있다고 조언한다.

저염식과 소식은 늘 정답일까?

"선생님, 지난번에 한 검사 결과 보러 왔는데요." 난잉 씨가 어머니를 모시고 재진을 받으러 왔다. 난잉 씨는 어머니가 요즘 주의가 산만해지시고 입맛도 떨어지셔서 사람이 기운이 하나도 없고 한숨만 쉬시니, 우울증에 걸리시기라도 한 건지 아니면 치매인지 알 수가 없었다. 노인 초진 환자의 경우 주요 증상으로 우울감을 호소해도 감별진단을 내리기 위해 적절한 혈액검사를 진행한다.

"네. 자, 한 장 한 장 살펴보죠. 혈액검사 결과는 정상이시고, 빈혈 없으시고요. 간, 신장 기능도 정상이시네요. CT촬영 결과도 다 괜찮으신 것 같고요. 뇌위축증도 없으시고, 중풍도 아니시고 뇌종양도 없으시고……. 아, 이상 소견을 보이는 게 하나 있네요. 할머님 혈액에 나트륨이 리터당 124밀리몰밖에 안 됩니다. 너무 낮으시네요."

"선생님, 그게 무슨 뜻인가요?"

"혈중 나트륨 농도가 좀 낮다는 뜻이에요. 나트륨은 전해질의 일종인데, 간단하게 말씀드리면 전해질이 불균형하다는 거고, 이걸 저나트륨혈증이라고 부릅니다. 추 여사님 증상은 나트륨 농도가 너무 낮아서 나타나는 증상일 수 있습니다."

임상에서는 우울증이나 인지기능 장애와 유사한 증상이 나타나 찾아오는 은발의 환자들이 적지 않다.

"선생님, 저한테 왜 이런 증상이 나타난 걸까요? 평상시에 아주 조심하면서 지내는데. 사람들이 좋지 않다고 하는 건 죄다 안 먹는다고요." 난잉 씨의 어머니인 추 여사님이 잔뜩 긴장한 모습으로 내게 물어보았다.

"좀 여쭤 볼 게 있는데, 평상시에 음식 간을 어떻게 해서 드세요? 소금 쳐서 드시나요?"

추 여사님의 병력을 살펴봤지만, 심폐질환은 없었고, 이뇨제 등 혈액 내 나트륨과 칼륨에 영향을 끼치는 약물도 복용하신 적이 없었다. 그러고 나서 할머님의 손발을 살펴봤지만 부어 있지도 않았다.

"소금이요? 소금 먹으면 고혈압 온다고 하지 않아요? 그래서 아주 싱겁게 먹어요. 소금을 안 쳐요." 추 여사님은 아주 진지하게 답했다.

"그래도 몸에는 적당한 전해질이 필요하거든요. 너무 많이 드시는 거야 안 좋지만, 너무 적어도 병이 납니다. 제 생각에는 섭취하시는 염분이 부족해서 저나트륨혈증이 온 것 같아요."

"엄마, 제가 그랬잖아요. 소금을 전혀 안 드시는 것도 안 된다고요."
난잉 씨가 옆에서 걱정스레 잔소리를 했다.

"지금으로서는 아주 위험하신 상황은 아니니, 너무 긴장하지 마시고요. 식사하실 때 매일 소금 6그램 정도는 드시기 바랍니다. 혈액검사다시 한 번 의뢰해 둘 테니, 염분 보충 상황을 추적 관찰하도록 하죠."

문제 소지가 있는 노인의 식습관 교정

언제부터인지는 모르겠지만, 고혈압, 고혈당, 고지혈증을 동시에 앓는 '3고'나 다른 만성질환에 걸릴까 봐 식습관을 과하게 제한하면서 지나치게 싱겁게 먹는 노인이 정말 많아졌다. **가령, 당뇨병에 걸릴까 봐 과일도 먹을 엄두를 내지 못한다.** 과일이 다니까, 다 설탕이라고 생각하는 것이다. **통풍이 두려워서 해산물을 먹지 않는다. 심혈관질환이나 대장암에 걸릴까 봐 붉은 고기는 죄다 안 먹는다. 콜레스테롤이 높아질까 봐 달걀도 안 먹는다.**

이런 잘못된 관념 탓에 식습관을 과하게 제한하면 오히려 건강에 해가 될 수 있다. 오랫동안 너무 싱겁게 먹으면 영양 불균형을 초래하고 체력이 약해진다. 안 그래도 특정 만성질환을 앓고 있거나 약을 먹고 있는데 식습관을 과하게 제한하면 전해질 불균형이 일어난다.

영양이 과잉될 가능성이 큰 현대 사회에서는 전문가 다수가 싱겁게 먹으라고 조언한다. 이렇다 보니 자칫 잘못하면 노인들이 식습관을 과하게 교정하는 일이 일어나는데, 여기에 온라인에 떠도는 온갖 유언비어의 선동까지 더해지면 먹을 수 있는 걸 복으로 여겼던 상태에서 적게 먹고 적게 마시는 극단으로 치닫는다.

체력이 떨어진 노인의 영양 문제

보도에 따르면, 2013년부터 2015년까지 진행한 '타이완영양건강상황조사' 결과 체력이 떨어진 노인에게서 보편적으로 두 가지 영양 문제가 나타난 것으로 나왔다.

첫째는 **너무 적게 먹어서 열량 섭취가 부족하다**는 것이었고, 둘째는 **음식을 골고루 먹지 않는다**는 것이었다. 대표적인 경우가 전분류를 과다 섭취하는 것이다. 밥은 많이 먹는데 단백질이 많이 들어 있는 우유는 적게 마시고 섬유질과 비타민이 많은 채소와 과일도 부족하게 먹고, 심지어 지방도 적게 섭취한다.

건강한 성인에게 권하는 정말 건강한 식습관은 균형 잡힌 식습관이다. 의학적으로는 여전히 지나치게 기름지게 또 너무 짜게 먹는 식습관은 권하지 않으며, 과식도 권하지 않는다.

위생복리부衛生福利部*에서는 성인의 하루 나트륨 섭취량은 2400밀리그램(즉 소금 6그램, 찻숟가락으로 한 숟가락 정도) 이상을 넘지 않

---

* 한국의 보건복지부에 해당하는 타이완의 정부 부처.

는 게 좋다고 권한다.** 지방의 하루 권장 섭취량은 남성의 경우 최대 70그램, 여성의 경우 최대 55그램이고, 포화지방의 하루 권장 섭취량은 남성의 경우 최대 23그램, 여성의 경우 최대 18그램이다.*** 따라서 지방을 적당량 섭취하고 매주 최소 두 번 어류를 먹으며, 항산화물질이 많은 채소와 과일을 많이 먹고, 통곡물과 잡곡, 통밀 제품 등 혈당지수가 낮은 당류를 섭취하고 정제당이 들어간 음식을 멀리하는 것 등이 모두 몸에 득이 되는 식습관이다.

노인에게 추천하는 3대 식습관

과거 연구에서는 고혈압과 고지혈증 및 고혈당을 함께 앓는 '3고' 방지, 항노화, 혹은 치매 예방을 위해 지중해식 식단, 대시 식단DASH diet, 마인드 식단MIND Diet을 추천한다. 지중해식 식단은 1960년대 관상동맥 심장질환으로 인한 지중해 연안 국가의 사망자 수가 북미 유럽의 사망자 수에 비해 적다는 관찰 결과에서 비롯된 식단으로, 채소, 과일, 통곡물, 콩, 견과류, 씨앗, 올리브유가 풍부하게 들어간 식단을 말한다. 대시 식단은 '혈압을 낮추는 식사 요법'이라는 뜻의 'Dietary

---

** 「2020 한국인 영양소 섭취기준」(보건복지부, 2020)에서는 성인의 '나트륨 만성질환 위험감소 섭취량'을 하루 2300밀리그램으로 제시했다. 한국인의 평균 나트륨 섭취량은 하루 3289밀리그램(2019년 기준)으로 권장 기준에 비해 매우 높은 수준이다.

*** 한국 식약처에서 고시한 식품 등의 표시 기준에 따른 1일 영양성분 기준치에서는 지방 54그램, 포화지방 15그램을 기준으로 한다.

Approaches to Stop Hypertension'의 약칭으로, 곡물, 채소, 과일, 저지방 유제품 섭취를 강조하고, 통곡류, 가금류, 생선류, 견과류를 곁들이는 식단을 뜻한다. 마인드 식단은 'Mediterranean-DASH Intervention for Neuroconitive Delay'의 약자로 인지장애나 치매를 예방하기 위해 지중해식 식단과 대시 식단을 합쳐 만든 식단을 말한다. 마인드 식단은 살코기, 생선, 통곡물, 농산물, 올리브유, 저염식을 강조하는 식단이다.

서로 다른 세 가지 식단임에도 통하는 부분이 있다. 모두 짙은 녹색이거나 서로 색깔이 다른, 항산화 효과가 뛰어난 채소와 과일을 많이 섭취하라고 강조한다. 주식으로는 통곡물과 잡곡류를 우선으로 선택하고 올리브유나 견과류 섭취로 유지방을 부분적으로 대체하라고 한다. 단백질은 식물성 단백질을 우선으로 선택하고, 그다음 오메가3 지방산을 제공하는 어류와 해산물을 선택하라고 한다. 이런 음식물이 모두 혈관성 질환 예방에 도움이 되고, 항산화 물질이 많이 함유되어 있어 뇌세포를 건강하게 하고, 활성산소의 공격을 피하게 해 주는 까닭이다.

과거 연구에 따르면, 이런 식습관이 신체 건강, 특히 뇌와 심혈관에 큰 도움을 준다고 한다. 최근 들어 음식물을 통한 콜레스테롤 섭취 제한에 관한 연구와 토론이 아주 활발한데, 보고된 내용 사이에 좀 차이가 있기는 하지만, 결론적으로는 **결코 콜레스테롤 함유량이 높은 음식물을 먹지 말라고 권하지는 않으며, 달걀이나 붉은 고기 등 콜레스테롤 함유량이 높은 음식물을 적절히 줄이는 식으로 콜레스테롤 섭취량**

을 줄이라고 권한다. 달걀을 예로 들면, 달걀 전체를 다 먹는 게 아니라 흰자만 먹거나, 다 먹는다면 하루 한 알 정도로 제한해 먹는 게 좋다.

만성질환이 있는 노인은 이렇게 먹자

원래 만성질환이나 특수한 질병을 앓는 환자에게는 적절한 식단을 선택하라고 권장하는데 이게 좀 복잡한 부분이다. 예를 들어서, 혈압이나 심장질환을 관리하기 위해 이뇨제를 복용하는 노인이 있을 수 있다. 이런 약물은 체내 나트륨을 배출해 수분을 제거하는 기전을 갖고 있기 때문에, 만약 노인이 염분마저 섭취하지 않으면 저나트륨혈증이 일어날 수 있다. 이외에 몇몇 암 치료 약물, 일부 항우울제, 항간질제 등도 저나트륨혈증을 일으킬 수 있다.

나트륨은 체내의 중요한 전해질 중 하나로, 인체의 수분 균형을 유지해 주며, 신경근육의 운동을 돕는다. 정상적인 상황에서 인체는 자동으로 수분과 나트륨의 균형을 조절해 혈장 나트륨 농도를 리터당 135~145밀리몰 범위 안에서 유지하지만, 체내에 '물이 너무 많고 나트륨은 너무 적으면' 나트륨 농도가 정상 범위 아래로 내려가는데, 이를 저나트륨혈증이라고 부른다. 경미한 저나트륨혈증은 뚜렷한 증상이 없으며, 중증 저나트륨혈증은 몸이 나른하고 구역질이 나며 두통, 기면, 전신무력증 등 증상이 나타날 수 있다. 심각할 때는 혈장 나트륨 농도가 순식간에 리터당 120밀리몰 이하로 떨어지는데, 이때는 중추신경계통 손상이 일어날 수 있으며, 경련, 간질 그리고 의식 혼미, 물뇌증, 영구적인 뇌손상, 심지어 사망 위험도 있다.

채식을 하는 노인이라면 이렇게 먹자

임상에서는 또 문화적인 습관이나 종교를 이유로 채식만 하는 노인들이나, 위궤양으로 오랫동안 제산제를 복용한 노인들, 혹은 위절제 이후 위장 기관이 영양소를 잘 흡수하지 못하는 노인들에게서 비타민 B군이 쉽게 결핍되는 현상을 흔히 보게 된다.

비타민 B12는 세포의 성장, 적혈구의 형성, 상피세포의 재생 그리고 신경계통의 발전과 유지에 매우 중요한 역할을 담당한다. 또 신경계통의 건강을 책임지고, 탄수화물과 지방, 단백질의 에너지 전환과 이용에 도움을 주며, 엽산과 함께 세포분열 작업에 참여하는 등 동물의 성장에도 큰 의미가 있다. 오랫동안 비타민 B12가 결핍되면 심하지 않을 때는 체중이 감소하며, 혀와 등이 아프고 사지가 시큰거리고 저리는 등의 증상이 나타날 수 있다. 심각하면 쉽게 신경계통의 병변을 초래해 인지 능력 저하, 주의력 결핍, 기억력 저하가 나타나고 생각이 불분명해지며 식욕부진, 감정 통제 불능, 우울, 권태 등의 현상이 나타난다.

따라서 치매 클리닉을 찾아온 노인들이 기억력 저하를 호소한다고 해서 이 사람들이 다 알츠하이머는 아니다. 비타민 B12 부족으로 인한 증상일 수도 있다. 그래서 초진 환자의 경우 비타민 농도 검사를 진행한다. 연구에 따르면 인체에 비타민 B12가 부족할 경우 혈액 내 호모시스테인Homocysteine 농도가 쉽게 높아져 고호모시스테인혈증Hyperhomocysteinemia이 나타나고 여기서 더 나아가 혈관염, 혈관경화, 혈관내막 손상을 초래해 울혈이 생기며, 중풍, 심근경색, 폐색전증 등 심혈관질환의 위험이 증가한다. 이 기전이 이후 치매 발병의 위험을 높일 수 있다고 보는 치매 연구자도 있다. 그 밖에도 비타민 B12는 체내에서 혈액을 만드는 일에 관여하는, 적혈구의 발육과 성숙에 꼭 필요한 인자이다. 비타민 B12가 부족하면 적혈구가 성숙할 수 없고 더 나아가 악성 빈혈을 초래해 머리가 어지럽고 눈이 어두워지며, 쉽게 피로해지는 등의 현상이 나타난다.

비타민 B12는 주로 육류, 어육류, 가금류, 유제품, 달걀노른자 그리고 동물의 간 등의 식품에 함유되어 있으며, 일반 식물성 식품에는 거의 함유되어 있지 않다. 이런 탓에 오랫동안 채식을 한 사람은 비타민 B12 섭취에 특별히 신경 써야 한다. 영양사들은 편의성을 고려해 해조류나 효모균류 식품을 많이 섭취하도록 권장한다.

병이 다르거나 약물이 다르면 그에 따라 식단도 다소 달라져야 한다. 특히 고혈압, 고지혈증, 고혈당을 함께 앓는 '3고'와 대사질환을 앓는 만성질환자의 경우 전문의, 케어 매니저나 영양사와 상의할 것을 권한다. 평상시 식생활에서 주의해야 할 사항을 알아야 좋은 건 먹고 나쁜 건 피해 균형 잡힌 식사를 할 수 있고 건강 증진 효과도 볼 수 있다.

만성질환 환자는 어떻게 스스로를 관리하고
돌봐야 할까?

"선생님, 손에 멍이 하나 들었는데, 이게 왜 그런 건가요?"
류 씨 어르신이 소매를 걷자 자홍색을 띤 검은 멍이 드러났다.

"손을 어디에 부딪치셨어요? 넘어지기라도 하셨나요?" 나는 멍을
살펴보며 물었다.

"아닌데, 평상시에 아주 조심하고 다니거든요. 전혀 부딪친 적 없어
요." 류 씨 어르신이 단호하게 말씀하셨다.

"어르신 항응혈제 드시나요?" 보통은 이게 가장 흔한 이유이다.

"그게 뭡니까? 그런 건 먹은 적 없는데." 류 씨 어르신은 고개를 내
저으시며 먹은 적 없다고 부인하셨다.

"방금 건강보험 내역 확인해 보니 지금 항응혈제 복용하고 계시네
요. 항응혈제 복용하시면 이런 상황이 벌어질 수 있어요. 이 약 처방해
주신 의사 선생님에게 말씀하시고 복용량을 조정할 수 있을지 상의해

보세요."

컴퓨터를 클라우드 시스템에 연결해서 류 씨 어르신의 복약 이력을 대충 훑어봤는데, 항응혈제를 규칙적으로 복용하신 지 이미 시일이 꽤 지난 참이었다.

"먹은 기억이 안 나요. 그게 무슨 약이죠?"

그러나 류 씨 어르신은 본인이 어떤 약을 먹고 있는지 정확히 알지 못하고 계셨고, 본인이 왜 이런 약을 먹어야 하는지도 이해하지 못하고 계셨다. 약물의 효과와 부작용을 정확히 알고 계신지는 더 말할 것도 없었다.

"이 약은 혈액의 응고를 막는 약이에요. 보통 심혈관질환이나 중풍 환자들이 복용합니다."

현재 건강보험 데이터에 접속하면 몇몇 관련 정보를 찾아볼 수는 있지만, 다른 병원에서 진료를 받은 경우에는 세세한 부분까지 명확히 확인하는 게 기술적으로 어렵기 때문에 임상 의사로서는 이런 경우 정말이지 골치가 아프다.

많은 노인이 크고 작은 만성질환에 시달린다. 이런 만성질환을 어떻게 돌봐야 할까, 여기에도 방법이 있다. 의료진을 제외하고 가장 중요한 부분은 환자를 돌보는 사람과 환자 본인의 노력이다.

재단법인천주교치매노인사회복지기금회Taiwan Catholic Foundation of Alzheimer's Disease and Related Dementia는 여러 해 전 '만성질환 자

가 관리 강좌'를 도입했다. '만성질환 자가 관리 강좌'는 미국 스탠퍼드 대학 환자교육연구소에서 개발한 프로그램으로, 스탠퍼드대학과 캘리포니아북부카이저퍼머넌트메디컬프로그램Northern California Kaiser Permanente Medical Program이 함께 연구해서 내놓은 성과이기도 하다. 이 연구팀은 무작위로 1000여 명을 선별해 연구를 진행했는데, 강좌 참가자와 미참가자를 비교한 뒤 전자의 (운동, 사고력을 활용한 상황 처리, 문제 대응과 의료진과의 소통 등이 포함된) 건강 행위와 개인의 (건강, 피로, 장애 상황, 사교 활동과 건강 문제가 초래하는 어려움 등에 대한 자기 평가가 포함된) 건강 상황이 모두 개선되었다는 사실을 발견했다. 이 강좌는 1991년부터 널리 보급되기 시작해 현재 이미 수십 년의 역사를 갖고 있다.

나는 예전에 이 방법을 소개한 운영 매뉴얼 『만성질환과 함께 건강하게 살아가기』* 번역 작업에 참여한 적이 있다. 여기서는 자가 관리 정신을 바탕으로 노인 만성질환을 더 잘 돌보는 데 도움이 되는 만성질환 관리의 핵심을 몇 가지 간단히 소개해 보겠다.

---

*   Kate Lorig, *Living a healthy life with chronic conditions: self-management skills for heart disease, arthritis, diabetes, depression, asthma, bronchitis, emphysema and other physical and mental health conditions*, Boulder, CO: Bull Publishing Company, 2020.

방법 1: 부모님이 의사의 지시에 따르도록 도와드린다

노인 만성질환 환자를 보살필 때 맞닥뜨리는 어려움 중 하나가 노인들이 보통 의사의 지시를 잘 따르지 않는다는 것이다. 노인이 귀가 어두워졌거나 인지기능이 퇴화하는 바람에 의사의 지시를 잘 듣지 못했거나 제대로 기억할 수 없게 되었을 수도 있기 때문에, 많은 병원이 만성질환 관련 중요 정보를 전할 수 있는 정보 안내 팸플릿을 만들고 있다.

특정 질병 때문에 처음 진료를 받을 때, 또는 진료를 몇 번밖에 보지 않은 초기에는 가급적 다른 가족이나 친구가 동행해서 의학적 진단과 치료 계획 그리고 다른 주의 사항을 함께 경청하라고 조언하고 싶다. 진료 후에는 다음 두 가지 방법을 권한다.

1. 약 봉지에 작은 메모지를 붙여 빨간펜이나 마커펜으로 의사의 지시사항을 표시해 놓거나 달력에 표시해 둔다.
2. 약 복용 시간에 전화를 걸거나 문자 메시지를 보내 약을 먹으라고 알려 준다.

약 복용이나 병원에 가야 할 날짜와 시간을 일깨워 주는 것 외에 일상적인 식습관 부분에서도 가족과 친구의 협조가 필요하다. 예를 들어서, 당뇨병 환자는 식이를 제한해야 한다. 이런 환자들과 함께 식사할 때는 당분이 지나치게 높은 음식은 주문하지 않도록 하자. 환자들에게 식이조절을 해야 한다고 일깨워 줄 때도 질책하지 말고, 식이조절을 제대로 하지 않는다고 나무라지 말자. 건강 정보를 나누는 말투로, 환자 자신이 본인에게 득이 되는 이런 음식을 먹는 게 유행의 최첨단이라고 느끼게 해 주자.

방법 2: 부모님 스스로 만성질환을 이해하도록 도와드린다

다들 환자의 권리에는 관심을 기울이면서도 만성질환 환자의 의무는 자주 언급하지 않는다. 여기서 말하는 **환자의 의무에는 의료진이 병을 진단하고 치료할 수 있도록 환자가 자신의 증상을 의료진에게 알리는 행위도 포함된다.** 아래와 같은 내용을 노인들이 이해할 수 있도록 우리가 도와야 한다.

1. 본인이 앓고 있는 질병에 대해 기본적인 정보를 숙지해야 한다. 병명, 증상, 언제 증상이 좀 가벼운지 또 어떤 요인이 병세를 악화시키는지 등이 이에 해당한다.
2. 현재 이 질병에 대한 어떤 치료법들이 있으며, 각 치료법 사이에 어떤 차이가 있는지, 질병이 잘 관리될 때 예후는 어떠한지, 이 병이 완치 가능한 병인지, 아니면 장기 추적하면서 관리해야 하는 병인지, 질병이 관리가 잘 안 될 때 찾아올 수 있는 합병증에는 어떤 것들이 있는지 알고 있어야 한다.

방법 3: 약물을 이해하도록 도와드린다

대부분의 만성질환은 오랫동안 약을 먹으며 관리해야 하는데, 보통 노인들이 한 가지 만성질환만 앓는 게 아니다 보니 어르신들에게서 이런 불평을 흔히 듣게 된다. "매일 약을 한 주먹씩 먹다 보니, 약만 먹어도 배가 다 부를 지경이야." 그런데 이 말에는 우리가 주의해야 할 또 다른 문제가 숨어 있다. 매일 그렇게 많은 종류의 약을 먹는데, 어르신들이 정말 약의 효과와 주의 사항을 다 알고 계실까?

일단 **복용 시간을 이해해야 한다.** 먹으면 잠이 오는 부작용이 있는 약들은 낮에 먹기에 적합하지 않다. 어르신들이 어떤 약은 공복에 먹으면 안 된다는 사실을 알고 계실까? 어떤 약물은 음식과 함께 복용해야 한다는 사실은? 또 특정 음식과 함께 먹으면 약과 음식이 상호작용을 일으킨다는 사실은? 가령 심혈관 항응혈약 중에는 그레이프프루트나 유자류와 함께 먹으면 안 되는 약물이 많다. 어떤 약물에는 복용 후 물을 많이 마셔야 한다는 설명이 붙어 있다.

그다음에는 **복용 횟수를 이해해야 한다.** 매일 두세 번은 복용해야 약물의 혈중 농도가 유지되는 약이 있는가 하면, 반대로 효과가 길게 가서 몸에서 용해되고 방출되는 속도가 느리다 보니 하루에 한 번만 복용하면 되는 약도 있다.

가루로 복용해도 되는 약들도 있지만, 반으로 가르거나 씹고 부셔서 먹으면 안 되는 약들도 있다. 약물의 붕해崩解 속도가 빨라지거나 위산 통과라는 시험대를 통과할 수 없게 되기 때문이다.

많은 의사가 예비용 약을 처방해 준다. 이를테면, 수술 후 통증에 대한 민감도는 환자마다 다르므로 복용해야 할 진통제의 복용 빈도나 복용량도 다를 수 있다. 의사들은 보통 하루에 복용할 약을 양이 다르게 서너 번에 나누어 처방한 뒤, 환자에게 필요할 때 복용하라고 당부한다. 혹은 관상동맥질환 환자의 경우 의사가 비상시에 사용할 혈관확장제를 준비해 주기도 한다.

일전에 뉴스에서 심장병 환자들이 복용하는, 속칭 '심장 구세주'로 불리는 약물 덕에 목숨을 건진 사례가 대대적으로 언급되면서, 이게 무슨 영험한 묘약인 줄 알고 약국에 가서 자기 돈을 주고 산 사람들이 많다. 여기서 언급된 약은 협심증으로 인해 급성 흉통, 가슴 통증이 왔을 때 비상용으로 쓰는 니트로글리세린Nitroglycerin이다.

그러나 심장병 환자가 아닌데도 마음대로 이 약을 함부로 먹었다가는 도리어 혈압이 갑자기 떨어져서 위험해질 수 있기 때문에, 이 뉴스가 나온 이후 의료 단체에서 다급히 보도 내용을 정정하고 호소한 바 있다.

방법 4: 자주 하는 검사를 이해하도록 도와드린다

평상시 만성질환을 추적하다 보면 정기적으로 혈액검사나 소변검사, 초음파, 엑스레이, CT촬영, MRI검사, 검안경검사 등을 하게 된다.

2부 부모 편

노인들도 자주 하는 검사의 기본적인 내용은 알고 있어야 한다. 예를 들어 대략 얼마에 한 번씩 추적검사를 해야 하며, 추적 항목은 무엇인지, 검사 보고서를 확인해 빈도와 관련 검사로 인해 초래될 수 있는 불편함이나 주의 사항 등을 알아 둬야 한다.

또한 엑스레이를 찍는 날은 금속이 없는 가벼운 속옷을 입는 게 제일 좋으며, 검사가 빠르게 진행될 수 있도록 목걸이 등 장신구는 미리 제거하는 것이 좋다. 혈액검사 중에는 사전에 금식을 해서 공복 상태를 몇 시간 유지한 뒤에야 검사할 수 있는 항목들도 있다. 정기적으로 소변검사를 해야 한다면, 미리 물을 많이 마셔 두는 게 샘플 채취에 유리하다. 영상 촬영 검사를 할 때는 환자가 가만히 눕는 자세로 협조해 줘야 한다.

방법 5: 일상생활에서 만성질환을 통제하는 법을 알려드린다

약을 먹는 것 이외에 일상생활에서 만성질환을 통제하는 방법에 또 어떤 것들이 있는지 알아 둬야 한다. 가령, 의사들은 백내장 수술을 한 지 얼마 되지 않은 환자에게는 햇빛 자외선으로 인한 손상을 막기 위해 선글라스를 끼라고 권한다. 그러나 수면장애가 있거나 우울감을 느끼는 노인 골다공증 환자에게는 밖에 자주 나가고 햇볕을 많이 쬐라고 권한다. 신장 투석을 하는 환자에게는 수분 섭취를 제한하라고 하지만, 평범한 노인에게는 물을 많이 마시라고 권한다. 골다공증 환자에게는 많이 움직이라고 권하지만, 관절에 염증이 있고 관절이 빨갛게 부어 열이 나는 사람은 일단 증상부터 가라앉혀야 하므로, 오히려 억지로 활동하게 해서 불편함을 초래하는 일이 없어야 한다.

식이요법 방면에서는 노인 심혈관 환자의 경우 저염식을 참고하면 좋다. 지나친 염분 섭취는 혈압을 상승시키므로 고혈압 환자는 주의해야 한다. 당뇨병 환자는 전분 함량이 높거나 당분이 많은 음식물을 지나치게 섭취해서는 안 된다. 고단백 식단은 신장 기능이 좋지 않은 노인에게 좋기는커녕 도리어 부담을 준다. 골다공증이 있는 노인은 칼슘과 비타민을 적절히 보충해 줘야 한다.

방법 6: 만성질환으로 인한 위험을 관리할 수 있도록 도와드린다

건강상태는 바뀌는 속도가 빠르고, 만성병도 급작스럽게 발작을 일으킬 위험이 있으므로, 만성질환을 앓는 환자는 일어날 수 있는 긴급 상황과 대처 방법을 학습하고 이해해야 한다. 이를테면, 당뇨병 환자는 혈당이 갑자기 떨어지면 식은땀을 흘리고, 어지럼증이 오거나 의식을 잃을 수도 있다. 이런 상황이 벌어졌을 때 증상이 경미하면 일단 환자의 입에 각설탕을 넣어 주거나 사레가 들리지 않도록 주의하면서 가당 음료를 마시게 하자. 노인은 혈압이 높아지면, 어지럼증, 머리가 부어오르는 듯한 증상, 두통 등 불편감이 나타날 수 있다. 이럴 때 가까이에 약이 있으면 복용하고, 앉거나 누워서 쉰다. 심근경색 발작이 일어나면 가슴이 아프고 답답하며, 식은땀이 날 수 있다. 심지어 등이 아플 수도 있는데, 이럴 때는 바로 119에 전화해서 병원으로 이송해야 한다.

본인이 앓고 있는 병과 관련해서 언제 병원에 이송되어야 하고, 언제 응급실에 가야 하며, 응급구조팀이 도착하기 전에 집에서 어떤 초동 대처 단계를 밟아야 하는지 노인도 알고 있어야 한다.

방법 7: 마음을 보살필 수 있도록 도와드린다

만성질환을 돌볼 때 가장 소홀히 하는 부분이 실은 심리적 건강이다. 생각해 보라. 매일 혈당 약물을 주사해야 한다니, 정말 짜증이 날 수밖에 없을 때도 있을 것이다. 신장병으로 매일 복막투석을 받아야 한다면, 일상생활에 제약을 받는다는 느낌이 들고 행동의 자유도 느끼지 못할 것이다. 우울감에 시달리는 노인 심장병 환자는 늘 본인에게 언제 발작이 일어날지 모르는, 발작이 일어나도 옆에 사람이 없으면 어떻게 해야 하나 싶은 긴장과 공황, 불안한 상태에 휩싸인다. 만성 관절염 환자는 통증의 영향 탓에 쉽게 잠을 설친다.

정서적 우울감과 신체 건강은 쌍방향 관계에 있어 서로 영향을 주고받는다. 마음이 평온하고 생각이 낙관적이면 만성질환을 앓고 있다 해도 몸의 건강과 신체 기능을 유지할 수 있지만, 늘 우울하면 정서적 스트레스가 체내 면역체계와 자율신경체계를 통해 몸의 균형에 영향을 끼치고 심장박동 변화와 신진대사의 변화, 인슐린 저항성 증가, 염증 유발 물질 증가 등의 현상을 일으켜 원래 있던 건강 문제까지 악화시킬 수 있다. 반대로 정서장애가 없던 노인들도 넘어져서 골절상을 입거나 큰 병을 앓고 난 뒤에는 초조감, 우울감에 시달리고, 입맛이 떨어지거나 외출을 꺼리고, 체력이 떨어지거나 심지어 죽고 싶다는 생각을 많이 하게 된다.

몸은 마음에 영향을 끼치고, 마음도 몸에 영향을 끼친다. 그중 어떤 걸 먼저 다스려야 하느냐고 묻는 분들이 있다. 사실 그중 어떤 거라도 좋다. 가장 중요한 건 이 악순환을 깨는 것이다. 통증에 시달리고 있다면, 통증을 통제해야 한다. 그러면 노인의 기분도 나아질 것이다. 기분이 나아지면 통증에 대한 민감도도 따라서 내려가므로, 훨씬 덜 아프다고 느끼게 된다. 수면장애가 나타나면 무척 초조해지는데, 이럴 때는 초조감을 누그러뜨리고 수면의 질을 개선해 보자. 잠을 잘 자고 일어났더니 마음이 가볍고 자연스레 혈압도 통제되며, 이명도 줄어들었던 경험. 아마 이런 경험을 해 본 사람이 적지 않으리라 생각한다. 몸의 통증이 줄어들면 기분은 자연스레 좋아진다. 이렇게 해서 긍정적인 순환이 일어나는 것이다.

2장

사라진 새벽잠, 심해진 건망증과 무기력증,

노화일까 병일까?

새벽부터 깨고 잠도 거의 못 자는데, 불면증일까?

"어르신, 오늘은 무슨 일로 오셨어요?"

"어디 병이 난 건 아닌데, 아들이 꼭 가 봐야 한다고 하면서 데리고 왔지 뭐야."

"아버지가 문제가 없다뇨. 선생님, 아버지가 한밤중에도 잠을 못 주무시고 계속 여기저기 왔다 갔다 하세요. 화장실에 몇 번을 가시는지 몰라요. 전립샘에 문제가 생긴 줄 알고 비뇨기과에도 가 봤는데 검사했더니 아무 문제가 없다는 겁니다. 전에 한밤중에 화장실에 볼일 보러 가시다가 넘어져서 다치신 적이 있거든요. 저희로서는 아버지가 한밤중에 옆에 사람도 없는데 일어나시다가 사고라도 날까 걱정이죠. 그러니 아버지가 일어나시기만 하면 저희도 따라서 일어나야 해요. 그 바람에 온 가족이 잠을 다 설칩니다. 비뇨기과 의사 선생님이 수면에 문제가 있는 건 아닌지 가서 좀 보라고 하시더라고요."

"낮에는 어떠신가요?" 내가 물었다.

"낮에야 아주 잘 자지……." 어르신은 약한 모습은 보일 수 없다는 듯 말을 이어 가셨다.

"낮에는 밖에 좀 나갔다 오시라고 해도 집에만 계세요. 밤에 잠을 제대로 못 주무시니까 낮에는 앉아서 계속 졸고 코까지 고신다니까요."

노인 중 약 40퍼센트가 수면장애를 겪는다

나이가 들면서 깊은 잠은 줄고 자는 도중에 깨는 횟수가 늘어나며 총 수면 시간이 줄어드는 등 수면의 구조도 변화를 겪는다. 그래서 잠을 잘 자지 못했다는 불평이 쉬이 나오게 된다.

타이완에서 지역사회 노인을 대상으로 연구, 조사를 진행한 결과 약 40퍼센트 정도의 노인이 수면장애를 겪고 있으나 대다수가 병원 치료를 하지 않는 것으로 나타났다.

노인은 생체리듬 조절 능력이 떨어지기 때문에 수면장애가 더 쉽게 나타난다. 사람들은 보통 노인이 잠을 적게 자는 건 당연한 일이라고 잘못 생각하는데, 사실 노인들은 밤에 잠을 덜 자는 것일 뿐 낮에는 늘 낮잠을 잔다. 그러므로 이런저런 수면 시간을 다 합치면, 하루 수면 시간은 젊은 사람들보다 결코 적지 않다.

노인이 수면 문제를 겪기 시작하면 본인만 영향을 받는 게 아니다. 가장 흔히 발생하는 문제 중 하나가 바로 같이 사는 가족들과 생활 리

듬이 달라진다는 것이다. 노인들은 보통 저녁밥을 먹고 얼마 지나지 않아 잠이 오기 시작한다. 아무리 막아도 소용이 없고, 일찌감치 잠이 든다. 그런데 깊은잠을 덜 자니 걸핏하면 한밤중에 일어나 화장실에 가거나 새벽에 잠에서 깨서 쓸데없이 집안을 어슬렁거리고 이것저것 만지작거리는가 하면 심지어 밖에 나가기도 한다. 새벽 시간은 노인이 완전히 잠에서 다 깨어났을 시간대가 아닌 데다가, 어두컴컴하다 보니 넘어지고 다칠 위험도 높다.

생체시계 조절이 잘 되지 않으면, 수면 부족으로 낮이면 늘 정신이 맑지 않은 느낌이 들고 계속 조는가 하면, 심지어는 침대에 누워 일어날 생각을 하지 않아서 낮 시간의 활동량이 또 줄어든다. 아무 효과가 없는 대낮의 이런 휴식은 생체리듬을 악화시키고, 결국 낮과 밤의 수면 리듬은 엉망이 되어 버린다. 이럴 때 방해를 제일 많이 받는 사람이 아마 옆에서 자는 배우자일 것이다. 그렇다 보니 보통은 이들도 또 다른 수면장애 환자가 되어 버린다. 같이 사는 다른 젊은 가족은 낮에는 일을 해야 하므로 이 때문에 밤에 잠을 제대로 못 자고 방해를 받으면 실질적으로는 더 뚜렷한 영향을 받는다.

노인 수면장애의 원인

수면장애에는 수없이 많은, 다양한 원인이 있을 수 있으며 수면장애는 이 다양한 원인의 종합적인 결과로 나타날 수 있다. 뇌신경 계통의 자연적인 노화 외에 여러 생리적, 심리적 질환 역시 수면장애를 불러오는 원흉이다. 수면장애를 불러일으킨 온갖 원인을 찾아내서 상황을 명확히 파악한 다음 적절한 조언을 하거나 증상에 효과적인 치료와 처지를 한다는 것, 이것이 바로 전문의로서 맞닥뜨리게 되는 도전 중 하나이다.

노인 수면장애의 원인에는 여러 종류가 있는데, 간단히 소개해 보면 다음과 같다.

1. 뇌 자체의 질병

뇌혈관 질환(예를 들어 중풍), 뇌손상 혹은 뇌종양 등 환자에게서는 중추수면무호흡central sleep apnea이 일어날 수 있다. 치매 환자도 뇌의 퇴화로 생체리듬이 영향을 받아 수면장애가 일어나기 쉬운데, 초저녁만 되면 혼란스러워하거나 밤에 잠을 이루지 못하는 일몰증후군sundowning syndrome 등이 나타나기도 한다.

파킨슨병이나 레비소체치매Dementia with Lewy Bodies 사례에서는 질병의 영향으로 수면 시간에 사지 근육이 경련을 일으키거나 잠꼬대를 하고 팔다리를 휘젓는 등 렘수면행동장애REM sleep behavior disorder*가 나타나기도 한다. 이런 사례의 환자는 꿈속 상황을 실제 현재 환경

---

* 수면 중 급속한 안구 운동이 일어나는 단계를 렘수면 단계라고 한다. 정상인의 경우 이 단계에서는 스스로 움직일 수 있는 근육이 모두 마비된 상태라 움직일 수 없다.

에서 곧바로 행동으로 표현해 버리기 때문에 옆에 있는 사람을 때려 다치게 하거나 본인이 침대 아래로 떨어지는 등의 일이 벌어진다.

2. 정서와 심리의 문제

수면장애는 우울증이나 불안증의 증상 중 하나이다. 노인에게 수면장애가 나타날 때는 기분저하, 흥미 상실, 우울, 초조, 가족이나 친구에 대한 그리움 등 다른 정서적 증상은 없는지 잊지 말고 고려해 봐야 한다. **정서적 증상을 치료하는 것이 이런 사례의 핵심이다.**

3. 내외과적인 신체질환

병으로 불편해진 몸도 수면 상태에 영향을 끼친다. 가령 심각한 상기도감염 환자는 쉼 없는 기침 때문에 수면을 방해받을 수 있으며, 심부전 환자는 가슴이 답답하고 숨이 차서 똑바로 누울 수가 없어 결국 앉아서 숨을 쉴 수밖에 없고, 그렇다 보니 잠들기가 어렵다. 요로감염이 일어나면, 소변을 자주 보러 가게 되므로 밤잠을 설친다. 당뇨병 같은 만성질환은 신경장애를 불러일으키고, 사지가 저리고 아픈 증상이 나타나며, 위식도역류는 속쓰림 증상을 초래한다. 만성 관절통증이나 강력한 정신적 충격으로 유발된 급성스트레스장애acute stress disorder 등도 모두 수면에 영향을 끼치는 요인이 된다.

하지불안증후군은 신장 투석 환자나 철결핍성빈혈 환자에게서 흔히 나타나는데, 이런 환자들은 밤에 잠을 잘 때 다리에 불편한 감각을 느끼고 움직이고 싶어 한다. 심지어 자리에서 일어나 걸어 다녀야 그나마 좀 편해진다. 그렇기 때문에 수면의 질이 떨어지게 된다.

4. 생리 구조적인 문제

많은 노인이 거동이 불편해진 뒤 운동량이 줄고 체중이 늘기 시작하면서 쉽게 폐쇄성수면무호흡증후군 Obstructive Sleep Apnea Syndrome **에 걸린다.**

코인두와 구강 부위 질병의 경우 그 질병 자체로 인해, 혹은 치료 과정을 거치면서 관련 부위의 구조가 바뀌어 수면무호흡증이 나타나고 수면의 질과 효율에 또다시 영향을 끼칠 수 있다. 수면무호흡증은 좁아진 기도 탓에 생기는데, 기도가 좁다 보니 잘 때 코를 골게 되고 이때 잠시 호흡이 중단되기 때문에 밤에는 잠을 잘 자지 못하고 낮에도 늘 피로에 시달리며 잠에 빠져드는 일이 벌어진다.

5. 약물 문제

내외과적 질병 치료에 쓰이는 일부 약물들이 뇌의 수면주기 조절에 영향을 끼칠 수도 있다. 이를테면, 경구 투약이나 주사로 투여한 스테로이드, 기관지확장제가 불면을 초래할 수 있다. 파킨슨병 치료 약물도 수면을 방해한다. 특정 진통제나 신경통 약물, 간질 약물은 잠이 쏟아지게 할 수 있어서, 낮에 복용하면 쉽게 깊은 잠에 빠지게 된다.

6. 좋지 않은 생활 습관

노인의 수면장애와 관련해서 가장 흔히 보게 되는 좋지 않은 생활 습관은 사실 낮의 활동량 부족이다. 신체 운동 부족 이외에도 종일 집에만 있다 보니 뇌를 자극하는 활동이 부족해져서 계속 졸기만 하다가 남은 시간에 밥을 먹는다. 정상적인 낮과 밤의 리듬을 유지하려면 햇빛으로 생체시계를 조절해야 한다. 따라서 낮에는 가급적 햇볕을 쬐는 것이 심신 건강에 좋다. 이외에 밤에 커피를 마시거나 다른 자극적인 음료를 마시는 일도 피해야 한다.

늙었다고 꼭 수면장애가 나타난다는 법은 없다

절대로 노인의 수면장애를 자연스러운 현상으로 보면 안 된다. 늙으면 당연히 수면장애가 나타나기 마련이라고 생각하지 말고, 노인정신의학과나 불면증 클리닉, 수면 클리닉에 가서 진료를 받아 보도록 권해야 한다.

수면장애를 치료하려면 일단 제대로 진단을 받고 교정할 수 있는 원인을 찾아내야 한다. **진료를 받으러 왔다가 경도 치매임을 알게 되는 경우가 적지 않다.** 감별진단을 받은 뒤, 원래 앓고 있던 질병, 통증 혹은 정서적 질환 등 고칠 수 있는 요인이 찾아지면, 상대적으로 불면증을 덜 초래하는 약물로 약을 바꾸고, 증상에 맞춰 처리하는 식으로 수면 문제를 개선할 수 있다. 이 밖에도 좋은 수면 습관을 길러야 하는데, 규칙적으로 휴식하기, 편안한 수면 환경 마련하기, 낮에 운동하는 습관 기르기, 침실 소음 줄이기와 침실 햇빛 차단하기, 자극적인 물질(담배, 술, 커피 등) 사용 줄이기, 낮에 침대에 눕지 않기 등이 포함된다. 만일 이런 방법으로 수면 문제가 개선되지 않으면, 약물 사용을 고려한다. 수면 안정제의 부작용과 중독성을 두려워하는 사람들이 많지만, 의사에게 평가와 진단을 받은 뒤라면, 관련 약물을 적절히 사용해도 된다. 약물 복용량이나 처방 모두 가급적 위험과 중독성 최소화를 방침으로 하되, 의사가 제공하는 수면 관련 정보와 안내를 따르고, 규칙적인 진료를 통해 상태를 추적 관찰하면 수면 안정 약물은 상당히 안전하고, 치료에도 효과적이다.

그러나 마음대로 다른 곳에 가서 약을 구매하거나 다른 사람에게 처방된 수면제를 복용하는 일은 절대로 삼가야 한다는 사실을 거듭 당부하고 싶다. 부적절한 약물을 선택하거나 과다 복용하면 기면嗜眠, 몽유병, 건망증 등 부작용이 나타날 수도 있다. 수면제는 관리 대상 의약품이므로 전문의의 지시에 따라야만 안전하게 사용할 수 있다.

걸핏하면 깜빡깜빡, 치매인가?

"너 언제 돌아가니?" 궈 씨 할아버지는 이미 아흔이 넘은 고령에도 건강상태가 아주 좋으신 편이다. 외국에 사는 딸, 안이 씨가 할아버지를 뵈러 돌아온 참이었다.

"아버지, 저 이번에는 두 달 정도 있다가 8월 말에나 돌아가요."

"내 외투가 어디 있더라?" 안이 씨가 보니 아버지가 손목시계를 찾다가, 안경을 찾다가 하면서 계속 물건을 찾고 계셨다.

"방금 저한테 주셔서 제가 가방에 넣어 뒀어요. 왜요? 추우세요? 지금 입으시게요?"

"춥지는 않으니 지금은 입지 않으련다." 궈 씨 할아버지는 손을 휘휘 저으셨다.

"우리 어디 가려는 거냐?"

"아버지, 우리 지금 식당으로 출발하려는 거잖아요. 리 씨 아저씨랑 같이 식사하기로 약속했잖아요." 안이 씨는 인내심을 발휘해 가며 천천히 설명해드렸다.

"리 씨? ……누구 말하는 거냐?" 궈 씨 할아버지가 당황한 눈빛을 내비치시더니 실마리를 잡아 보려고 애를 쓰셨다.

"리 씨 아저씨요. 아버지 예전 동료요. 아버지가 리 씨 아저씨한테 전화해서 같이 밥이나 먹자고 해 보라고 하지 않으셨어요? 약속 잡았어요. 오늘로요." 제일 친한 친구 이름도 깜빡하셔서 알려드려야 생각을 해 내시니 이게 정상일까?

"아, 그랬니. 그런데 너 언제 돌아가니?" 바늘이 튀어 같은 구절이 반복적으로 흘러나오는 축음기 턴테이블처럼, 아버지는 같은 질문을 또 던지셨다.

안이 씨는 아버지의 기억력이 쇠퇴한 것 같다는 생각이 들었다. 뭘 물어보면, 늘 반 박자 늦게 대답하셨고 가끔은 물건을 어디에 뒀는지 잊어버리셨으며, 나가면서 열쇠를 깜빡하곤 하셨다. 이웃이나 오랫동안 만나지 못했던 친구와 마주치기라도 하면 상대방의 성과 이름이 바로 나오지 않아서 잠시 생각을 하고 나서야 겨우 입을 열곤 하셨다. 그렇지만 집 주소나 전화번호는 제대로 기억하셨다. 또 일상생활 중 먹고 자고 입고 움직이는 기본적인 일들은 다 혼자서 알아서 하실 수 있었기 때문에 대체로 다른 사람의 도움이 필요하지도 않았다. 안이 씨는 속으로는 걱정이 되면서도 다른 한편으로는 아버지가 연세가 이렇게 많으시니 이러시는 것도 정상이라고 생각했다.

'정상적인 노화'란 무엇일까?

보도에 따르면, 타이완 북단에 있는 마쭈섬에 사시다가 2018년 108세의 고령으로 돌아가신 국보급 장수 노인 추이치 선생은 치매 증상도 없었고 누워서 지내지도 않으셨다. 직접 젓가락으로 생선도 집어 드시고 손도 떨지 않으셔서, 가족들이 생선 가시를 발라드릴 필요도 없었다고 한다. 아들인 추지융 씨는 부친이 100세가 되던 해에도 직접 밭에 나가 채소를 심으셨다며, 무릎이 안 좋아지고 시력이 감퇴한 건 그 뒤에 일어난 일이라고 설명했다.

이미 고령화 사회로 접어든 오늘날에는 마라톤에 참가하는 60대, 70대 노인들이 나타나기 시작하는가 하면, 여든이 넘은 노인들이 '늙지 않는 오토바이 기사들과 함께 떠나는 타이완 일주 여행팀'을 만들기도 한다. 이런 일들이 차차 '정상적인' 현상으로 받아들여지고 있다. 그렇다 보니 노화에 대한 우리의 기대도 지난 수십 년 동안 크게 바뀌었고, 인간은 쉼 없이 앞 세대를 뛰어넘고 있으며, 그 능력도 새롭게 정의되고 있다. 따라서 노년기에 접어들었다 해도 건강한 노인의 의식은 왕성하게 발전해 나갈 수 있다.

정상적인 노화의 가장 표준적인 개념은 자기 자신과 비교를 해 보면 나온다. 젊을 때보다는 반응이 좀 느리고 가끔 건망증 증세가 좀 있어도 대부분의 경우 머리가 잘 돌아간다면, 퇴화가 계속되지는 않으며 기본적인 일상생활을 하는 데도 영향을 끼치지 않는다.

늙으면 원래 기억력이 떨어진다?

사람은 누구나 다 늙게 마련이지만 **정상적인 노화 과정이라면 '심각한' 기억 상실이 동반되어서는 안 된다.** 다시 말해서, 노화에 뚜렷하면서도 심각한 인지기능의 퇴화가 꼭 동반된다는 관념은 잘못된 관념이다. 정상적인 노화 과정을 밟는 사람이라면, 인지기능도 변함없이 유지되어야 한다. 정상적인 노화의 과정에서도 일부 퇴화와 변화가 일어나기는 하지만, 그것이 생활을 영위하는 데 영향을 끼쳐서는 안 된다. 앞에서 언급한 궈 씨 할아버지가 그런 사례이다. 얼굴에 난 주름이 외양은 바꿔 놓았을지 몰라도 생활에 영향을 끼치지는 않는다. 일반적으로 정상적인 노인들 다수가 일정 정도 지능 감퇴를 보이기는 하지만, 지능은 계속 떨어지는 게 아니라 일정 정도까지 쇠퇴하다 멈추고 수평 상태를 유지한다.

그러나 치매 환자의 기억력은 시간이 감에 따라 점점 더 악화한다. 이를테면, 친구의 이름을 기억하지 못하던 노인이 나중에 가면 중요한 일들도 잊어버리고, 서서히 가족의 이름이나 자기를 돌보는 방법조차 잊어버리는 식이다.

정상과 치매 사이의 회색 지대

왕 씨 아주머니는 남편이 세상을 떠난 뒤 혼자 살아오셨다. 몸은 건강한 편이고 외지에서 일하는 아들이 매주 한 번 어머니를 뵈러 집을 찾곤 한다. 그런데 최근 아들은 집 근처 시장 노점상에서 걸려 온 전화를 받았다. 어머니가 장을 보고 돈을 잘못 계산하셨다는 내용이었다. 뒤이어 잘 아는 은행 직원에게서도 전화를 받았다. 어머니가 은행에 오셔서 개인 투자 계좌 관련 내용을 문의하셨다고 했다. 직원이 연거푸 설명을 해드렸는데도 진행 단계에서 계속 실수를 저지르셨고 결국 씩씩거리며 자리를 뜨셨다고 했다. 아들이 몰래 관찰해 봤지만, 이 두 가지 일을 빼고 나머지 부분에서는 어머니에게서 이상한 점을 발견할 수는 없었다. 아들은 안심이 되지 않아 어머니를 모시고 병원에 가 보려 했지만, 어머니는 별거 아니라면서 그냥 늙어서 그러는 것뿐이라는 뜻을 굽히지 않으셨다.

정상적인 노화는 분명히 치매와 다르다. 그러나 인간의 인지기능은 **정상에서부터 시작해 뚜렷한 퇴화가 나타나기까지 과도기의 회색 지대가 존재한다. 의학에서는 이를 '경도인지장애'라고 부른다.** 흔히 볼 수 있는 증상으로는 건망증, 기억력 저하, 집중력 저하, 언어기능 쇠퇴, 시공간인지능visuospatial ability 저하 또는 복잡한 실행 기능 퇴보 등등이 있다. 경도인지장애는 인지기능 평가 검사나 도구로 측정한 결과, 표준치보다 상태가 저하된 것으로 나오지만 아직 치매 진단 기준에는 다다르지 않은 경우인데, 아마 왕 씨 어머니가 여기에 속하지 않을까 싶다.

경도인지장애 사례 중 매년 약 15퍼센트 정도가 1년 후에 치매로 발전한다. 경도인지장애 진단을 받지 않은 노인의 약 1퍼센트 정도가 매년 치매 진단을 받는 것에 비하면 무척 높은 확률이므로, 경도인지장애라고 해서 대수롭지 않게 여기고 넘어가서는 안 된다.

현재 보건기관에서는 노인 건강검진을 통해 의심 사례를 찾아내거나 지역사회 선별검사를 통해 아직 치매로 악화하지 않은 경도인지장애 환자를 찾아낼 계획을 세우고 있다. 이들이 생활 패턴을 바꾸고, 각종 위험 인자를 통제할 수 있도록 도움으로써 이후 치매로 악화하지 않도록 막거나 치매로 악화하는 시기를 늦추려는 것이다.

가성치매로 인한 우울증

커 씨 할머니는 딸의 손에 이끌려 치매 전문 클리닉을 찾았다. 할머니는 최근 한 달 툭하면 정신을 딴 데 파는가 하면, 주의력이 떨어져서 집중을 못 하고, 걸핏하면 이것저것 잊어버리시기 일쑤였다. 요즘은 원래 할 줄 알았던 집안일에서도 실수를 연발하셨다. 매주 빠짐없이 참석하던 공원 노래 모임도 못 하겠다며 가지 않으려고 하셨다. 제일 좋아하는 돈 걸지 않고 하는 마작麻雀도 하러 가지 않겠다고 마다하셨다. 커 씨 할머니는 전체적인 신체 기능이 짧은 기간 동안 크게 퇴보했다.

할머니의 증상을 들은 의사는 우울증이 아닌지 의심스러웠다. 듣고 있던 딸이 미심쩍다는 듯 물었다. "기억력이 떨어지고, 신체 기능이 퇴화됐다면 치매 아닌가요? 이게 어떻게 우울증인가요?"

사실 노인 우울증 증상 중에 기분저하, 부정적인 생각, 식욕부진, 수면장애 등 증상만 있는 건 아니다. 노인 우울증은 기타 신체 기능에도 영향을 끼치는데, 특히 뇌의 인지기능에 영향을 준다. 그래서 우울한 노인은 흔히 사물에 흥미를 느끼지 못하고 주의력이 저하되며 건망증이 심해지고 실행 능력이 떨어지는 등의 증상을 보이며, 주변 사람들은 이를 치매로 오인한다. 의학에서는 이를 **'가성치매**Pseudo-dementia' **라고도 부르는데, 겉으로 보기에는 치매 같지만 실은 치매가 아니라 우울증이라는 뜻이다.** 일반적으로 노인 우울증 환자는 치매 환자보다 감정 기복이 더 큰데, **치매와 달리 우울증은 아주 단시간에 발병**하기 때문이다. 빠른 경우 단 두 주 만에도 건강한 상태에서 중증 우울증까지 진행되기도 한다. 그렇기 때문에 가족과 친구 들이 언제부터 환자의 기분이 달라졌는지, 언제부터 환자에게 기억력 저하와 기능감퇴가 나타났는지 비교적 명확하게 설명할 수 있다.

반대로, **치매는 더디게 발병한다.** 가족들이 발견했을 때는 이미 발병한 후 어느 정도 시일이 지난 경우가 많으며, 보통 변화가 시작된 명확한 시점을 짚어 내기도 힘들다. 그렇다고는 해도 **노인 우울증과 치매는 여전히 헷갈리기 쉽다.** 둘 다 병이 진행되는 특정 시점이 되면 기억력 감퇴 등의 문제가 나타날 여지가 있는 데다, 치매 환자 중에도 초기에 우울증 증상이 나타나는 경우가 있으므로 집에 있는 노인에게서 그게 뭐든 우울증 증상이 관찰되면 절대로 알아서 판단할 것이 아니라 반드시 전문의를 찾아가 진료를 받아야 한다.

다행히도 **노인 우울증은 치료할 수 있다.** 환자 다수가 적절한 약물치료를 받거나 운동, 햇볕 쬐기, 심리치료 등을 병행하면 완치 상태에 이를 수 있다. 다시 말해서, 우울증이 초래한 기능 감퇴는 우울증이 좋아지면 회복될 수 있다. 그러나 집중력 저하나 만성 불면증 등 후유증을 겪는 노인 우울증 사례도 소수지만 존재한다.

노인 정신 건강을 위한 대뇌 활성화 요법

정상적인 노화이든 경도인지장애이든 노인 우울증이든 심지어 치매가 초래한 기억력 감퇴이든 대뇌를 적당히 자극하고 활성화하는 방식으로 신중하게 치료하면 퇴화를 늦추고 기능을 강화할 수 있다.

과학 연구를 통해, 인간의 뇌에 상당한 가소성可塑性*이 있으며, 이 가소성이 노년기의 퇴화 이후 부족해지는 부분을 보완해 줄 수 있다는 사실이 밝혀졌다. 대뇌는 우리의 인지기능을 통제하고 있으며, 기억 훈련을 활용하면 대뇌의 기억력을 강화할 수 있다. 작업요법 등 인지 훈

---

*   뇌세포와 뇌 부위가 유동적으로 변하는 성질을 뇌 가소성이라고 부른다. 예전에는 성장이 끝나면 뇌세포 등이 안정화한다고 생각했기 때문에 성인의 뇌에서는 새로운 신경세포가 생성되지 않는다고 보았다. 그러나 최근에는 학습이나 환경 등의 변화에 따라 뇌세포가 끊임없이 성장하거나 쇠퇴하며, 성인이 된 이후에도 새로운 신경세포가 생성된다는 연구 결과가 나오고 있다.

런 치료법을 통해 대뇌의 시냅스 네트워크 연결을 강화하고 뇌 기능을 활성화할 수 있다. 여기에 충분한 강도의 물리치료를 병행하면 뇌와 신체의 대사에 더 큰 도움이 되며, 이는 뇌유래신경영양인자brain-derived neurotrophic factor의 농도 상승과 뇌혈관 재생을 촉진한다. 이를 통해 신체 기능과 일상생활 기능을 개선할 수 있을 뿐 아니라 뇌의 인지기능도 높일 수 있다.

갑자기 만사가 귀찮고 시들시들한데,
우울증일까?

"아버지, 집이 이렇게 어두운데 왜 불을 안 켜세요?" 퇴근 후 아이부터 데리러 갔던 카이카이 씨가 집에 돌아와 보니 집이 어두컴컴했다.

"오늘 텔레비전 안 보셨어요?" 카이카이 씨가 걱정스레 물었다. 아버지는 요즘 부쩍 시무룩해하셨다. 거의 온종일 집에만 계셨고, 아무것도 하지 않으려고 하셨다.

"딱히 보고 싶은 게 없구나." 아버지가 한숨을 쉬시더니 고개를 저으셨다.

"주민 대표 이야기 들어 보니까, 오늘 밤에 동네에서 바비큐 파티 연다고 하던데요. 무료에다 경품 추첨이랑 복권 이벤트에도 참여할 수 있대요. 같이 가 보시는 건 어때요?" 카이카이 씨는 아버지를 끌고 밖으로 나갈 심산이었다.

"싫다. 나 바비큐 냄새 싫어하잖니." 아버지는 제안을 거절했다.

"아니면 밖에 저녁 먹으러 나갈까요? 근처에 새로 연 식당이 있는데, 듣자니 꽤 괜찮다네요. 쥔쥔이 그저께 차 타고 지나쳐 오면서 계속 가서 먹어 보고 싶다고 하더라고요." 카이카이 씨는 아버지의 승낙을 받아 내고 싶은 마음에 금쪽같은 딸을 내세웠다.

"됐어. 너희나 쥔쥔 데리고 다녀오너라. 나는 기운이 없어서 집에나 있는 게 낫겠다." 아버지는 손을 휘휘 흔드시더니 바로 쉬러 방으로 들어가 버리셨다.

카이카이 씨는 속으로 걱정이 이만저만이 아니었다. 지난주에 내과 진료를 받고 오셨는데, 의사는 혈액검사 결과 별다른 이상 수치 없이 결과가 아주 잘 나왔다고 했지만, 오랜 시간 절친했던 저우 어르신이 세상을 떠나신 뒤 아버지는 의기소침해하셨고, 만사를 다 귀찮아하셨다. 체력도 순식간에 한 등급은 떨어진 것만 같았다.

발견도 어렵고, 병원 치료도 적은 노인 우울증

의사인 와다 히데키는 저서 『노인 우울증: 눈치채기 어려운 마음의 병』*에서 최근 힘이 없어 보인다든가, 울적해하는 것 같다든가, 툭하면 몸이 불편하다고 말한다든가, 입만 열었다 하면 이런저런 불평을 늘어놓는다든가, 밖에 나가질 않는다든가, 머리가 예전처럼 빠릿빠릿하게

---

* 和田秀樹, 『老人性うつ: 氣づかれない心の病』(PHP研究所, 2012).

돌아가지 않는다든가, 잠을 이루지 못할 때가 있다든가 혹은 식욕이 떨어졌다든가 등 노인 우울증의 증상을 언급한다.

이런 전조 증상들이 어느 정도는 다 나이가 들었다는 사실과 관련되어 있어서 자연스러운 노화 현상으로 여기기 쉽고, 그렇다 보니 다들 노인이 이런 행동을 보이는 게 정상이라는 생각에 병에 걸린 게 아니라고 느끼게 된다. 그래서 '나이가 들면 원래 다 저렇다'는 식으로 여기기 십상이고, 환자 본인과 주변 사람들도 그냥 지나치고 넘어간다.

사실 세계 각지의 노인 인구 정신질환 유병률*을 연구한 보고서에 따르면, 우울증은 유병률이 가장 높은(약 16퍼센트~26퍼센트) 심신 질환으로, 현재 가장 큰 주목받는 치매보다도 비율이 훨씬 높다.**

가오슝의학대학이 타이완 남부 지역에서 진행한 연구에 따르면, 타이완 노인의 대략 10퍼센트가 우울감을 느끼고 있으며, 잠재적인 정서적 우울감 문제를 겪고 있는 것으로 추정된다. 이중 **요양원에 거주 중인 노인의 경우 30퍼센트 이상이 우울증 증상**을 보인다. 추정해 보면 타이완 전역에 약 31만 명의 노인이 우울증으로 인한 고통을 겪고 있는 것으로 보이지만, **노인 우울증 환자의 병원 치료 비율은 여전히 낮은 편이다.**

노인들은 정신의학의 전문적인 도움을 받겠다고 잘 나서지 않는다.

---

* 유병률은 일정 기간 동안 한 인구 집단 안에서 특정 병에 걸린 환자의 비율로, 발병률이 새로 생긴 환자의 비율을 가리키는 반면, 유병률은 그 집단 안에서 그 병을 앓고 있는 모든 사람의 비율을 가리킨다.

여러 해에 걸친 인식 개선 덕에 정신의학에 대한 오명이 벗겨지면서, 젊은 사람들은 직접 명확하게 자신의 정서적 문제를 표현할 줄 알게 되었고, 치료가 필요한 경우 스스로 진료를 받는 사람들도 많아졌다. 그러나 노인들은 본인이 겪는 우울증 상황을 명확히 알 수 없고 또 먼저 나서서 이런 증상을 표현하지도 않는다. 두서없는 말만 늘어놓고 정서적인 문제는 입 밖에 내지 않는 경우가 흔하다.

노인 우울증 환자는 종종 '행위의 변화'로 상태를 드러낸다. 가령, 예전에는 노래도 자주 부르러 가고, 식사 모임도 자주 참석하고 등산도 종종 가던 사람이 요즘 들어 이런저런 핑계를 대며 다 마다하고 집 밖 출입을 하지 않는다. 평상시에 드라마나 예능 프로그램을 좋아하던 사람이 최근에는 텔레비전을 켜지도 않고 몸이 여기저기 안 아픈 데가 없다며 끝도 없이 불평을 늘어놓는다. 노인들이 늘어놓는 불평에만 신경을 쓰다 보니 가족들이 내과고 외과고 모시고 가 봐도 소득이 하나도 없는 경우가 흔하다. 그렇다 보니 우울증의 존재를 간과하게 되고 치료 시기도 늦어지게 된다.

통계에 따르면, 대략 우울증 환자 60퍼센트가 한 가지 약물만으로도 완치가 가능하고, 완치율이 아주 높은 편이다. 가정에서 노인이 우울한 기색을 보이면 하루라도 빨리 병원에 모시고 가서 치료를 받아야 한다.

노인 우울증에 취약한 사람들의 특징

어떤 상황에서 노인 우울증이 쉽게 발병할까? 과거 연구를 통해 밝혀진 노인 우울증을 촉발하는 수많은 요인을 참고 삼아 제시해 본다. 이런 인자가 높은 고위험군을 적절히 돌보고 도움을 주면, 존재할 가능성이 있는 위험 인자를 없애거나 노인 우울증의 발병을 줄일 수 있다.

1. 젊었을 때 완벽주의 성향이었고, 통제 욕구가 큰 사람

젊을 때 괜찮은 지위에 올랐던 사람은 노화 탓에 더는 자기 몸을 뜻대로 통제할 수 없게 되거나 퇴직, 실업 상태가 되면 자기 가치가 떨어졌다는 느낌을 받는다. 이 상황에 적당히 적응하지 못하고 이를 받아들이지 못하면 우울증이 쉽게 나타난다.

보편적으로 일을 중시하는 동양인들은 젊었을 때 은퇴 후 생활을 어떻게 꾸려 갈지 계획을 세우지 않는 편인데, 이러면 은퇴 후에 삶의 중심이 갑자기 뽑혀 나가게 되어 부적응감을 느끼기 쉽다.

2. 가족력이 있거나 가족과 사별한 사람

노인 우울증 환자의 유전 비율은 젊은 우울증 환자보다 상대적으로 낮은 편이다. 성인이든 노인이든, 여성들이 우울증에 걸리는 비율이 남성보다 높다.

노인의 정서에 가장 큰 영향을 끼치는 요인은 '배우자와의 사별, 고

립감, 외로움, 늙음, 질병, 긴 투병, 쇠약' 등이다. 삶의 후반기에 접어들면, 몸의 자연적인 노화 이외에도 많은 상실을 경험하게 될 수밖에 없다. 따라서 배우자와의 사별, 독거, 은퇴, 긴 투병, 몸의 기능 상실 등이 모두 노인 우울증의 위험 인자가 될 수 있다.

과거 연구에 따르면, **배우자와 사별 후 7개월이 지난 시점에서 12개월이 지난 시점까지가 우울증이 발병하는 고위험기로, 발병률이 24퍼센트에 달한다고 한다.**

3. 노화로 인한 신체 기능 상실 증상이 있는 사람

신체질환은 우울감과 통증을 유발하고, 우울감은 다시 신체질환의 고통을 가중한다. 이런 고통 탓에 병이 더 심해지면서 악순환이 일어난다. 이를테면, 우울증이 발병한 퇴행성 척추 질환 환자는 통증에 더 민감해진다. 원래 느끼는 통증의 정도가 5였다면, 우울증 발병 이후에는 환자가 느끼는 통증의 정도가 10까지 올라가는 것이다. **통증이 더 심해지면 가족들은 결국 진통제밖에 줄 게 없고 그런데도 환자가 우울증 탓에 더 아픈 거라는 사실은 알 수가 없다. 진통제를 먹어도 환자의 기분은 좋아지지 않고 오히려 약물 과다 사용으로 이어진다.** 아프고 우울하기까지 하니 노인은 본인이 고칠 수 없는 병을 앓고 있다고 오해하게 되고, 심지어 목숨을 끊을 생각까지 하게 된다.

조심해야 할 부분은 중추신경에 영향을 끼치는 약물 중에서 일부

항고혈압 약물, 스테로이드, 모르핀류 진통제, 파킨슨 치료제, 심부전 치료제인 디곡신, 바이러스 치료제인 인터페론, 항암 치료제 등이 쉽게 우울증 발병을 초래한다는 사실이다. 하지만 병에 걸리면 먹지 않을 수도 없는 약물들이다. 그래서 집에 있는 노인이 이런 약을 먹을 때는 반드시 의사와 적절하게 소통하면서 시시각각 환자의 정서에 주의를 기울여야 한다. 필요할 때는 약물을 바꾸거나 비약물적 치료로 방향을 바꿔서라도 우울증을 치료해야 한다.

우울증 치료 약물, 중독성은 오해다

현재 노인 우울증 치료를 위한 약물요법에서는 항우울제를 쓴다. 항우울제에는 여러 종류가 있는데 수많은 연구를 통해 밝혀진 바에 따르면, 약물 효과는 확실하다.

많은 사람이 우울증 치료 약물에 중독성이 있다고 혹은 약물 복용이 감정을 억압하고 사람을 멍하게 만든다고 오해한다. 이는 아마 진정제와 수면제 그리고 항우울제를 뒤섞어서 이야기하면서 발생한 오해일 것이다. 흔히 말하는 항우울제는 뇌에 작용해서, 뇌의 분비물을 조절하고 세로토닌serotonin과 노르에피네프린norepinephrine, 도파민 dopamine 등 뇌 속 물질의 농도를 높여 우울감과 초조감 증상을 치료하는 효과를 발휘한다.

항우울제에는 진정제나 수면제 성분이 들어 있지 않다. 부작용 탓에 잠이 쏟아질 가능성이 있기는 하지만 중독의 위험은 없다. 이와 관련해서 의문이 들 때는 정신의학 전문의에게 문의하도록 권한다.

여기서 **지적하고 싶은 점은 어떤 항우울제라도 즉각적으로 효과가 나타나지는 않으며, 6주에서 8주 이상 인내심을 갖고 지속적으로 복용해야 효과가 나타나기 시작한다는 것이다.** 많은 환자와 가족들이 약물 치료에 대한 기대가 너무 크다 보니 결과적으로는 위에서 언급한 기간이 지나기 전에 벌써 약효가 없다고 오해하고 약 복용을 중단하거나 치료를 포기하는 일이 벌어진다. 정말이지 안타깝기 그지없는 일이다.

외출을 꺼리는 노인 우울증 환자, 어떻게 해야 할까?

의사의 지시에 따라 시간에 맞춰 약을 먹고 정기적으로 진료를 받는 것 외에 우울증을 앓는 노인과 무엇을 하면 좋은지 물어보는 가족이 참 많다. 사실 우울증 치료에는 약물만 효과적인 게 아니라, 운동, 햇볕 쬐기, 음악 등의 예술 활동 참여도 아주 효과적이다.

단순하기 그지없는 이치이지만, 가족들에게서 제일 흔히 듣는 질문이 바로 "모시고 나갈 수가 없을 때는 어떻게 해야 하나요?"이다. 우울증 노인이 온종일 한숨을 쉬는 모습을 보고 가족과 친구들이 도와주고 싶은 마음에 전화를 걸어 같이 나가자고 하거나 여행을 떠나자고, 어디 구경하러 가자고 해도 노인은 온갖 핑계를 둘러대며 마다하고 거절한다. 심지어 잔소리를 하거나 트집을 잡기도 한다. 그렇다 보니 가족들은 본인이 애를 써도 받아 주지 않는다는 생각에 쉽게 분노하고 화를 내거나 노인을 질책하는 말을 뱉기도 한다. 노인들이 충고를 받아들이지 않는다고, 의사의 지시를 따르지 않는다고 나무라고 아니면 노력을 하지 않는다고 노인들을 탓한다.

우울증을 앓는 노인에게 도움의 손길을 내밀기 전에 일단 본인부터 생각을 정리해야 한다고, '**우울증 환자가 결코 일부러 저러는 게 아니다**'라는 점을 이해하라고 조언하고 싶다. 우울증을 앓는 노인은 이성적으로는 다른 사람의 충고를 받아들일 수 있을지 몰라도 활력과 행동력 면에서는 우울증의 영향을 받는다. 그러니 우리가 이들을 잡아끌어 줘야 한다. 노인의 동기를 강화할 수 있는 유인誘因을 찾아보고, 노인들이 중시하거나 좋아하는 게 무엇인지 생각해 보자. 그들이 마음에 담아 둔 사람과 사물을 이용해서 우울증에 맞서고 마음을 풀 수 있도록 돕자. 예를 들어, 평상시 카드놀이를 좋아하던 노인이 병이 난 뒤에는 카드놀이를 하러 갈 생각도 하지 않는다면, 같이 카드를 치던 친구에게 부탁해서 한 사람이라도 빠지면 카드놀이를 할 수 없지 않으냐는 말을 좀 해 달라고 하고 카드 치는 장소를 아예 집으로 옮겨 같이 어울릴 기회를 만들어 보는 것이다. 환자가 손주를 금쪽같이 아끼는 분이라면 생일 파티, 축하 파티 등 식사 자리를 만들 구실을 찾아서 어르고 달래 가며 노인을 끌어내 손주를 마중하러 가거나 배웅하러 모시고 나가 보자.

우울증 환자는 쉽게 영양 불균형 상태에 빠진다

우울증 환자에게는 종종 식욕 감퇴, 식사량 감소 등의 상황이 발생하는데, 노인 환자의 경우 이로 인해 쉽게 영양 불균형에 빠지게 된다. **영양제 복용을 고려하고 있다면, 비타민 B군, 엽산, 피시 오일**fish oil **이나 프로바이오틱스 등을 보충하는 것도 괜찮다.** 최근 연구에 따르면 이런 건강식품들이 신경 면역 조절과 장−뇌−미생물 연결축Gut−Brain−Microbiota Axis 기전을 통해서 우울증의 재발 가능성을 줄여 주거나 우울증 증상을 개선해 준다고 한다.

텔레비전을 보면 초콜릿과 케이크 혹은 음료 등 당분이 높고 불포화지방이 많은 음식물로 마음을 치유하자는 광고가 성행한다. 이런 음식은 일시적으로 마음을 진작시키는 데 효과가 있을지는 몰라도 효과가 단기적일뿐더러 대사증후군을 악화시킬 위험이 있는 탓에 고혈압, 고혈당, 고지혈증을 다 앓는 '3고' 노인 우울증 환자군에게는 섭취를 권하지 않는다.

우울증, 치매의 위험 인자 중 하나

이외에도 노인 우울증과 치매는 밀접한 관계가 있어 각별히 지켜볼 필요가 있다. 우울증은 치매의 위험인자 중 하나로, 우울증 병세가 지속적으로 나빠지면 치매에 걸릴 확률도 높아진다. **초기에 나타나는 우울증 증상으로 인해 실은 그 뒤에 치매가 숨어 있다는 사실을 알아채**

지 못하게 되는 경우도 있다.

　단순 우울증은 보통 완치가 가능하지만 발견한 우울증이 계속 치료가 되지 않을 때는 치매의 전조일 수도 있으므로 주의해야 한다. 치매 징후를 조기에 발견해서 조기에 치료할 수 있도록 의사와 협력해 규칙적으로 상황을 추적 관찰하기를 권한다.

　노인 우울증은 환자 본인에게 정서적인 고통을 가져다줄 뿐 아니라 신체의 기능 상실을 초래하고, 심지어는 노화를 가속해 원래 앓고 있던 심근경색, 관상동맥질환, 중풍 등의 만성질환을 악화시킨다.

　나이가 들어 가면서 수치로 나타나는 생명 연장을 추구하는 것 외에 더 중요한 것은 삶의 질을 높이려는 노력일 것이다. 늙는 것은 자연스러운 일이지만 우울증은 당연한 것이 아니다.

3장

노년의 상실감과

외로움에서 벗어나기

은발의 '절친'들은 다 어디에?

"유람선 타면 참 재미있을 것 같은데……." 태블릿 PC 화면을 넘기던 어머니는 유람선 여행 광고를 보고 마음이 들썩였다.

"엄마, 전에 타 보신 적 없으면 한번 시도해 보세요." 칭메이 씨가 바람을 넣었다. 딸은 어머니가 여행을 가고 싶어 하시는 건 좋은 일이라고 생각했다. 풍경도 많이 보고 많이 걸을 수 있으니까.

"에휴, 혼자 가면 재미없지. 누가 나 좀 데리고 가 주면 좋겠네." 아버지가 돌아가신 지 십여 년, 어머니는 아버지의 빈자리에 무척이나 외로워하셨다.

"죄송한데, 전 그때는 휴가를 낼 수가 없어요." 하필 대형 기획안 작업에 정신없이 매달리고 있던 시기였고, 마침 막판 스퍼트를 올리고 있던 때라 회사에서 휴가 금지령을 내린 터였다.

"그거야 나도 알지. 아니면 내년에 가서 보자꾸나." 어머니는 태블릿 PC를 꺼 버리셨다.

"메이위 아주머니한테 한번 물어보시지 그래요?" 어머니의 '절친'이자 고등학교 동창인 메이위 아주머니가 머리를 스치고 지나갔다. 칭메이 씨는 아주머니가 시간이 있으시기를, 유람선 여행에 흥미가 있으시기를 바랄 수밖에 없었다.

은퇴 후에 잘 살려면 노후 자금부터 제대로 준비해 놔야 한다고 생각하는 사람들은 많지만, 노년의 삶에 좋은 친구가 필요하다는 점은 등한시한다. 보도에 따르면 미국 미시간대학에서 백여 명을 대상으로 은퇴 이후 여러 해 동안의 삶을 추적연구했다고 한다. 그중 은퇴 이후의 삶에 만족한 사람들은 은퇴 후의 삶에 만족하지 못한 사람들에 비해 친구가 많았는데, 대략 15명 정도였다. 이렇게 해서 연구진은 **집단의 응원과 정서적인 지지가 은퇴 이후의 즐거운 삶을 좌우하는 중요한 요소로, 그 중요도가 돈을 훌쩍 넘어선다는 중요한 결론**에 다다랐다.

보통 퇴직자들 곁에는 가까운 친구, 가족, 이웃뿐 아니라 목사, 예술가, 크로켓 마니아, 조깅 동호회 회원, 아침 수영 동아리 회원 등 서로 다른 영역의 사람들이 많다. 원래는 다 낯설기만 했던 이런 영역들이 퇴직을 하고 나면 삶에 신선감을 부여하는 원천이 되어 준다. 의미 있는 조직에 참여하기만 해도 생활의 범위를 넓힐 수 있고, 멋진 노년의 삶을 즐길 수 있다.

배우자가 꼭 좋은 친구라는 법은 없다

노년의 부부들은 흔히 서로가 늘그막에 짝이 되어 줄 사람이라고 생각하지만, 여러 사회현상 분석을 보면 이런 생각은 사실과는 거리가 먼 신화일 수도 있다. 배우자가 꼭 인생 최고의 동반자라는 법은 없다. 늘그막에 짝이 되어 줄 사람 중에 꼭 '남편만 혹은 아내만' 있는 건 아니다. 일단 모든 기대를 전부 배우자에게 걸고 상대가 '온전히 내 뜻에 따라' 노년의 삶을 함께해 주리라 바라는 것은 지나치게 이상적인 생각일지도 모르고, 노년의 삶의 가능성을 좁게 본 것일지도 모른다. 이는 도리어 서로에게 심각한 압박이 된다. 둘 중 한 사람이 먼저 세상을 떠났을 때 남은 한 사람이 이를 어떻게 감당해야 할지 모르는 상황이 되리라는 것은 더 말할 필요도 없다.

그래서 일방적으로 배우자를 늘그막의 짝으로 이상화하면 실망하게 될 수도 있다. 성격이 맞지 않는 부부 중 다수는 나이가 들면 들수록 더 큰 의견 대립을 겪는다. 겉으로는 사이가 좋아 보여도 실상은 딴생각을 하면서 서로를 손님처럼 대하며 살다가, 은퇴한 뒤 따로 자고, 각방 쓰고, 별거에 들어가고, 헤어지는 사례는 어디에나 있다. 따라서 여기서 말하는 '늘그막의 짝'이란 결코 결혼이라는 관계 속의 배우자를 가리키는 것이 아니라 '늘그막에 서로에게 짝이 되어 주는' 가까운 친구를 통칭한다. 자기 속마음을 배우자에게는 털어놓지 못하면서 친한 친구에게는 속 시원히 털어놓는 사람들이 많지 않은가.

일본의 인기 작가 요시자와 히사코는 『달인 요시자와 히사코의 늙지 않는 생활 방식』*이라는 책에서 노년의 삶에 대한 생각들을 이야기한다. 요시자와 히사코는 혼자 살지만, 주변에 친구가 많고 찾아오는 사람들도 적지 않다. 요시자와 히사코 본인도 적극적으로 사람들과 접촉한다. 그는 이렇게 말한다. "오직 친구만이 삶에 빛깔을 더해 줄 수 있습니다. 저는 정말 친구가 많습니다. 친구와의 만남은 자극이 돼서, 사람의 정신과 두뇌의 활력을 유지해 주죠. 인간관계도 일종의 재산이고, 심리적 건강의 원천이에요. 인간관계가 양호한 사람은 혼자 있다고 해서 꼭 외롭지 않아요. 그런 사람은 혼자서도 똑같이 충실하고 유쾌한 삶을 살아갈 수 있답니다."

노년의 사교를 위한 다양한 모임이 있다

요시자와 히사코 여사는 친구들과 음식을 나눠 먹으며 서로 다른 입맛이 주는 즐거움을 만끽하고, 친구와 온갖 영화나 댄스 공연을 보러 가기도 한다. 친구들과 독서 모임도 만들었는데 처음에는 서로 다른 영역의 전문가를 집으로 초대해 전문 지식을 듣는 자리였지만 점차 젊은 사람들도 참여하는 모임이 되었다. 그중에는 심지어 그보다 나이가 서른 살, 마흔 살이나 젊은 사람들도 있다. 독서 모임에서는 역사나 외국 문화 등과 같은 주제부터 정해 놓고 각자 소감을 발표한다. 매달 십여

---

* 吉澤久子, 『達人吉澤久子老けない生き方, 暮らし方』(主婦の友社, 2012).

명이 참여하는데, 독서 모임이 끝나면 바로 이어서 식사 시간이 이어진다. 매번 다른 사람이 당번이 되고, 당번이 집에서 가져온 식재료로 모임 장소에 있는 부엌에서 음식을 만든다. 요시자와 히사코 여사는 마음이 맞는 이들과 수다를 떨고 밥을 먹으면서 시간을 보낼 수 있어서 너무나 즐겁다고 말한다. 은발의 독서 모임 회원들이 나이가 점점 더 많아지고 있기 때문에 가끔 상황을 봐서 케이터링 서비스를 부르거나 바깥에서 맛있는 도시락을 사 오기도 한단다.

그는 독서 모임 외에도 '고령 사회를 개선하기 위한 여성 모임', '고령자 및 장애인 급식 모임' 등 여러 단체 활동에 참여하고 있고, '고령자 및 장애인 급식 모임'에서는 이사직을 맡고 있다. 요시자와 히사코 여사는 본인이 공헌할 수 있다는 마음으로 단체에 가입하고, 전하고 싶은 이념을 전하며 다른 사람에게 봉사하고 있다.

요즘은 노인들에게 걸맞은 모임이 정말 많다. 가령, '실버 여행 모임'이 흥하면서 노인들이 함께 여행을 떠날 수 있는 선택지가 늘어났다. 은퇴하고 나면 시간은 많은데 체력이 예전 같지 않다. 이런 때는 비교적 가까운 지역으로 떠나는 근거리 여행이나 시간이 짧게 드는 당일치기 여행부터 시작해 보자. 가볍게, 부담 없이 문밖으로 나서다 보면, 친구의 친구와 좋은 벗이 되는 즐거움을 느낄 수도 있다.

어떤 노인들은 이렇게 놀러 다니다가 같은 취미를 가진 사람들을 모아 모임을 만들고 여행 노선을 기획하기도 한다. 맛있는 음식을 좋아하는 노인이라면, '은발의 미식회'를 만들어 노인에게 적합한, 건강하고 맛있는 음식을 함께 찾아다니고 정보를 교환하거나, 여러 사람이 가야만 다양한 음식을 푸짐하게 즐길 수 있는 식당을 예약해 찾아가 보는 것도 좋다. 나는 진료를 받으러 오는 노인들에게 늘 다양한 활동에 참여하시라고 권한다. 지역사회에서 가장 인기 있는 프로그램이 아마 노래 교실일 텐데, 여기서는 전문 강사를 초빙해 가르침을 받고 발성 등 각종 노하우를 익히거나 합창 연습을 진행하는 방식으로 재미를 배가시킨다.

노년에 좋은 친구를 사귀는 데 꼭 필요한 일 한 가지와 해서는 안 되는 일 세 가지를 아래에 적어 보았다.

비결 1: 마음을 활짝 연다

친구는 무형의 자산이다. '친구가 없는 사람이 제일 가난한 사람이다'라고 말하는 사람도 있다. 젊어서는 일에 몰두하느라 우정을 소홀히 하는 사람이 많은데, 보통 남자들이 이렇다. 친구는 하늘에서 뚝 떨어지지 않는다. 우정이라는 것도 마음을 다해 경영해야 하고, 사람도 일찍 알면 일찍 알수록 좋다. 중년이 되면 다음 단계의 인적 자원을 어떻게 쌓을지 고민하기 시작하는 게 좋다. 절대로 인연 따라 되는 대로 하자는 식으로 나가서는 안 된다.

어르신들이 친구를 사귈 때 걱정을 이만저만 하는 게 아니다. 본인한테 특별한 취미, 재주가 없어서 사람들과 나눌 만한 화젯거리가 없다고 걱정하다가, 본인이 나이가 들어서 외모가 별로라고 심지어 이런저런 활동에 참여하는 건 돈 낭비라고 걱정한다. 친구를 사귀어 보기도 전에 우물쭈물 망설이느라 한 발도 나가지 못한다. 평소에 개방적인 태도로 친구를 만나 봐야 한다고 조언하고 싶다.

늘그막에 사귄 친구는 젊은 시절에 사귄 친구와 다르다. 꼭 마음을 깊이 나누는 지기知己를 사귀어야 한다고 강조할 게 아니라 물처럼 담박한 친구를 많이 사귀어야 한다. 서로 지나치게 의지하지 않고, 안팎으로 지나친 부담을 만들지 않는, 걱정거리를 많이 던져 주지 않는 은발의 절친한 친구로 지내 보자.

비결 2: 한계를 짓지 말자

가치관만 비슷하면, 나이와 상관없이 친구가 될 수 있다. 늘그막에 친구를 사귀는 요령은 출신 집안, 배경, 성별, 연령대가 엇비슷한 사람을 찾는 게 아니라 가치관, 취미와 흥미가 비슷한 사람을 찾는 데 있다. 소비성향이 너무 다르다거나, 정치적인 입장에 차이가 있다거나 이런 식으로 서로 가치관이 맞지 않는 사람들이 같이 지내다 보면 말 몇 마디로 충돌하거나 오해하는 일이 흔히 벌어진다. 다른 사람과 상의해야할 일이 생기면 우리는 보통 가까이 있는 혹은 절친한 친구와 이야기해 봐야겠다고 생각한다. 가치관이 비슷한 사람이 해 주는 조언은 참고할 만한 가치가 있지만, 가치관이 다른 사람에게 받은 조언은 난감하게 느끼는 경우가 많다.

유럽 국가에서는 심지어 청년 세대와 실버 세대의 상부상조, 공동 주거 운동을 벌이고 있다. 철학이 같다면 세대와 나이의 간극을 넘어 노인과 청년이 서로에게 좋은 친구가 될 수 있다. 서로 배우고 서로 도우면서 새로운 동거 시대를 만들어 나갈 수 있다.

비결 3: 비교하지 말자

어르신들에게 다양한 모임 활동에 많이 참여하시라고, 레저와 취미 활동이 주는 즐거움을 만끽하시라고 늘 권하는 입장이기는 하지만, 예전에 한 어르신으로부터 다음과 같은 불평을 들은 적도 있기는 하다.

판 씨 할머니가 진료실에 앉자마자 앞으로 다시는 성경 읽기 교실에 나가지 않겠다며 불평을 하시기에 이유를 여쭤 보았다.

"왜 그러시는데요? 지난번에 그러셨잖아요. 성경 읽기 교실 다니신 뒤로 친구를 정말 많이 사귀셨다고요. 같이 성경 읽으면서 간식도 나눠 먹고 함께 먹고 마시면서 노래도 부르고 너무 즐겁다고요."

할머니는 고개만 내저으실 뿐 도대체 무슨 일이 일어났는지 도무지 알려 주지 않으셨다. 곁에 있던 딸이 견디다 못해 내게 진짜 원인을 털어놓았다.

"원래는 참 잘 지내셨어요. 매주 가시면서도 매번 다 그렇게 즐거워하시더라고요. 심지어 아직 시간도 안 됐는데 신이 나서서 곧 입고 나갈 옷을 준비하시질 않나, 얼른 차로 데려다달라고 재촉을 하시질 않나. 그러다 뜻밖에도 몇 주 전에 성경 읽기 교실의 반장 어르신이 엉겁결에 이벤트를 하나 열자고 하신 거예요. 성경 암송 대회를 열자고 하셨는데, 구성원들 격려 차원에서 여는 행사이니만큼 참가하기만 하면 상품을 주겠다고 하시더래요. 많이 외울수록 상품도 많이 받는 그런 식이었죠. 심지어 3등 안에 드는 사람에게는 본인 사비까지 털어서 상금을 주겠다고 하셨대요."

사람들의 열의를 북돋우기 위해 시작한 행사였건만, 집에 돌아온 할머니는 반장의 이 한 마디에 다음에는 성경 읽기 교실에 가지 않겠다고 선언하기에 이르셨다. 딸은 이렇게 저렇게 찔러 보고 나서야 할머니가 본인이 잘 못 할까 봐 신경 쓰고 계신다는 걸 깨달았다. 할머니는 본인이 나이로 치면 반에서 제일 연장자가 아닌데도 요즘 본인의 기억력이 좋지 않다는 점을 걸려 하셨다. 또 본인이 그래도 대학 나온 사람인데 남보다 못하면 체면이 이만저만 깎이는 게 아니라고도 생각하셨다. 딸이 아무리 어르고 달래도 할머니는 성경 읽기 모임에 가려고 하지 않으셨다.

나이가 들면 성공하든 실패하든 결과에 연연하지 않는다고 착각하지 말자. 반대로 여럿이 함께 어울리는 와중에 느끼는 좌절감은 이들이 계속해서 활동에 참여하는 걸 방해하는 장애 요인이 된다. 단체 활동을 이끄는 리더라면 이런 상황을 현명하게 피해 가야 한다.

비결 4: 설교하지 말자

사진에 조예가 깊은 황 씨 할아버지는 퇴직 이후에도 사진 촬영 동호회 활동에 참여하고 계신다. 평상시 동호회에서는 회원들이 찍은 사진들을 공유하고 서로 사진 촬영 기술을 가르쳐 주고, 사진 촬영 명소에 가서 함께 사진을 찍기도 한다.

한번은 동호회 회원이 생일을 맞아 모처럼 여는 생일 축하 파티에 황 씨 할아버지를 초대했다. 이를 무척이나 중요하게 생각하신 황 씨 할아버지는 여러 해 전에 맞춘 양복을 머리부터 발끝까지 다려 깔끔하게 차려입고 선물까지 준비해서 즐겁게 약속 장소로 떠나셨다. 그런데 그렇게 도착한 현장에서 다른 회원이 사람들 앞에서 할아버지에게 검은색 양복은 불길하고 나쁜 기운이 돈다며 입고 오면 안 된다고 했다. 화가 머리끝까지 난 황 씨 할아버지는 더는 그 사람을 보고 싶지 않았다. 다시는 촬영 모임에 나가지 않을 정도로 화가 단단히 나고 말았다.

친구들 사이에서 보면 정말 이런 사람이 있다. 다른 사람은 자기와 다르게 느낄 수 있다는 걸 생각하지 않고 늘 이러쿵저러쿵 떠들며 남 이야기를 한다. 그러다 보면 나중에는 다들 이 사람과 왕래하지 않게 된다. '은발의 절친'이 되려면, 하지 말아야 할 일이 있다는 점을 명심하자. 그러면 분명히 가는 곳마다 환영을 받을 것이다.

반려동물 키우면 좀 덜 외로우려나?

"엄마, 저 오늘 좀 일찍 퇴근하는데, 같이 외출 좀 안 하실래요? 제가 모시러 갈게요." 아버지인 관 씨 어르신이 올해 초 병으로 돌아가신 뒤 외동딸인 산쓰 씨도 결혼을 했다. 딸은 어머니 혼자 고향 집에 사시면서 온종일 문밖출입을 하지 않으시고 울적한 마음으로 지내신다는 사실을 알게 되었다. 산쓰 씨는 비는 시간에 어머니를 살펴보러 가고 싶었다.

"아, 그게, 내가 집에 없어." 전화기 저쪽에서 어머니가 목소리를 낮춰 대답하셨다.

"네? 엄마 어디 계시는데요?"

산쓰 씨는 어머니가 본인도 없이 혼자 밖에 나가셨을 줄은 생각도 하지 못했다. 아버지가 돌아가신 뒤 이런 일이 일어났던 적이 없어서 조금 흥분하기도 했다.

"피피 데리고 산책하러 나왔어. 편의점 부근에 공원 하나 있잖니, 우리 거기 있어."

산쓰 씨는 속으로 환호성을 질렀다. '피피, 너 정말 최고구나!' 피피는 순백색 털을 가진 테리어종 강아지였다. 산쓰 씨의 친구는 어머니에게 반려동물을 하나 안겨드리면 생활의 낙이 늘어날 거라며 반려동물을 키워 보라고 권했다. 산쓰 씨는 어린 시절 집에서 개를 키웠던 일이 떠올랐다. 어머니에게는 개를 키워 본 괜찮은 경험이 있었다. 산쓰 씨의 어머니는 이렇게 해서 딸의 격려를 받으며 작고 귀여운 강아지 피피를 입양하게 되었다.

"아아, 좋아요. 거기 알아요. 그럼 저도 그리로 갈게요. 곧 도착해요." 전화를 끊은 산쓰 씨는 어머니가 개를 데리고 어디든 가실 수 있도록 피피에게 강아지용 유모차를 한 대 사 줘야겠다고 생각했다.

반려동물은 인간의 좋은 친구이다. 사실 인간도 동물인 까닭에 인간에게는 선천적으로 다른 동물이나 생물에 매력을 느끼는 성향이 있다. 삶의 형태가 달라지면서, 인간과 다른 동물 혹은 자연과 접촉이 점점 줄고 있지만, 대부분 사람은 동물을 보면 마음이 차분해지거나 마음이 이완되는 느낌을 받는다. 사이좋은 동물이 곁에 있어 주면 긴장과 초조감이 줄어든다는 연구가 많이 나와 있다. 반려동물은 늘 곁에 있을 수 있고, 주인과 반려동물의 관계라는 것도 아주 단순해서 관계를 맺는 게 그렇게 힘들지도 않다. 현실의 인간관계처럼 복잡하지도 않으니 어쩌면 인간관계에서 부족한 부분을 적절하게 메워 줄 수 있을지도 모른다. 반려동물은 주인에게 내면의 자연스러운 감동을 선사한다. 동물이 전해 주는 순수한 정이 정말로 외로움을 느끼지 않게 해 주는 것이다.

장점 1: 반려동물을 키우면 신체 건강이 증진된다

연구에 따르면, **개를 키우는 사람은 심혈관질환에 걸릴 위험과 사망할 위험이 개를 키우지 않는 사람보다 낮다.** 특히 대형견을 키우는 주인은 심혈관질환 위험도가 가장 낮다. 심장병에 걸린다 해도 회복할 가능성이 개를 키우지 않는 사람보다 높다.

이 연구에서 대형 반려동물을 키우는 사람이 장수한다고 추론한 까닭은 아마도 대형 반려동물을 돌보려면 일정한 체력을 유지해야 하기 때문일 것이다. 개를 키우는 노인은 정기적으로 개를 데리고 나가 산책시켜야 하므로 종일 문밖출입을 하지 않는 사람에 비해 활동량이 훨씬 많아진다. 반려동물을 키우는 노인은 병에 걸려 병원을 찾는 횟수도 반려동물을 키우지 않는 노인에 비해 훨씬 적다.

장점 2: 반려동물을 키우면 대뇌 기능이 촉진된다

보도에 따르면 유럽에서 요양원에 사는 연장자를 대상으로 반려동물 요법을 연구한 바 있다. 연구원은 노인에게 시범 삼아 카나리아에게 먹이를 주는 법, 물을 갈아 줄 때 움직이는 법 등을 보여 주고, 노인이 직접 카나리아를 키워 보게 했다. 석 달 동안 추적 관찰한 결과, 여러 노인의 인지기능이 대폭 강화됐다는 사실이 발견되었다. **반려동물을 돌보는 과정은 그 자체가 뇌의 인지기능을 훈련하는 과정이다. 순서를 기억해야 하고, 시간을 기억해야 하며, 직접 손을 움직여야 한다.** 또한, 함께 하는 과정에서 반려동물이 노인에게 즉각적인 반응을 보여 주면서 둘 사이에 유쾌한 교류가 일어난다.

장점 3: 반려동물은 스트레스를 억제해 준다

우울증 치료 과정에 반려동물을 투입하면 노인들이 치료를 받아들이는 효과가 올라간다는 사실도 연구를 통해 발견되었다. 반려동물을 어루만지면 따스하고 행복한 느낌이 든다. 또 사람과 이야기를 할 때에 비해 감정 기복의 변화가 일어날 수 있는데, 학자들은 동물과의 대화가 사람의 심장박동을 편안하게 해 준다는 사실을 발견했다.

반려동물과 함께 있다 보면, 마음도 안정감을 찾고 편안해지기 때문에 혈압과 혈당이 쉽게 올라가지 않는다. 자율신경계통 관련 질환에도 긍정적인 도움을 준다.

장점 4: 반려동물을 키우면 외로움을 이겨 낼 수 있다

반려동물을 키우는 사람이라면 분명히 반려동물을 통한 사교의 마력을 체감할 수 있을 것이다. 원래는 서로 아는 사이가 아니었던 행인들도 개를 키운 경험을 이야기하다 보면 바로 거리감이 사라진다. 온갖 정보를 교환하는 것은 물론 심지어 개를 매개로 모임을 열다가 절친한 사이가 되기도 한다. 젊은 세대는 평생 독신으로 살면서 친구를 사귀고 싶다면 고양이가 최선의 선택이라고 생각하기도 한다. 누구도 당해 낼 수 없는 고양이의 마력 덕이다.

마찬가지로 반려동물은 노인의 사회적인 고립감도 줄여 준다. 개를 산책시키거나 반려동물을 데리고 예방접종을 하러 가고 미용실에 가고 수의사를 만나러 가는 일들이 다른 사람과 교류하고 어울릴 기회를 증가시키고 지루한 시간을 줄여 준다. 혼자 사는 노인이 평상시 반려동물과 함께 지내고, 심지어 밤에도 함께 잠자리에 들다 보면 외로움이 줄어든다.

반려동물을 키울 때 주의할 점

이전에 반려동물을 키워 본 경험이 있든 없든, 아니면 나이가 들고 나서 반려동물을 키울지 말지 새롭게 고민하게 된 경우이든 반려동물을 입양하기 전에 주의해야 할 점들이 있다.

1. 가장 중요한 안전성 평가

여기서 안전성 평가란, 노인에게 일어날 수 있는 위험을 평가한다는 의미이면서 동시에 반려동물에게 일어날 수 있는 위험을 평가한다는 의미이다. 대형 반려동물은 대체로 힘이 세다. 그러므로 일단 노인에게 체력적 부담이 되지는 않을지 살펴야 한다. 노인이 힘이 넘치는 반려동물을 쫓아가다가 걸려 넘어져 골절상을 입은 사례가 과거에 적지 않았다. 아는 노인 중에도 늘 하던 대로 개를 산책시키다가 소음에 깜짝 놀란 개가 별안간 정신없이 도망치는 바람에 목줄을 잡고 있던 본인까지 몇십 미터를 질질 끌려가서 넓은 찰과상을 입은 사례도 있었다. **노인에게 제일 두려운 일이 넘어지는 것이다. 넘어지면 골절상만 입는 게 아니라 활동량까지 떨어지고, 다른 질병의 발병 가능성도 커진다.**

체력이 약하거나 체형이 왜소한 노인에게는 힘이 넘치는 대형견이 아니라 작은 개나 고양이 혹은 좀 정적인 다른 반려동물을 고려하라고 권한다.

2. 노인이 반려동물을 기르는 데 적합한 인지기능을 갖고 있는가

예전에 치매에 걸려 퇴화가 차차 진행된 노인이 매번 반려동물에게 먹이 주는 걸 깜빡하거나 먹이를 줘 놓고 또 주거나, 반려동물에게 적합하지 않은 먹이를 줘서 반려동물이 병이 나거나 죽은 사례도 있다.

제대로 보살피지 못해 반려동물이 툭하면 병에 걸리고 더 곤란한 일만 벌어지는 것 외에도 중요한 점이 있는데, **노인이 먹이를 줄 때 판단 착오를 일으키거나 반응 능력이 떨어지면 반려동물에게 물릴 수 있으니 주의해야 한다는 것이다.** 이를테면, 오랫동안 인간에게 사육된

반려동물이라 해도 일정 정도는 야성을 갖고 있기에 먹이를 준다고 갑자기 손을 뻗어 접근하면 반려동물의 공격성을 자극해 다칠 수도 있다.

3. 노인이 반려동물을 키우는 데 적합하지 않은 병을 앓고 있는가

노인이 반려동물 털에 알레르기가 있다든가 심각한 아토피피부염을 앓고 있다면, **반려동물을 기르기 전에 일단 알레르기원이 무엇인지 검사해 보고 이를 참고해서 결정을 내리기를 권한다.** 한 할아버님이 진료를 받으러 나를 찾아오신 적이 있다. 그런데 진료 과정에서 할아버지의 얼굴과 목 전체에 올라온 붉은 발진을 발견했다. 나는 약물 알레르기가 아닌지 걱정되어 약 복용을 당장 중단하시라고 말씀드렸다. 그랬더니 옆에 있던 딸이 그제야 어르신을 모시고 이미 피부과에 다녀왔다며 말을 이었다. 알고 보니 손자가 일부러 본인이 키우는 대형견을 데리고 할아버지를 뵈러 왔는데, 이 골든레트리버가 어찌나 다정하던지 할아버지에게 얼굴을 비비고 할아버지를 핥고 난리를 치더란다. 그 바람에 벌어진 일이었다.

4. 마지막 고려점, '지원부대'

반려동물 보살피는 일을 모조리 다 노인에게 맡겨서는 안 된다. 노인이 병이라도 나서 입원하면, 이 일을 이어받아 반려동물을 보살펴 줄 사람이 있는지 생각해 봐야 한다.

점진적으로 반려동물에 적응하기

많은 전문가가 반려동물을 키우기 시작할 때 '점진적'으로 키우는 방식을 권한다. 반려동물을 기르는 습관이 몸에 배어 있지 않은 노인이 집에서 반려동물과 같이 지내는 것도 나쁘지 않구나, 차차 이런 생각을 하게 하는 것이다. 자녀나 손주가 입양한 개나 고양이를 집에 계신 부모님이나 할머니, 할아버지에게 데리고 가서 자주 만나게 하고 그렇게 해서 이들이 반려동물을 집안의 한 구성원으로 인식하게 되면, 그때 직접 키울 수 있도록 격려해 보자. 실제로 꽤 괜찮은 방법이다.

노인이 반려동물을 키우게 하려면, 당사자의 성격과 취향도 이해해야 한다. 반려동물을 무서워하거나 반려동물과 생이별을 하게 될까 싶어 원하지 않는 사람들도 있으니, 독단적으로 반려동물을 데려다 안겨 주는 일은 절대 하지 말아야 한다. 우리가 노인들에게 좋은 일이라고 생각하고 한 일이 도리어 그들에게 부담을 줄지도 모른다.

반려동물은 자주 집에 '박혀' 있는 노인에게 적합하다. 이들을 밖으로 끌어내 신체를 단련할 기회를 주고 마음을 위로해 줄 수도 있기 때문이다. 하지만 상황이 여러모로 우호적이지 않다면, 억지로 강요하지는 말자. 노인에게 가장 적합한 방식을 찾는 것이야말로 최선의 선택이니 말이다.

반려동물 치료를 통한 도움

집에서 반려동물을 키울 방법이 없다면 전문적인 동물 매개 치료 animal-assisted therapy를 통해 이런 장점을 누려 보자. 외국에서 시작된 동물 매개 치료는 의학적으로도 이미 오랜 역사를 자랑한다. 기본 원리는 동물과의 상호작용을 통해 노인의 심리적 건강을 촉진하고 여기서 한발 더 나아가 신체 건강이나 삶의 질을 개선한다는 것이다. 치매 환자 돌봄에 동물 매개 치료가 끼치는 영향이 연구된 바 있는데, **개를 매개로 한 치료가 요양원의 치매 환자에게 도움**이 된다는 사실이 밝혀졌다. 가장 흔히 언급되는 장점은 치매 환자의 **사교 활동을 증가시키고 초조 행동을 약화하며 스트레스와 우울감을 떨어뜨리고 전체적인 신체 기능을 높여 준다는 것**, 심지어 음식 섭취 상황을 개선해 준다는 것이다.

타이완에서 가장 흔히 볼 수 있는 동물 매개 치료 응용 대상 그룹도 치매 환자들이다. 보통은 기관이나 데이케어 센터에서 이런 프로그램을 마련하는데, 정기적으로 혹은 비정기적으로 관련 기관이나 센터에 동물들을 데려가서 프로그램을 진행한다. 치매 노인과 동물이 안전하고 유쾌한 환경에서 자발적으로 같이 어울리게 하고, 대부분의 경우 치매 환자와 동물이 함께 하는, 인지 자극 오락 활동을 배치한다. 프로그램 인도자는 일단 원형 장애물 넘기, 공 밀기 등 동물이 훈련받은 동작을 하게 해서 노인을 즐겁게 해 주고 어색한 분위기를 풀어 준다. 이어서 동물과 노인이 함께 어울리는 과정에서 동물은 노인이 쓰다듬고 주무르고 털을 빗질하는 손길을 받아들인다. 더 진전된 방식으로는, 동물이 다 짜 놓은 프로그램에 따라 노인의 신체 활동과 대뇌 활동을 이끌어 낸다. 이를테면 노인들이 무릎을 곧게 펴고 발을 든 다음, 개와 함께 뛰어오르는 식이다. 이런 프로그램은 노인들의 열렬한 박수와 환호성을 자아낼 뿐 아니라 부지불식간에 이들의 팔다리와 몸통 운동을 촉진하는 효과도 있다.

디지털 펫의 등장

동물과 함께 하는 게 이렇게 이점이 많지만, 주관적인, 객관적인 제약으로 진짜 동물을 키울 수 없는 사람들도 있고, 동물 매개 치료를 쉽게 받을 수 없는 사람들도 있다.

예전에는 요양원에서 어린이용 아기 인형을 사서 노인들이 아기를 안을 때의 위안감을 느낄 수 있게 하기도 했다. 인형을 달래고 어르며 함께 잠자리에 드는 노인이 있는가 하면 인형에게 밥을 먹이는 동작을 해 보이는 노인도 있었지만, 아기 인형은 상호작용이 없는 데다 유치하다며 싫어하는 노인도 있었다. 하지만 최근에는 기술이 발전하면서 많은 발명가가 노인과 상호작용할 수 있고 동물 매개 치료와 같은 효과를 내는 디지털 펫을 개발하고 있다.

디지털 펫은 복잡한 돌봄이 필요 없고, 병이 나거나 죽을까 걱정할 필요도 없다. 요즘 유명한 제품 중 하나가 바로 일본에서 만든 치료용 디지털 펫 아기 물범 '파로'이다. 하얗고 보드라운 외형을 가진 파로는 따스한 느낌을 준다. 쓰다듬다 보면 아주 마음이 편해지고 조작 방법도 무척 쉬워서 만지는 동작과 대화만으로도 파로와 상호작용을 할 수 있다. 노인이 파로를 어루만지고 말을 걸며 파로와 상호작용을 시도하면, 파로는 "좋아요", "그럴게요", "네" 등 대답 비슷한 소리를 내는데, 듣기에도 아주 좋고 치유 효과도 있다. 파로는 사람을 구분할 줄도 알고, 부피와 크기도 노인이 데리고 나가 산책을 하거나 다른 사람과 어울리기에 안성맞춤이다.

머지않은 미래에, 디지털 펫 기술은 더 새로운 방향으로 발전할 것이이다. 다양한 동물을 선택할 수도 있게 될 것이며, 아마도 안전 여부 확인이나 복약 알림 기술 등 더 많은 노인 돌봄 기능이 추가될 것이다. 과학기술도 결국 인간에게서 비롯되기 때문이다.

자원봉사로 '시간 은행'에
'돌봄 자원'을 적립할 수 있다면

"차이 선생님, 오랜만에 뵙습니다." 길을 걷고 있는데 활력 넘치는 백발의 여성이 나를 향해 손을 흔들었다.

"아, 죄송하지만……." 나는 갑자기 상대방이 누구인지 떠오르지 않아 곤혹스러웠다.

"저 웨자오예요. 예전에 ○○과에서 근무했었죠. 지금은 퇴직했고요." 알고 보니 예전에 병원 다른 부서에서 기술직으로 근무하셨던 분이었다.

"이렇게 뵈니 너무 반갑네요. 바로 알아보지 못해 죄송해요. 훨씬 젊어 보이시고 에너지가 넘쳐 보이세요." 청바지에 편안한 폴로셔츠를 입고 겉에 밝은 색상의 조끼를 껴입은 그는 하얀색 가운을 입고 있던 예전과는 전혀 딴판이었다.

"네, 퇴직한 뒤에 동창과 함께 '늘 푸른 친목 모임'에 나가게 되었어요. 마침 친구들이 헌혈 홍보 활동을 할 자원봉사자를 모집하고 있었는데, 활동 내용이 병원 업무와 비슷하기는 해도 훨씬 더 쉽고 간단하거든요. 다들 제가 예전에 병원에서 근무했다는 걸 아니까 저 보고 주요 모집책을 맡아 보라고 추천해 주더라고요."

그는 의기양양하게 그간의 사정을 설명하면서 오늘 "영업 실적이 괜찮다"고, 소매 걷어붙이고 헌혈하러 온 사람들이 정말 많다고 기분 좋게 말했다. 내 기억으로는 남편과 일찍 사별하고, 슬하에 하나밖에 없던 외동딸도 결혼해서 외국으로 떠나보낸 분이었다. 퇴직을 앞둔 그는 정신없이 바쁘고 시끌벅적한 병원을 떠나고 나면 이후 생활에 제대로 적응이나 할 수 있을지 모르겠다며 걱정했었다. 그런데 지금은 자기 자신을 위해 적잖은 활동을 기획하고 다른 사람을 도와 가며 은퇴 후의 삶을 만끽하고 있는 듯했다.

자원봉사는 생각 이상으로 장점이 많다

나는 어르신들에게 모임 활동에 참여하는 것 외에도 자원봉사에 참여해서 은퇴 이후나 노후의 삶을 풍요롭게 가꿀 것을 권하곤 한다. 자원봉사란 개인이 자유의지에 따라 지식, 체력, 노동력, 경험, 기술, 시간 등을 활용해 사회에 공헌하면서도 대가를 목적으로 하지 않는 일이다. 사회에 유익한 자원봉사에 참여하는 사람을 자원봉사자라고 부른다. 자원봉사 참여에는 정말 많은 장점이 있다.

1. 삶의 만족감을 높일 수 있다.

2. 자원봉사 대부분이 단체 활동이라서 뜻이 맞는 친구를 많이 사귈 수 있고, 생활의 범위를 확장할 수 있다.

3. 자원봉사 일을 하면서 더 많은 사람과 접촉하게 되고 이를 통해 사회와 접점을 넓히게 되며 소속감도 생긴다.

4. 원래 갖고 있던 장기를 발휘하고, 본인의 직장 경험이나 인생 경험을 나눌 수 있다. 퇴직하고 난 뒤에도 사회에 공헌할 수 있다.

5. 자원봉사 과정에서 받는 훈련으로 새로운 지식을 습득할 기회가 생기고, 바깥세상과 단절을 막을 수 있다.

정의에 따르면 자원봉사는 강제적이지 않고, 즉각적인 보답을 요구하지도 않으며, 다른 사람을 돕는 게 주요 목적이지만, 그래도 자원봉사 내용의 안전성과 적합성은 고려해야 한다.

자원봉사 업무의 종류는 무척 다양하다. 전문 지식을 응용해야 하는 일도 있고, 사회 경험만 활용하면 되는 일도 있다. 열정과 체력, 시간만 있으면 몸과 마음을 다해 공헌할 수 있는 일들은 훨씬 더 많다.

자원봉사자를 모집하는 전문 부서에서는 보통 봉사 대상의 요구 사항을 먼저 명확히 파악한다. 이들은 적당한 봉사 목표를 세우고 봉사 내용을 기획하며, 봉사자가 갖추고 있어야 할 기능과 봉사에 필요한 시간을 평가한 뒤, 모집 조건과 주의 사항을 확정한다.

고급 모집 기관은 ID 카드 달기, 봉사 대상자의 권리 존중, 사생활 비밀 유지 등을 중시한다. 또 봉사자의 업무 목록을 만들거나 업무 내용 설명문을 작성해 두기도 한다.

이렇게 장점이 참 많지만, 여전히 자원봉사에 대한 오해로 참여하기를 주저하는 사람들이 있다. 가장 흔한 이유는 다음과 같다.

1. 본인 능력에 대한 자신감 결여로 자기가 할 줄 아는 것은 별 것 아니라고 생각한다.
2. 신체 기능이 쇠퇴해서 남을 돕기엔 부족하다고 생각한다.
3. 낯선 사람들과의 접촉을 두려워하고, 본인이 사람들과 잘 섞이지 못한다고 걱정하거나 쑥스러워한다.

방법 1: 병원, 교회에서부터 시작해 보자

자원봉사에 도전해 보고 싶은 중노년층이라면 병원과 교회 혹은 원래 일하던(또는 오랫동안 다니던) 곳에 가서 시도해 보는 게 좋다. 내가 병원에서 일하는 까닭에 병원 자원봉사자들을 많이 접하다 보니, 관련 사례를 소개해 볼까 한다. 병원에서 자원봉사를 하면 장점이 참 많다. 일단 병원의 경우 대부분 전문 행정 부서에서 자원봉사자를 조직하므로 심폐소생술과 자동제세동기 사용법 등을 배울 수 있는, 제대로 된 교육 훈련 과정을 제공한다. 따라서 **친구 교제 범위를 넓힐 수 있을 뿐 아니라 적잖은 의학 및 보건 지식을 배울 수 있다.**

더군다나 병원은 환경의 질적 수준을 무척 중시하는 곳이다. 무균과 넘어짐 방지 그리고 안전을 엄격하게 요구하는, 다시 말해서 상대적으로 아주 안전한 업무 환경을 갖춘 곳이다. 병원에는 환자를 돌보기 위해 반드시 엘리베이터, 에스컬레이터, 항온 에어컨이 갖춰져야 한다. 하다못해 화장실 개수도 다른 곳에 비해 많아서, 은발의 자원봉사자에게는 무척이나 우호적인 곳이다.

병원 자원봉사자는 환자에게 봉사하는 과정을 통해 다른 사람을 돕는 즐거움을 느끼게 되며, 온갖 병의 증상을 이해하게 된다. 질병에 대해 더 깊이 알게 되므로 다른 사람들보다 건강을 더 중시하게 된다. 정말이지 실속 있고 알차다.

방법 2: 시간과 시간을 맞교환해서 나를 위한 밑천을 쌓아 두자

앞으로 닥칠 노후 생활을 생각해서 미리 퇴직금을 준비해 둘 수도 있고, 장기 요양 보험을 미리 준비할 수도 있다. 그런데 자신을 위해 시간을 미리 적립해 둘 수도 있을까? 전 세계적으로 오랫동안 인기를 끌고 있는 '시간 은행time bank'은 바로 이런 생각을 실현한 결과물이다. 건강할 때 봉사 활동에 참여해서 미리 시간을 적립해 뒀다가 미래에 간병을 받아야 할 때 시간 은행 예금통장에서 필요한 시간만큼 인출한 다음 돌봄 서비스로 바꿔 다른 사람에게서 간병 봉사를 받는 제도다.

이 제도는 1980년대 미국에서 시작되었는데, 미국의 법학자 에드거

칸이 창시자이다. 심장병을 앓은 이후 그는 다음과 같은 생각에 골몰하기 시작했다. 칸은 모든 사람의 시간과 봉사가 모두 값어치 있는 화폐이며, 이를 교환할 수 있다고 생각했다. 그래서 꺼낸 시간 은행 개념이 이후 전 세계로 확산하기에 이르렀는데, 스위스, 네덜란드, 일본 등지에 이미 세계적으로 이미 1000여 개가 넘는 시간 은행 조직이 존재하며, 비슷한 운영 메커니즘이 정착되어 있다. 타이완에서도 민간과 정부 부처가 잇달아 '시간 은행'을 설립했다.

자신의 노동이나 지식을 활용해 다른 이에게 해답을 제시하거나 다른 이를 도와줌으로써 자신이 필요한 봉사로 바꿔 가져가는 것은 일종의 비경제적인 교환 방식을 통한 거래이다. 남을 돕고 남에게 베푸는 행위를 통해 얻은 보답과 존중은 자원봉사자가 본인이 필요한 존재라는 사실을 깨닫게 해 주고 존재감을 키워 준다. 미국 워싱턴 D.C. 등 몇 개 대도시에서 생긴 '시간 화폐'와 일본의 '돌봄 쿠폰' 모두 비슷한 정신을 바탕으로 한 산물이다.

타이완의 '시간 은행'

타이완에서는 1995년부터 '훙다오노인복지기금Hondao Senior Citizen's Welfare Foundation'(이하 훙다오기금)이 타이완 전역에서 시간 은행을 적극적으로 추진하고 있다. 훙다오기금은 시민들이 함께 노인을 위해 봉사하고 이를 통해 시간 화폐를 적립하도록 장려하면서 타이완의 첫 시간 은행 조직이 되었다. 지금은 '전국호조연선全國互助連線'이라는 이름으로 불리는데, 앞에서 언급한 유럽, 미국, 일본 등의 '시간 화폐'와 '시간 은행' 등의 개념을 바탕으로 타이완 현지의 풍습과 관념을 융합해 '호조'라는 방안으로 확대, 발전시켰다. 일반인들이 미리 노후를 준비할 수 있도록 자원봉사 활동을 장려하는 조직이다.

시간 은행에서 제공하는 봉사 활동 중 **돌봄형 활동**에는 봉사 대상자의 집 방문, 봉사 대상자의 커뮤니티 거점 활동 참가 독려, 기관 방문, 입원 시 병문안 등이 있다. **축하형 활동**에는 생일 축하 파티, 명절 감사 카드 발송 돕기, 각종 기념일 진행 돕기 등이 포함된다. 또 **꿈 실현형 활동**에는 거동이 불편한 대상자의 가벼운 여행 동반, 옛 친구 동행 방문, 추억의 장소 다시 여행하기 등이 있다. 그리고 **간단한 수리형 활동**에는 손잡이 달아 주기, 욕실 미끄럼 방지 장치 설치, 방재 경보 시스템 설치 등등이 있다.

홍다오기금은 십여 년의 시행 끝에 시간 예금통장에 시간을 적립한 사람은 많은데 시간을 인출해 간 사람은 적다는 점을 깨닫고, 2006년부터는 커뮤니티 돌봄 거점에서 '시간 화폐 – 상호 돌봄권' 시행으로 방향을 바꾸었으며, 그룹 방식으로 참여자들의 상호 돕기 활동을 장려하고 있다.* 2010년에는 '전국호조연선 센터'를 설립하고 체계적인 방식을 통

---

* 홍다오기금의 봉사 대상자가 본인이 이루고 싶은 소원이나 꿈을 밝히면, 봉사자들이 이를 돌봄권에 적고 이 봉사 대상자의 꿈을 이루기 위한 일들을 분담해서 진행한다.

해 타이완 전역에 지점을 분산 배치했으며, 65세 이상으로 제한했던 나이 제한을 푸는 등 봉사 활동에 참여하고 싶은 이들의 가입을 독려하고 있다. 홍다오기금에서는 봉사자들이 '시간 은행'을 더 잘 이해할 수 있도록, 1시간 재택 봉사, 15분 청소권 등을 종이 교환권으로 인쇄해 제공하고 있다.

신베이시의 '부라오 시간 은행'

민간단체 외에 신베이시도 공공기관으로는 처음으로 '부라오佈老**
시간 은행'이라는 시간 은행을 여러 해 전부터 추진하기 시작했다. 신베이시는 지역사회의 독거노인이 나날이 늘어나는 가운데, 취약계층이 아니더라도 혼자 사는 노인들이 있다는 사실을 발견했다. 그래서 '부라오 시간 은행'을 설립해 각 연령층 자원봉사자들의 가입을 독려했다.

신베이시 정부의 고령 노인 돌봄 프로젝트인 '부라오 시간 은행' 계획의 의도는 몸이 건강할 때 '선행 통장'을 마련해서 선행을 미리 저축하자는 데 있다. 이는 행동으로 선순환을 실현하는 활동으로, 사실상 가정의 돌봄 스트레스를 낮추고, 모두가 서로 돕는 플랫폼을 만들자는 것이다. 봉사자의 봉사 시간은 영구적으로 적립되며, 자기 자신, 가

** 한자 '佈'에는 '퍼뜨리다'는 뜻이 있고, 老에는 '늙다'라는 뜻이 있다. 따라서 여기서 '부라오'란 시간은행 자원봉사 활동을 통해 타인에게 사랑을 퍼뜨리고 이와 동시에 자신의 노년을 준비한다는 의미이다.

족, 친구의 노후 돌봄 자원으로 사용할 수 있다. 다른 사람을 도움으로써 나도 돕게 되는 것이다. 사랑과 관심을 전파하고 노인을 돌보려는 마음만 있다면 누구나 등록하고 가입할 수 있다. **등록한 사람에게는 먼저 노인 질환 예방, 응급 구조 지식, 노인 관련 법규 선전 및 계도 훈련 등을 포함한 18시간의 재택 봉사 훈련과 8시간의 온라인 실습이 제공된다.** 이어서 독거노인이나 신체 기능을 상실한 노인의 집을 배정받아, 함께 산책하기, 함께 운동하기, 함께 쇼핑하기, 식사 배송 및 문서 작업 봉사 등 다섯 가지 재택 봉사를 제공한다.

봉사 시수를 3시간 적립한 봉사자는 나중에 1시간짜리 전문가 재택 봉사나 3시간짜리 일반 봉사자 동행 봉사를 받을 수 있다. 이렇게 해서 봉사자들이 '밑천을 적립해 앞날을 챙기는' 선순환이 만들어진다. 남을 돕고 있다고 생각할지 모르지만, 실은 나 자신을 돕고 있는 것이다.

나는 다수의 시간 은행 봉사자들이 오로지 노후 돌봄 밑천을 마련하기 위해서 봉사 활동에 참여하는 건 아니라고 생각한다. 그리고 이는 '적립된 시수는 많은데, 인출된 시수는 적은' 현재 상황에서도 드러난다. 그보다는 봉사에 참여했던 분들 다수가 여전히 건강하다는 의미라고 믿는다. 베푸는 것이 받는 것보다 더 큰 복이라고 했던 옛 선인들의 말처럼, 몸이 건강해서 봉사 활동에 참여할 수 있다는 것은 그분들의 복이다.

봉사에 참여해 본 사람은 깊은 정신적 만족감을 느낀다. 다른 사람을 도울 수 있다는 것은 너무나도 귀한 특전이다. 모두 노인인 '부라오 시간 은행' 봉사자들은 봉사 대상자들보다도 평균 연령이 높다. 독거노인을 위해 봉사하다 보면 많은 돌봄 보건 지식을 배울 수 있다 보니, 자원봉사자 중에는 본인 집에 있는 노인과 함께 지내는 데 이를 응용해 보는 사람들도 있다.

자원봉사자들은 학습과 체험을 통해 노화가 불러오는 불편함을 제대로 이해할 수 있게 되고, 이를 계기로 본인의 노후를 잘 준비할 수 있게 되며, 노후 생활을 예습할 수 있게 된다. 그야말로 '노년에 막 접어든 노인이 인생의 말년에 다다른 노인을 도우며 앞으로 잘 늙어가기 위한 예습을 하게 되는 것'이다.

결국 많은 봉사자가 '내가 그분 곁에 있어드린 것 같아도 실은 그분도 내 곁에 있어 주셨다'는 사실을 깨닫는다. 봉사 대상자는 봉사자의 도움을 받고, 봉사자도 이를 통해 삶이 풍요로워지며, 성취감과 행복감이 높아진다. 심지어 이런 만남을 통해 변하지 않는 것은 없다는 진리를 깨우치게 되고 생과 사의 이치를 깨닫는다. 이것이 바로 '내가 남을 돕고 있다고 생각했지만, 사실은 나 자신을 도운 것이다'는 말의 참모습이다.

추천의 말

부모를 돌보는 법은 평생 공부해야 할 과제

저는 노인의학과 호스피스 완화 의료를 전문으로 하는 의사입니다. 제가 매일 진료하고 돌보는 입원 환자 열 명 중 아홉 명은 예순다섯 살이 넘은 노인 분들이죠. 2018년 타이완 역시 예순다섯 살 이상인 노인 인구가 전체 인구의 14퍼센트를 넘는 고령사회로 진입했습니다. 2026년이 되면 노인 인구가 전체 인구의 20퍼센트를 넘어서는 '초고령 사회'로 진입하리라 예상합니다. 저는 이러한 고령화 시대를 사는 사람이라면 누구나 노인과 잘 지내는 방법을 배워야 하고, 이미 연세가 드신 분이라면 그분들 역시 젊은 사람들과 잘 지내는 방법을 새로 배워야 한다고 생각해 왔습니다.

몇 년 전 타이완 서남부에 있는 도시 자이에서 있었던 일을 이야기해 볼까 합니다. 일흔여덟 살 황 씨 할머님은 초등학교 교사로 일하시다 퇴직하신 분으로, 체력이 떨어지고 툭하면 위에 가스가 차는 등 증세가 나타나자 병원에 입원해 검사를 받았습니다. 며칠 뒤, 할머님 주치의가 제게 협진을 의뢰했는데, 협진 의뢰서에는 다음과 같이 적혀 있었습니다. '78세 여성, 위암 말기, 식욕 부진, 쇠약한 상황. 가족들은 호스피스 돌봄을 받길 바라고 있으며, 환자에게 병세를 숨기고 싶어 함.'

협진 의뢰서를 받은 저는 일단 병실에 계신 황 씨 할머님을 찾아갔습니다. 두 따님이 아주 걱정스러운 모습으로 침상 옆에 앉아 계시더군요. 일단 제 소개부터 했습니다. "할머님, 안녕하세요. 저는 이 병원 증상억제 팀 의사인 주웨이민입니다. 주치의 선생님 요청으로 이렇게 찾아뵙게 되었습니다."

환자의 가족들이 '병세를 숨기려고' 한 탓에 저로서는 첩보 영화 찍듯 신분을 숨길 수밖에 없었습니다.

"안녕은 무슨 안녕이유! 하나도 안녕하지 않구먼. 아이고……." 입원 중이기는 했지만 할머님 목청은 여전히 우렁차셨습니다. 저를 보자마자 불만을 털어놓으시더군요. "주 선생님, 아니 이렇게 큰 병원이 어째 이 모양이에요? 입원한 지 일주일이나 지났는데, 어째 병이 나아질 기색이 조금도 안 보입니까?" 지칠 대로 지친 할머님 얼굴에는 온통 불만이 가득했습니다.

암이라는 게 당연히 쉽게 좋아지는 병이 아니지만, 그렇다고 병명을 입 밖으로 낼 수도 없으니, 저로서는 이렇게 말씀드릴 수밖에 없었습니다. "할머님, 많이 불편하세요? 장 선생님이 뭐라고 말하던가요?"

"장 선생님도 별다른 말씀이 없더라고. 좀 더 지켜봐야 한다고,

관찰해야 한다고만 하지. 이렇게 병원에 누워 있다가 몸에 욕창이 생길 지경인데, 집에는 가고 싶어 죽겠으니. 선생님, 내 말 좀 들어 봐요. 내가 예전에는 몸이 아주 건강했다오. 병에 걸려 본 적이 없다니까, 약도 생전 먹어 본 적이 없어. 그런데 이번엔 어째서 몇 주가 지나도록 문제를 못 찾아내고 있느냐, 이 말이에요. 다행히 내가 이 병원을 믿기야 하지만!" 할머님은 말씀을 하시면서 점점 더 화를 내셨습니다.

저는 할머님 곁에 앉아 있는 두 따님을 바라봤습니다. 큰 따님은 너무 말을 많이 하지 말아 달라는 뜻으로 넌지시 고개를 내저었습니다.

"알겠습니다! 할머님, 제가 할머님 불편하시지 않게 가급적 약을 쓰는 쪽으로 장 선생님과 다시 한 번 이야기해 보겠습니다. 어떠세요?"

할머님은 어쩔 도리가 없다는 듯 고개를 끄덕이며 어깨를 으쓱이셨습니다. 관찰한 바에 따르면, 제가 병실에 있는 동안 두 따님과 할머님 사이에는 거의 대화가 오가지 않았습니다. 심지어 서로 눈도 마주치지 않으시더군요.

얼마 뒤, 두 따님을 회의실로 모신 저는 대놓고 이렇게 말했습니다. "어머님께 사실대로 말씀드릴 생각은 없으신가요? 어머님이 아주 심려가 크신 모양이던데요."

두 딸은 동시에 고개를 가로저었습니다. 작은 따님이 입을 열었습니다. "선생님, 엄마가 참 건강하셨던 분이라 이렇게 갑자기 심각한 진단을 받으실 거라고는 생각하지 못했어요. 엄마한테 어떻게 말씀드릴지 너무 두렵습니다. 받아들이지 못하실 거고, 우울해하실 거예요. 저희는 엄마가 마지막 남은 시간을 즐겁게 보내실 수 있도록 선생님께서 도와주셨으면 하는 바람뿐입니다…….”

저는 두 따님에게 되물었습니다. “그렇지만 지금 어머님께 사실대로 말씀드리지 않으면, 어머님이 더 행복하실까요? 만일 따님께서 어머님이시라면 본인의 병세를 알고 싶지 않으시겠어요?”

큰 따님이 말했습니다. “제가 엄마라면, 당연히 제 병세를 알고 싶겠죠! 하지만 지금은 상황이 다르잖아요. 고령이시라 한 번 낙심하시면 다시는 회복하지 못하실 텐데, 그럼 어떻게 해야 하나요…….” 두 분은 딸 입장에서 걱정되는 점을 누누이 털어놓으셨습니다. 저는 고개를 끄덕이면서도 속으로는 고개를 갸웃거릴 수밖에 없었습니다.

저는 거의 매달 이런 상황을 맞닥뜨립니다. 이런 일은 한 번으로 그치는 법이 없어서, 얼마 전에는 영화 〈페어웰The Farewell〉 속 상황을 재현하기도 했습니다. 사연은 영화와 마찬가지였습니다. 폐암 말기 진단을 받은 할머님이 의기소침해하실까 걱정된 가족이 ‘할머니에게 알리지 않기로’ 했으니 말입니다.

저는 ‘병세를 숨기는 것’ 자체에 대해서가 아니라 이런 이야기에서 우리가 성찰할 부분이 있다는 점을 이야기하고 싶습니다. 우리는 어르신들과 어떤 관계를 맺고 있을까요? 우리는 위 세대와 순조롭게 소통하고 있을까요? 우리가 정말 어르신들의 심신의 욕구를 이해하고 있을까요? 가족인 그분들에게 '뭘 원하는지' 물어본 적이 있나요?

"우리는 그분들이 '필요로 하는' 걸 드리지만, 그게 그분들이 '원하는 건' 아니다." 차이자펀 선생님이 책에 쓰신 이 문장에서 저는 많은 걸 느꼈습니다. 우리가 선의로 하는 것 같은 행위와 행동들이 혹시 우리의 일방적인, 사랑이라는 이름의 지배는 아닐까요?

이렇게 물으실지 모르겠습니다. "우리 세대와 위 세대 사이의 소통이라는 게 늘 이렇지 않았습니까. 이걸 어떻게 바꿔야 하나요?" 그렇다면 이 책을 잘 읽어 보시라고 권하고 싶습니다.

차이자펀 선생님과 알고 지낸 지는 십여 년이 넘었습니다. 2007년 차이 선생님이 타이베이룽민쭝병원 노인정신의학 전임의로 계실 당시, 저는 어리바리한 인턴이었습니다. 차이 선생님은 노인의 마음과 몸을 돌보는 데 필요한 지식을 제게 아낌없이 전해 주셨습니다. 선생님과는 늘 밤늦게까지 회의를 하며 어떻게 하면 고령 환자와 그 가족의 삶의 질을 한 단계 더 높일 수 있을지 의논하곤 했습니다. 이제 막 임상의학에 발을 디딘 저는 타이베이룽민쭝병원에서 보낸 그 한 달 동안 시야를 크게 넓힐 수 있었고, 이는 제가 이후 노인 돌봄에 투신하게 된 씨앗이 되었습니다.

차이자펀 선생님으로부터 깊은 인상을 받았던 후배로서, 저는 최근 십여 년 노인정신의학 분야에서 쉼 없는 노력을 거듭해 온 차이 선생님의 모습에 정말이지 진심으로 감탄하고 있습니다. 연구와 실무를 겸비

한 임상 경험자로서 차이 선생님은 제가 노인을 돌보면서 늘 거울로 삼는 분이니까요.

노인 돌봄은 우리 세대 모두의 학습 과제입니다. 우리는 노인의 몸을 돌봄과 동시에 그 심리와 정서도 돌봐야 합니다. 어느 날 우리가 늙으면, 우리 역시 이런 돌봄을 받고 싶어 할 겁니다. 그렇지 않을까요? 모든 분께 이 책을 마음으로 추천합니다.

타이중 룽중병원

노년의학, 호스피스 완화 의료 주치의

주웨이민

작지만 확실한 사랑의 방법

"○○님 보호자 분, 이 약은 아침 식전에 흡입하셔야 해요. 저희 간호사가 흡입 방법을 자세히 알려드릴 테니, ○○호로 가서 잠시 대기해 주시겠어요?"

부모님이 제 보호자로 불리던 시절을 지나 언제부터인가 제가 부모님의 보호자로 불리게 되었습니다. 처음에는 어색하기도 하고 좀 서글프기도 했지만, 시간이 흐르면서 적응이 됐는지 이제는 전혀 어색하지 않습니다.

대상이 부모라 해도 누군가를 돌보는 것은 사실 쉽지 않은 일입니다. 힘도 들고 지치고 짜증이 나기도 하고 그러다 또 우울하기도 하고 미안하기도 하고 서글프기도 하고 늘 온갖 복잡한 감정이 교차합니다. 그러다 보니 육체적으로, 정신적으로 에너지 소모가 크죠. 돌보는 사람만 힘든 게 아니어서 돌봄의 대상이 되는 부모도 힘들고 지치고 그러다 보면 부모 자식 사이의 충돌도 잦아집니다. 아이를 돌보는 일이면 시간이 지날수록 아이가 자라 스스로 할 수 있는 일이 많아질 테고, 힘은 들어도 자라는 아이를 보면서 웃을 일도 많을 테니, 돌보는 사람도 체력적으로나 정신적으로 점점 덜 지치게 될 텐데, 노부모를 돌보는 일은 좀 다릅니다. 노부모는 시간이 갈수록 다양한 신체적 기능의 저하, 심지어는 상실을 경험하기에 스스로 할 수 있는 일이 줄어들 가능성이 큽니다. 그것도 모자라 배우자나 가족, 친구들이 세상을 떠나는 등 정신적으로도 큰 상실감을 경험하게 되므로, 그 곁에서 이 모든 과정을 함께 지켜보는 사람도 그만큼 더 힘들어질 가능성이 큽니다.

이 책은 그런 자녀들을 위한 책입니다. 저자는 부모를 돌본 경험이 있는 사람이라면 누구나 한 번쯤은 겪어 봤을 구체적인 상황들을 사례로 들어 보여 줍니다. 부모를 돌본 적이 있는 사람이라고 해도 다 겪어 보지는 않았을, 그러나 충분히 일어날 수 있는 상황을 제시합니다. 이렇듯 연로한 부모와 나이 든 자식이 함께 지내며 맞닥뜨릴 수 있는 온갖 상황을 보여 주면서, 저자는 노인정신의학 전문의로서 경험을 살려 각 상황에 대응할 수 있는 여러 해법을 소개합니다. 노인정신의학 전문의로서 병원과 의사가 해 줄 수 있는 부분을 명확히 설명해 주고, 관련 기관에서 어떤 도움을 받을 수 있는지 실용적인 정보도 잊지 않습니다.

그러나 저자는 결국 가장 중요한 지점은 돌보는 사람과 돌봄의 대상이 되는 사람이 서로 이해하는 것이라고 생각하는 것 같습니다. 돌봄의 대상이 되는 부모의 입장에 서서, 혹은 돌보는 사람의 입장에 서서 그 상황에서 그 노인이 혹은 그의 자녀가 왜 그런 반응을 보이고 그런 태도를 보이는지, 왜 그런 말을 하는지 설명하려고 노력하는 모습을 보면 말입니다.

나의 입장이 아닌 상대의 입장에 서서 생각하는 것이 문제 해결의 열쇠라는 말에는 누구나 다 수긍할 것입니다. 그런데 솔직히 말하면 매번 상대의 입장을 헤아리고 이해하는 게 말처럼 쉽지 않습니다. 쉽지 않은 정도가 아니라 사실은 그게 제일 어려운 일이겠죠. 아마 그래서 저자도 시종일관 상대의 입장에 서서 생각해 보고 이해해 보자는, 어찌 보면 교과서적으로 들릴 수밖에 없는 말을 계속할 수밖에 없었던 것 아닐까 생각하게 됩니다.

"자식을 키운다는 건 나도 기억나지 않은 유년 시절의 나를 마주하는 경험이야." 예전에 한 선배가 해 준 말입니다. 그렇다면 노부모를 돌보는 건 '언젠가 찾아올 미지의 내 노년과 미리 마주하는 경험' 아닐까요? 어머니를 돌보며 지치고 짜증 날 때, 도무지 이해가 가지 않아 혼란스러울 때, 지금 나는 노년의 나와 마주하고 있다고 생각하곤 합니다. 제 생각에 이건 언젠가는 나도 늙을 것이라고 생각하는 것과 비슷하면서도 좀 다릅니다. 내 앞의 부모님을 보며 언젠가는 나도 늙어 노인이 될 것이라고 생각하는 게 아니라, 이미 노인이 된 내가 지금 내 앞에 서 있다고 생각하는 거니까요. 내 앞에 서 있는 백발의 나에게 지금 왜 그러는지, 왜 그런 말을 했는지, 뭐가 불안한지, 왜 화가 났는지 마음속으로 묻습니다. 백발의 내가 들려주는 답변과 내 부모님이 실제 들려주는 답변이 다를 때도 있습니다. 그러나 그 과정을 통해 지금의 나를, 내 부모를 그리고 심지어 (말이 안 되는 것 같지만) 아직 찾아오지 않았으나 이미 내 앞에 와 있는 노년의 나를 아주 조금은 더 이해할 수 있게 될 것만 같은 기분이 들기도 합니다. 동시에 그 순간 어머니도 본인을 다 이해하지 못해 짜증을 내며 혼란스러워하는 저를 보며 기억도 나지 않는 언젠가 젊었을 적 본인의 모습을 보고 계시다는 걸, 그러면서 온갖 복잡한 감정에 젖어 계시다는 걸 깨닫곤 합니다.

너무 당연한 말이지만 이 책은 바로 그 복잡한 마음으로 하루하루 인생의 후반기를 살아가고 있는 노인들을 위한 책이기도 합니다. 누군가로부터 돌봄을 받아야 하는 노인이 되었다 해도 내 삶의 주인은 나이고, 많은 결정을 직접 내려야 합니다. 그럴 때 필요한 정보와 지식이 있습니다. 저자는 이 책의 2부에서 역시나 구체적인 사례들을 통해 노인들에게 이런 상황에서, 저런 상황에서 무엇을 근거로 어떻게 판단을 내리고, 누구에게 어떤 도움을 받아야 하는지, 다행히 아직 건강할 때 앞날을 위해 무엇을 준비해 두면 좋을지 알려 줍니다. 물론 이 책이 모든 상황에 적용할 수 있는 완벽한 문제 해결 방법을 제시할 수는 없을 겁니다. 그런 방법은 존재할 수 없으니까요. 그러나 저자가 소개한 다양한 해법과 정보, 실용적인 팁들이 누군가에게 '작지만 확실한 도움'이 된다면 역자로서 더 바랄 것이 없을 것입니다.

영화 〈흐르는 강물처럼〉에서 두 형제의 아버지로 등장하는 매클레인 목사는 설교 시간에 이렇게 말합니다. 사람은 항상 누군가를 돕고 싶어 하지만, 상대가 정말 도움이 필요할 때는 도와줄 수 없는 경우가 많고 설령 도와줬다고 해도 그게 그 사람에게 정말 필요한 도움인지는 알 수 없다면서, 그럼에도 불구하고 "완전히 이해할 수는 없어도 완전히 사랑할 수는 있다"고 말합니다. 설사 상대가 부모라 해도, 자식이라 해도, 우리가 완벽하게 서로를 이해할 수는 없을 것이라는 말이 서글프게 들릴지언정 진실에는 더 가까울지도 모릅니다. 하지만 우리가 서로를 완벽하게 이해할 수 없다는 점을 받아들이고, 완벽하게 이해할 수는 없어도 완벽하게 사랑할 수는 있다는 점을 잊지 않으면서, 시행착오를 겪어 가며 작지만 확실하게 도움이 될 구체적인 방법들을 더듬더듬 찾아 나갈 때, 부모님 인생의 후반기가, 그 여정을 함께 하는 자녀들의 삶이 더 산뜻해지고 경쾌해지리라, 건강해지리라 생각합니다.

이 책을 출간하기로 한 갈라파고스 출판사, 낯선 역자에게 선뜻 원고를 맡겨 주시고 함께 작업해 주신 김지은 편집자께 고마운 마음을 전합니다. 또 언제나 든든한 지원군이 되어 주는 가족들과 친구들, 동료 번역가들, 특히 제가 돌보는, 또 저를 돌봐 주시는 어머니께 고마운 마음을 전하고 싶습니다.

2021년 5월
우디

아프다면서 병원에도 가지 않으시고
노인정신의학 전문의가 알려 주는 돌봄 심리학

1판 1쇄 인쇄 2021년 7월 26일
1판 1쇄 발행 2020년 8월 6일

지은이 차이자펀 │ 옮긴이 우디
책임편집 김지은 │ 편집부 김지하 │ 표지 디자인 studio fttg

펴낸이 임병삼 │ 펴낸곳 갈라파고스
등록 2002년 10월 29일 제2003-000147호
주소 03938 서울시 마포구 월드컵로 196 대명비첸시티오피스텔 801호
전화 02-3142-3797 │ 전송 02-3142-2408
전자우편 books.galapagos@gmail.com
ISBN 979-11-87038-77-1 (03180)

갈라파고스 자연과 인간, 인간과 인간의 공존을 희망하며, 함께 읽으면 좋은 책들을 만듭니다.